"十四五"普通高等教育本科规划教材
高等院校经济管理类专业"互联网+"创新规划教材

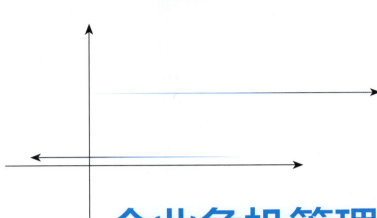

企业危机管理
——理论与实训

畅铁民　畅雪松　薛银霞◎主　编

北京大学出版社
PEKING UNIVERSITY PRESS

内 容 简 介

本书从国内外企业危机管理的理论和实务出发，坚持理论与实训相结合、阐述与评价相统一、论证与个案相匹配的原则，介绍了企业危机管理的基本理论、基本技能与基本方法。本书综合运用我国应急管理部门、权威新闻媒体及高校学术机构等平台的资料，与大数据时代相融合，并与新时代"枫桥经验"相结合，以促进企业危机管理理论和实践的融合，建立特色鲜明的企业危机管理课程体系。这些内容安排提升了本书的创新性、前瞻性和应用性。本书共分4篇9章，第1篇为绪论（包括企业危机管理基础知识、企业危机管理基本理论），第2篇为企业危机管理过程（包括企业危机预防、企业危机应对领导、企业危机应对控制），第3篇为企业危机管理技能（包括企业危机沟通、企业危机情境中的媒体沟通），第4篇为企业危机管理实务（包括企业危机处理实务、企业危机管理伦理）。每章都安排了实训实验，用于开展企业危机管理实训实验教学。

本书可以作为普通高等院校企业危机管理、应急管理等课程的配套教材，也可以作为政府、社会组织及企事业单位应急管理人员的培训教材。

图书在版编目（CIP）数据

企业危机管理：理论与实训 / 畅铁民，畅雪松，薛银霞主编. --北京：北京大学出版社，2024.6
高等院校经济管理类专业"互联网+"创新规划教材
ISBN 978-7-301-34988-5

Ⅰ.①企… Ⅱ.①畅… ②畅… ③薛… Ⅲ.①企业危机—企业管理—高等学校—教材 Ⅳ.①F272.35

中国国家版本馆 CIP 数据核字（2024）第 082347 号

书　　　名	企业危机管理——理论与实训 QIYE WEIJI GUANLI——LILUN YU SHIXUN
著作责任者	畅铁民　畅雪松　薛银霞　主编
策划编辑	张　越
责任编辑	耿　哲　李娉婷
数字编辑	金常伟
标准书号	ISBN 978-7-301-34988-5
出版发行	北京大学出版社
地　　　址	北京市海淀区成府路 205 号　100871
网　　　址	http://www.pup.cn　新浪微博：@北京大学出版社
电子邮箱	编辑部 pup6@pup.cn　总编室 zpup@pup.cn
电　　　话	邮购部 010-62752015　发行部 010-62750672　编辑部 010-62750667
印 刷 者	河北文福旺印刷有限公司
经 销 者	新华书店
	787 毫米×1092 毫米　16 开本　17 印张　410 千字 2024 年 6 月第 1 版　2024 年 6 月第 1 次印刷
定　　　价	52.00 元

未经许可，不得以任何方式复制或抄袭本书之部分或全部内容。
版权所有，侵权必究
举报电话：010-62752024　电子邮箱：fd@pup.cn
图书如有印装质量问题，请与出版部联系，电话：010-62756370

前言

PREFACE

党的二十大报告强调,"推进安全生产风险专项整治,加强重点行业、重点领域安全监管。提高防灾减灾救灾和重大突发公共事件处置保障能力,加强国家区域应急力量建设。"在现实中,那些经营稳健、发展前景良好的企业,通常具有较强的安全生产经营能力和较高的企业危机管理水平。

本书紧跟企业危机管理理论研究前沿,结合企业危机管理实践活动,将现代企业危机管理理论和实践融为一体。全书共分4篇9章,第1篇为绪论(包括企业危机管理基础知识、企业危机管理基本理论),第2篇为企业危机管理过程(包括企业危机预防、企业危机应对领导、企业危机应对控制),第3篇为企业危机管理技能(包括企业危机沟通、企业危机情境中的媒体沟通),第4篇为企业危机管理实务(包括企业危机处理实务、企业危机管理伦理)。

为了强化企业危机管理理论的运用,每章都专门设置了实训实验部分,具体从以下7个方面开展与各章理论对应的实训活动。

(1) 通过应急管理部门(包括国务院安全生产委员会、应急管理部及各省应急管理厅)官方网站学习平台,及时了解企业危机管理的相关法规制度、行政管理体制,以及相关新闻和科普资料等。

(2) 企业危机管理文献扩展实训平台,每章均提供相应的企业危机管理理论文献资料。读者可以通过阅读、学习相关文献,跟踪国内外企业危机管理理论研究前沿,提升企业危机管理理论研究水平。

(3) 企业危机管理案例实训平台,每章均提供经典的企业危机管理案例,读者可结合相关理论进行案例学习。

(4) 企业危机管理媒体学习平台,通过新华网、人民网、央视网等权威媒体网站对相关企业危机管理实践活动的新闻报道,帮助读者学习、了解企业危机管理实践活动,掌握企业危机管理实践进展。

(5) 企业危机管理制度实训平台,主要提供我国相关部门发布的企业危机管理法规、制度与政策。

(6) 企业危机管理课程学习通实训平台。通过扫描课程二维码登录与本书配套的企业危机管理课程网站,进入更丰富的企业危机管理学习平台。企业危机管理课程学习通实训平台的网址为:https://mooc2-ans.chaoxing.com/mooc2-ans/mycourse/tch?courseid=241760837&clazzid=94982380&cpi=43149376&enc=7843e9eee6ae4dda7909f7b4f7c908e9&t=1727429647746&pageHeader=-1。具体登录方式欢迎读者联系本书编者获取(电子邮箱:773501749@qq.com)。

读者在企业危机管理学习通平台将能够观看更多的危机管理资料。

（7）大型专题晚会学习实训平台。读者可通过观看中央电视台举办的系列 3·15 晚会视频节目，聚焦相关企业损害消费者合法权益的案例，学习企业危机预防与处理的实践技能。

为了反映我国企业危机管理实践的新进展，本书将国务院安全生产委员会（简称国务院安委会）、应急管理部近年通报的企业重大安全生产事故，以及权威新闻媒体近年报道的企业重大安全生产事故，作为企业安全生产危机案例进行讨论。这一方面有助于读者了解我国企业危机管理的经验和教训，另一方面有利于提升相关专业学生的企业危机管理理论水平与实践能力。

党的二十大报告强调，要在社会基层坚持和发展新时代"枫桥经验"。在坚持和发展"枫桥经验"的实践中，全国各地涌现出大批优秀的企业版"枫桥经验"。为了借鉴各地优秀的企业版"枫桥经验"，推动"枫桥经验"在企业危机管理中的创新运用，本书在第 2 章介绍了新时代"枫桥经验"在企业危机管理中的运用。

为了及时跟踪、反映大数据时代企业危机管理理论的发展与实践进程，本书在第 1 章专门安排了一节来介绍大数据时代企业危机管理理论与实践，供读者学习、研究。

本书大量运用信息技术工具和多媒体手段，强化企业危机管理理论与实务的开放性训练，突出企业危机管理理论与应用的结合，力争使企业危机管理课既是理论知识的学习阵地，也是企业危机管理实战的训练场，更是企业危机管理创业创新试验田。

本书由畅铁民统筹。畅铁民编写第 1～7 章，薛银霞编写第 8 章，畅雪松编写第 9 章。

鉴于编者水平有限，不足之处敬请指正。

编　者

2024 年 3 月 30 日

目录 CONTENTS

第 1 篇 绪 论

第 1 章 企业危机管理基础知识 ………… 3
- 第一节 企业危机概述 ………………… 4
  - 一、危机的定义 ………………… 4
  - 二、危机的特征 ………………… 6
  - 三、危机的影响 ………………… 8
  - 四、危机的衡量 ………………… 12
- 第二节 企业危机的类型 ……………… 14
  - 一、按照危机的诱因进行分类 … 14
  - 二、按照危机的发展速度进行分类 ……………………… 19
  - 三、按照危机的表现形态进行分类 ……………………… 20
  - 四、按照危机情境中利益相关者的态度进行分类 ………… 20
  - 五、危机的其他类型 …………… 21
- 第三节 企业危机管理概述 …………… 21
  - 一、企业危机管理的含义 ……… 21
  - 二、企业危机管理的本质 ……… 22
  - 三、学习企业危机管理理论的意义 ……………………… 23
- 第四节 企业危机管理理论的发展及研究方法 ………………… 24
  - 一、企业危机管理理论的发展 … 24
  - 二、企业危机管理理论的研究方法 ……………………… 25
- 第五节 企业危机管理在我国的发展 … 25
  - 一、我国传统文化中的危机管理思想 ……………………… 25
  - 二、我国企业危机管理理论的建立和发展 ……………… 26
- 第六节 大数据时代企业危机管理理论与实践 ………………… 28
  - 一、大数据时代企业危机管理理论 ……………………… 29
  - 二、大数据时代企业危机管理实践 ……………………… 29
  - 三、知识拓展 …………………… 30
- 本章实训实验 …………………………… 30
- 本章思考与练习 ………………………… 32

第 2 章 企业危机管理基本理论 ………… 33
- 第一节 企业危机管理原则 …………… 34
  - 一、国内外学者的观点 ………… 34
  - 二、本书的观点 ………………… 34
- 第二节 企业危机管理要素 …………… 40
  - 一、希斯的观点 ………………… 40
  - 二、米特罗夫的观点 …………… 41
  - 三、其他观点 …………………… 42
- 第三节 企业危机管理模型 …………… 42
  - 一、国外学者的企业危机管理模型 ……………………… 42
  - 二、国内学者的企业危机管理模型 ……………………… 45
- 第四节 企业危机管理注意事项 ……… 48
- 第五节 企业危机管理与战略管理的关系 ……………………… 51
  - 一、企业危机管理与战略管理的联系与区别 ……………… 51

二、企业危机管理与战略管理的
　　交叉 …………………… 53
第六节　新时代"枫桥经验"在企业
　　　　危机管理中的运用 ………… 54
　　一、新时代"枫桥经验"的内涵及其
　　　　对企业危机管理的指导 …… 54
二、新时代"枫桥经验"防范化解
　　企业危机的路径 ………… 55
三、新时代"枫桥经验"在企业
　　危机管理中的应用案例 …… 55
本章实训实验 ………………………… 56
本章思考与练习 ……………………… 58

第 2 篇　企业危机管理过程

第 3 章　企业危机预防 …………… 61
第一节　企业危机预防概述 ………… 62
　　一、企业危机预防的定义 ………… 62
　　二、企业危机预防的必要性 ……… 63
　　三、目前我国企业危机预防
　　　　存在的问题 ………………… 64
　　四、企业危机预防的内容 ………… 65
第二节　企业危机预警 ……………… 67
　　一、企业危机预警基本内容 ……… 67
　　二、不同类型的企业危机预警 …… 70
　　三、企业危机预警方法 …………… 79
第三节　企业危机预控 ……………… 83
　　一、企业危机预控的必要性 ……… 83
　　二、企业危机预控的功能与原则 … 83
　　三、企业危机预控问题与策略 …… 85
第四节　企业应急预案 ……………… 87
　　一、企业应急预案的含义与功能 … 87
　　二、企业应急预案的内容、类型
　　　　与编制要求 ………………… 88
　　三、企业应急预案的编制路径、方法、
　　　　过程、审定、发布与备案 …… 90
　　四、企业应急预案培训与演练 …… 93
本章实训实验 ………………………… 96
本章思考与练习 ……………………… 98

第 4 章　企业危机应对领导 ……… 99
第一节　企业危机应对领导概述 …… 100
　　一、领导职能与领导过程 ………… 100
　　二、企业危机应对中的领导职能 … 100
　　三、企业危机应对中领导与
　　　　管理的关系 ………………… 101

第二节　企业危机管理者的构成、
　　　　职责与权力 ………………… 101
　　一、企业危机管理者的构成 ……… 101
　　二、企业危机管理者的职责
　　　　与权力 ……………………… 103
第三节　企业危机管理者的素质
　　　　与能力 ……………………… 105
　　一、企业危机管理者的素质 ……… 106
　　二、企业危机管理者的能力 ……… 109
　　三、企业危机管理者危机处理
　　　　能力提升方法 ……………… 112
第四节　企业危机决策 ……………… 112
　　一、决策基本理论 ………………… 112
　　二、企业常规决策与危机决策 …… 115
　　三、企业危机决策流程分析 ……… 123
本章实训实验 ………………………… 125
本章思考与练习 ……………………… 126

第 5 章　企业危机应对控制 ……… 127
第一节　企业危机应对控制概述 …… 128
　　一、控制与企业危机应对控制 …… 128
　　二、企业危机应对控制过程 ……… 128
　　三、企业危机应对控制的类型 …… 129
　　四、企业危机应对控制活动的
　　　　对象 ………………………… 129
第二节　有效的企业危机应对控制
　　　　特征 ………………………… 131
　　一、信息准确 ……………………… 131
　　二、及时提供信息 ………………… 132
　　三、有利于纠正偏差 ……………… 132

四、经济合理 …………… 132
　　五、选择好关键控制点 …… 132
第三节　企业危机应对控制方法
　　　　与策略 ………………… 133
　　一、企业危机应对控制方法 …… 133
　　二、企业危机应对控制策略 …… 135
本章实训实验 …………………… 137
本章思考与练习 ………………… 139

第 3 篇　企业危机管理技能

第 6 章　企业危机沟通 …………… 143

第一节　企业危机沟通基础知识 …… 144
　　一、企业危机沟通 …………… 144
　　二、企业危机沟通过程 ……… 146
　　三、企业危机沟通类型 ……… 148
　　四、信息沟通中的障碍与克服 … 151
第二节　企业危机沟通准备与计划 … 154
　　一、企业危机沟通准备 ……… 154
　　二、企业危机沟通计划 ……… 156
第三节　与员工的危机沟通 ……… 161
　　一、与员工进行危机沟通的
　　　　原因 …………………… 161
　　二、与员工的危机沟通计划 … 162
　　三、与员工的危机沟通时机
　　　　选择 …………………… 163
　　四、与员工的危机沟通注意
　　　　事项 …………………… 164
第四节　与顾客的危机沟通 ……… 165
　　一、与顾客的危机沟通过程 … 165
　　二、如何处理顾客投诉 ……… 167
第五节　与其他利益相关者的危机
　　　　沟通 …………………… 172
　　一、与其他利益相关者的危机
　　　　沟通原则 ……………… 172
　　二、与其他利益相关者的危机
　　　　沟通方法 ……………… 172
　　三、与其他利益相关者的危机
　　　　沟通步骤 ……………… 174
　　四、与社会公益组织的危机
　　　　沟通策略 ……………… 175
本章实训实验 …………………… 177
本章思考与练习 ………………… 178

第 7 章　企业危机情境中的媒体
　　　　沟通 …………………… 179

第一节　企业危机情境中的媒体沟通
　　　　意义 …………………… 180
　　一、企业危机情境中媒体的不利
　　　　影响 …………………… 180
　　二、企业危机情境中媒体的积极
　　　　贡献 …………………… 181
第二节　企业危机情境中的媒体沟通
　　　　原则 …………………… 182
　　一、控制媒体的活动范围 …… 183
　　二、维护企业利益 …………… 183
　　三、简明、坦率表达 ………… 183
　　四、对问题保持冷静 ………… 183
　　五、避免与媒体冲突 ………… 183
第三节　企业危机情境中的媒体沟通
　　　　工具 …………………… 185
　　一、企业危机情境中的常规媒体
　　　　沟通工具 ……………… 185
　　二、企业危机情境中的新闻发布会
　　　　注意事项 ……………… 188
　　三、新闻发言人 ……………… 190
第四节　企业与媒体建立良好的关系 … 193
　　一、危机管理者与媒体 ……… 193
　　二、与媒体合作的技巧 ……… 195
　　三、如何应对新闻媒体的失实
　　　　报道 …………………… 197
本章实训实验 …………………… 199
本章思考与练习 ………………… 200

第4篇　企业危机管理实务

第8章　企业危机处理实务 ………… 205

第一节　企业发展战略危机处理

实务 ………………………… 206

一、企业发展战略概述 ………… 206

二、各种发展战略的风险 ……… 206

三、对企业发展战略危机的

深入分析 ………………… 208

四、多元化危机与防范 ………… 211

五、并购危机的防范 …………… 213

第二节　企业人力资源危机处理

实务 ………………………… 215

一、企业人力资源危机类型 …… 215

二、企业人力资源危机解决

方案 ……………………… 218

第三节　企业财务危机处理实务 …… 221

一、企业财务危机成因 ………… 221

二、上市公司财务隐患 ………… 224

三、企业财务危机的预防与处置

办法 ……………………… 225

第四节　企业公关危机处理实务 …… 228

一、企业公关危机特征 ………… 228

二、企业公关危机成因 ………… 230

三、企业公关危机处理 ………… 233

本章实训实验 …………………………… 238

本章思考与练习 ………………………… 239

第9章　企业危机管理伦理 ………… 240

第一节　企业危机管理伦理概述 …… 241

一、企业伦理的任务、功能

及不道德行为类型 ………… 241

二、企业危机管理伦理 ………… 244

第二节　企业危机管理伦理的实践 …… 245

一、企业发展战略危机中的

伦理评价 ………………… 245

二、消费者危机中的伦理评价 …… 248

三、企业财务危机中的伦理

评价 ……………………… 252

四、企业人力资源危机中的伦理

评价 ……………………… 256

本章实训实验 …………………………… 258

本章思考与练习 ………………………… 260

附录　AI伴学内容及提示词 ………… 261

参考文献 ……………………………… 263

后记 …………………………………… 264

第 1 篇 绪 论

第1章

企业危机管理基础知识

学习目标

知识要点	能力要求
企业危机概述	（1）理解危机的基本概念 （2）掌握危机的影响；掌握企业危机的衡量
企业危机的类型	能够从危机的诱因、发展速度、表现形态、危机情境中利益相关者的态度等方面识别企业危机类型
企业危机管理概述	（1）了解企业危机管理的含义 （2）掌握企业危机管理的本质
企业危机管理理论的发展及研究方法	（1）了解企业危机管理理论的发展 （2）了解企业危机管理理论的研究方法
企业危机管理在我国的发展	（1）了解传统文化中的危机管理思想 （2）了解我国企业危机管理理论的发展
大数据时代企业危机管理理论与实践	（1）了解大数据时代企业危机管理特征 （2）掌握大数据时代企业危机管理理论的运用

第一节　企业危机概述

党的二十大报告指出，要完善国家安全法治体系、战略体系、政策体系、风险监测预警体系、国家应急管理体系。企业危机管理活动作为国家应急管理体系的重要组成部分，越来越受社会关注。

人类社会对危机并不陌生。从一个人、一个家庭，到一个组织（如企业、学校、医院），再到一个地区或一个国家，都或多或少经历过危机的考验。这些考验包括个人职业发展挑战、企业产品质量危机、自然灾害，甚至全球性的重大疫情、环境污染事件等。

尽管世界上已经出现过各种各样的危机事件，但要给危机下一个确切的、人们普遍接受的定义，却不是一件容易的事情。

危机（Crisis），从中文字面意义上来看，是危险加上机会。这里的危险，有不幸、威胁、灾难的含义；这里的机会不是指能获得更多的利益，而是指可以减少危机爆发的可能性和不利后果。

为了更准确地理解企业危机的内涵，下文先介绍国内外学者对企业危机的认识。

一、危机的定义

1. 国内外学者的观点

目前，关于企业危机尚未有一个权威的、统一的定义，以下是国内外部分学者的观点。

（1）国外学者的观点

罗森塔尔认为，危机是指"具有严重威胁、不确定性的情境"。

龙泽正雄认为，危机有五种内涵，分别为"事故；事物发生（损失）的不确定性；事故发生（损失）的可能性；危险性的结合；预期和结果的变动"，并认为以"事故发生（损失）的可能性"来描述危机最为恰当。

福斯特指出，危机的显著特征是"急需快速做出决策，严重缺乏必要的训练有素的员工、物质资源和时间"。

巴顿认为，危机是会引起潜在负面影响的具有不确定性的大事件，这种事件及其后果可能对组织及其员工、产品、服务、资产和声誉造成巨大的损害。

米特罗夫对危机的界定是："危机是一个实际威胁或潜在威胁企业整体的事件。"

（2）国内学者的观点

国内关于危机的比较有影响力的观点有以下几种。

根据《中华人民共和国突发事件应对法》的界定，突发事件是指"突然发生，造成或者可能造成严重社会危害，需要采取应急处置措施予以应对的自然灾害、事故灾难、公共卫生事件和社会安全事件"。

闪淳昌等人认为，从突发事件的角度来看，危机是最为严重的突发事件。

李云宏等人认为，危机是在任何组织系统及其子系统中，因外部环境和内部条件的突变对组织系统总体目标和利益构成威胁而导致的一种紧张状态。

胡百精认为，危机是由组织外部环境变化或内部管理不善造成的可能破坏正常秩序、规范和目标，要求组织在短时间内做出决策，调动各种资源，加强沟通管理的一种威胁性形态或状态。

刘刚认为，危机是一种对组织基本目标的实现构成威胁，要求组织在极短的时间内做出关键性决策并进行紧急回应的突发性事件。

还有观点认为，危机是指事物因量变的积累致使内在矛盾激化，进而即将发生质变或质变已经发生但未稳定的状态。这种质变给组织或个人带来了严重的损害，为阻止质变的发生或减少质变所带来的损害，需要在时间紧迫、人力、财力、物力资源缺乏和信息不充分的情境下立即进行决策和行动。

危机是企业与消费者、新闻媒体、政府、社会公众之间因某种非常因素引发的对于企业的声誉、形象和发展造成不良影响的非常状态。

2. 对上述危机定义的分析

把以上对危机的定义归纳起来，可以发现有以下几方面的共同内涵。

① 危机是不正常的，是突发事件（以及由突发事件而带来的惊异状况）；
② 威胁到企业的基本价值或主要发展目标；
③ 对企业管理团队以及员工的心理震撼较大；
④ 必须在时间紧迫，人力、财力、物力资源缺乏和信息不充分的情境中，机敏、灵活地进行决策和处置；
⑤ 处理结果会极大影响企业的生存与发展。

结合上述分析，从战略角度出发，我们认为，企业危机是指发展态势不确定的，对企业全局以及利益相关者的利益有严重威胁的，需要在时间紧迫、信息不充分的情势下机敏决策和快速处置的重大事件。

所谓情势，又称情境，主要是指事件或环境的当前状况和发展态势。

所谓企业利益相关者，是指和特定企业有各种各样利益关系，存在利益互动的团体、组织和个人，一般包括企业内部员工、顾客、股东，以及其他投资者、各种合作伙伴（供应商、经销商及各类市场中介组织）、所在社区、政府部门、社会公益组织、新闻媒体、其他社会公众等。

就某个危机事件而言，危机势必涉及不同的组织和个人。从利益得失的角度，可将利益相关者分为受害者（包括潜在受害者）、责任人、决策者、监督者、执行组织或个人。受害者（包括潜在受害者）主要是指利益受到损害（或者损害大于所得）的个人或组织；责任人是指导致危机发生的企业整体、企业员工（包含各类企业管理者）和企业外部责任者；决策者主要是指对危机管理承担责任的企业管理人员，通常由企业最高管理者来承担决策者角色；监督者是指各类监督企业处理危机行动、承担责任情况的社会机构，主要包括政府部门、新闻媒体和社会公益组织或个人；执行组织或个人是指根据企业管理阶层授权进行具体危机管理活动的企业内部机构或个人，最常见的执行组织是企业危机管理小组，它由企业内部相关管理者组成。

为了与国家现行应急管理法规、政策相统一，本书中的企业危机、突发事件、应急事件等概念具有基本相同的内涵。

二、危机的特征

要想更加深入地了解危机，就需要对危机这种客观事物进行进一步的分析。

1. 突然性

人们往往会忽视危机发生前的各种征兆。待到危机发生时，企业原有的发展格局突然被打乱，人们感到非常突然，同时，危机中的利益相关者可能失去利益或者遭受损失，人们面临着不熟悉的环境，产生了强烈的期望企业恢复到原来状态的心理，这要求企业管理者必须采取紧急行动，果断处理不利事件。例如，1987年英国伦敦地铁的国王十字站从第一个火苗出现到形成火灾仅用时10分钟，结果是造成31人死亡，20人重伤。

2. 不确定性

企业危机的发生具有很大的不确定性。事前人们很难准确判断危机发生的时间、程度和破坏性，甚至有时难以预测危机发生的概率。所以，如果没有完善的危机预警防范体系，危机一旦爆发，人们将手足无措。危机的开端是难以用常规知识、规则进行分析判断的，危机发生过程和可能涉及的影响是无法用经验性知识进行指导的，一切都是瞬息万变的。某一事件之所以会成为危机，是因为它一旦发生，就很难预计其后果。

拓展阅读 1-1

营口钢铁有限公司炼铁厂高炉炉缸烧穿事故

2023年6月22日上午7时55分左右，辽宁省营口市营口钢铁有限公司（以下简称营口钢铁）炼铁厂一号高炉在生产过程中炉缸烧穿，液态渣铁遇冷却水发生喷爆，目前已造成5人死亡，4人受伤。该事故发生在重大事故隐患专项排查整治2023行动自查自改阶段、全国安全生产月期间、端午节假期第一天，舆论关注度高，社会影响恶劣。

经初步调查，事故集中暴露出以下突出问题。

一是企业安全生产意识淡薄，重生产轻安全，违规冒险蛮干。发生事故的一号高炉于2012年投用，已经处于炉役后期，此阶段需格外关注炉缸安全状态。6月21日15时55分，高炉西出铁口主沟漏铁，营口钢铁将东西两侧出铁口交替出铁临时改为东出铁口单侧出铁，泄漏的铁水将用于实时监测炉缸温度的热电偶信号参数电缆烧毁，营口钢铁在没有研判单侧出铁对炉缸耐火材料的侵蚀影响，没有实时监测炉缸温度的情况下，冒险蛮干16小时。

二是企业安全管理混乱，安全隐患严重。营口钢铁在逃生通道布局、主控楼功能设置、作业人员专业背景等多方面存在安全隐患。事故高炉东侧50米左右为主控楼，靠近和远离高炉本体的两头端部均设有楼梯间。炉缸烧穿后，高炉冷却水遇泄漏的液态渣铁迅速汽化，大量高压蒸汽冲向主控楼，气浪冲破窗户进入靠近高炉本体一侧的楼梯间，造成从此处逃生的9人伤亡。该主控楼兼作办公楼，部分职能部门行政人员在楼内办公，增加了该区域的安全风险。炼铁厂厂长、炉长、工长等关键岗位人员仅关注高炉日常生产的技术指标，对炉役后期的安全风险缺乏基本认知，对需重点监控的高炉耐火材料厚度、热电偶温度、热流强度等重要参数不关注、不了解、不掌握，未采取相应的预防控制措施。

三是吸取事故教训不深刻，监管执法不到位。营口钢铁主要负责人履行"第一责任人"职责不到位，没有针对同行业事故教训，举一反三组织检查本单位的安全生产工作，及时消除生产安全事故隐患；属地监管部门对钢铁企业安全生产重视不够，在监管上没有采取有效的措施，在2022年开展工贸行业安全生产专项整治"百日清零行动"结束后，没有进一步加大执法检查力度，整治成果没有得到巩固，没有牢牢抓住钢铁企业安全监管工作的主动权。

资料来源：https://www.mem.gov.cn/gk/zfxxgkpt/fdzdgknr/202307/t20230710_455959.shtml(2023-07-10)[2023-11-02]。

3．破坏性

危机虽然含有转机，但是这种转机是有条件的，并不意味着转机必然降临。对于危机，企业如果不能妥善处置，轻则导致企业形象受损，公众对企业失去好感，重则导致企业破产。

4．非程序化决策

危机发生时往往伴随着以下"不足"：首先是时间紧急，要求企业在最短时间内做出应有的反应；其次是相关信息不足（各种不利信息漫天传播），导致企业基本上不能按照常规决策程序决策；最后是各种资源不足，所需的人财物资源往往在此时出现严重短缺，使得企业难以应对。因此在时间、人财物资源、信息等要素不足的条件下对危机事件进行的决策往往属于非程序化决策。

5．"连带反应"

所谓"连带反应"，是指危机事件就像一颗石子扔进水中激起层层涟漪一样，会对企业外部造成系列的负效应。米特罗夫把这种因危机早期处置不当而引起的后续系列负效应称为"连带效应"。

6．复杂性

危机的发生，并不是由单一因素所决定的。当今市场竞争激烈，企业内外部环境因素的变化往往难以预测。比如，企业外部宏观环境中的政治因素、经济因素、社会因素、技术因素等，其中任何一个（包括次一级因素）发生变化，都会对企业提出挑战。再如，企业外部微观环境中的产业竞争、竞争对手策略变化、顾客需求变化、供应商变化等，同样会对企业产生巨大影响，危机往往内含其中。而企业内部也有诸多导致危机的因素，如企业总体战略选择失误、战略经营单位职能战略的实施不当、企业资源条件发生巨大不利变化（尤其是财务资源、人力资源突然紧张）、产品质量出现重大瑕疵、对外沟通与公共关系不良等，都可能引发危机。

7. 双重性

危机蕴含着危险和机会，古语"祸兮福所倚，福兮祸所伏"说的就是这个道理。这个特征辩证地反映出企业危机的双重属性。

危机中的危险自然不言而喻，而危机中的机会体现在以下方面。

首先，危机能使企业认识到自身的弊端，发现自身不足，从而促使企业针对缺陷采取有效措施，这样一来，危机就可以看作企业发展的警钟和疫苗。

其次，危机往往会引发公众对企业的关注，危机处理得当，公众就会恢复对企业的信心，甚至加强对企业的支持。

最后，企业往往会利用危机中的机会来遏制危机，尽快结束危机，减少危机的损害。

但是，要正确对待危机中的机会，如果过分强调危机的机会，会使企业对危机的警惕性下降，疏于防范。因为危机中的机会，不一定非以发生危机为代价来取得，事实上企业可以通过变革或努力来获得这些机会。

8. 对企业全局具有战略影响

不论危机属于什么类型、什么层次，它一旦发生，就会对企业全局产生不利影响，还会引发社会公众对企业的关注。这一特征，要求危机管理者必须站在企业战略管理角度来对危机进行整体分析；要求危机管理者勇于承担责任，满足利益相关者的权益要求。

三、危机的影响

企业危机一旦发生，势必给企业带来不同程度的不利影响。一般来说，轻度危机影响企业的正常生产经营活动，重度危机可能导致企业形象受损，在各利益相关者心目中失去应有的位置，更严重的危机则可能导致企业陷入泥潭不能自拔，最终破产倒闭。具体可以从以下两个方面来进一步分析危机的影响。

（一）对企业总战略的影响

严重的危机会影响企业战略环节的协调性、经营活动的持续性，阻碍企业战略使命顺利实现，甚至可能导致企业陷入困境。

危机还可能会影响企业战略的分析和选择。有些危机迫使企业放弃发展战略，而选择稳定战略，甚至防御战略，尤其是那些实施纵向一体化和多元化战略的企业，在遭遇重大危机挫折后，常被迫在相当长的时期内选择休养生息的稳定战略，情况更糟糕者则可能选择防御战略。

（二）对企业竞争战略的影响

危机对企业竞争战略的影响主要表现在以下三个方面。

① 造成企业核心竞争力减退或消失。
② 使企业竞争优势难以持续。
③ 迫使企业采取最不具竞争优势的"中庸战略"。

（三）对企业战略环境的影响

企业战略环境主要有外部宏观环境和外部微观环境，以及企业内部环境。

如果企业危机造成的不利后果较大，那么政府可能会调整现行政策、法规，加大对企业经营方面的监督。例如，在美国接连爆发上市公司财务丑闻后，美国政府加大了对上市公司的财务监督，并加重了对有关责任者的制裁。

企业危机对自然环境的破坏，可能导致其他社会活动者和公益组织加强对企业经营活动的监督，无形中加大企业的经营压力。例如，壳牌与绿色和平组织在布伦特·斯帕石油钻台事件中的冲突，就体现了企业经营活动造成的环境污染所引起的广泛关注。

案例 1-1

布伦特·斯帕石油平台事件

石油公司常被认为是只知赚钱而不管环境污染与安全的组织，因而很容易成为社会公众、公益组织等的批评对象。

1995 年，壳牌的经营者决定把布伦特浮式油轮装卸装置放到大西洋 2000 米深处。他们的科研人员与专业管理者认为这是一个最有效率、最安全的方法。消息刚一发布，绿色和平组织便发起了一项世界性的抗议活动。抗议是公开的，并威胁到了壳牌的经营与员工利益。

起初，壳牌的经营者坚持他们的立场和决定。因为他们有政府支持，特别是来自英国保守党的支持。但这种支持在公开的敌对行动（尤其在德国）及绿色和平组织发起的大规模的舆论宣传面前，显得微不足道。

绿色和平组织成员登上了石油平台，并占据该平台相当长一段时间。该组织声称，他们的科研人员检查了这个设备，并估计上面大约有 5000 吨废油。壳牌对此断然否认。虽然后来绿色和平组织承认他们的估计是错的。但由于绿色和平组织提前公布这种估计已造成了恶劣影响，这个石油平台的"可能的污染源"的形象依然存在。

布伦特·斯帕石油平台高 450 英尺、重 14500 吨。安装计划失败使壳牌损失了大约 1000 万英镑，而且这还不能免税。

互联网使数据与信息的传递更加快捷，这个发生在英国国内的抗议迅速扩展到欧洲，进而引起世界关注，这是壳牌经营者始料未及的。

资料来源：希斯，2001. 危机管理[M]. 王成，宋炳辉，金瑛，译. 北京：中信出版社.

从产业环境来看，根据波特的五力模型，在企业遇到危机时，行业新加入者、现有竞争者、替代产品、供应商和购买者会做出相应的反应，从而形成新的产业竞争格局。危机会影响企业利益相关者的权益，从而产生新的、不利的（甚至恶化的）公司经营环境。比如，被新闻媒体频频负面曝光的公司及产品，可能会出现顾客忠诚度下降、经销商退货、银行信用等级下降、骨干员工流失等不利情况。

（四）对企业职能战略的影响

企业职能战略是指企业各个职能部门为保障企业总战略和竞争战略顺利实施所采用的方法和手段。职能战略主要涉及市场营销、财务、生产、组织、人力资源、研究与开发、管理团队与领导等活动。企业发生危机将会对企业职能战略的实施效果产生不利影响。具体分析如下。

1. 使企业的声誉受到伤害

危机发生以后，如果企业应对不当，各种危机信息会在很短时间内"淹没企业"。只有及时和各个利益相关者沟通，消除危机的影响，才能维护企业的声誉和形象。

2. 损害企业信用

企业信用是企业重要的无形资产，它体现和衡量着企业与有关经济利益主体的交易可靠性。危机的发生，往往会影响企业在市场营销、采购、银行资金信贷等方面的信用，导致企业各方面经营活动成本和费用增加，甚至出现拖欠供应商货款、银行贷款、员工工资等恶性信用记录，从而导致企业信用度进一步降低。

3. 使企业销售额下降

企业发生危机后，如果缺乏有力的应对控制措施，就可能导致企业声誉受损，造成顾客、经销商的恐慌和不信任，使销售额迅速下降。这是因为在激烈的市场竞争条件下，顾客有较多的选择，提供同类产品或服务的厂商会很快占领危机企业的市场。

4. 使企业经营状况恶化

大多数陷入危机的企业，因为销售受到很大影响，收入将大幅下降，而各项经营要素的获取成本反而将上升，或难以从正常渠道获取，再加上危机过程中难以估计的各种人财物损失，将导致企业利润下降，经营状况恶化，甚至陷入难以挽救的困境。

5. 使企业员工士气下降

企业发生危机后，如果各级管理人员和全体员工能够充分沟通，上下同心同德，共同抗击危机，就可以减少危机造成的损害；否则，将会影响员工士气，导致员工思想混乱，生产效率下降，甚至会导致大批优秀员工离职，进一步加大危机程度。

6. 使企业的产品结构发生变动

危机会导致企业失去市场，或者为维持市场占有率而付出沉重代价，甚至可能迫使企业放弃对某些产品或服务的经营。

7. 对管理层产生不利影响

危机对管理层的影响是巨大的，严重的危机可能导致企业总裁辞职，甚至被起诉。中高层管理者也常会因为企业发生重大危机而离职。有些危机事件甚至会给高级管理者带来沉重的精神压力和心理阴影。

除上述不利影响以外,危机对企业也有某些有利影响,在此引入"危机效用论"进行分析。

危机效用论是由日本学者户部良一、伊丹敬之等人提出的。该理论认为,企业本身蕴藏着解除危机的钥匙。具体观点如下。

① 危机可带来发现潜在经营资源的效用。所谓经营资源,是指企业经营活动中一切可利用的看得见的资源和看不见的资源。企业经营者不可能对企业拥有的所有潜在经营资源都了如指掌,他们往往是通过挫折偶然发现企业的资源优势所在,也就是说,危机给予经营者发掘企业潜在资源的机会。

② 危机可带来新的核心技术积累的效用。这一观点揭示,企业所在产业迟早都要面临成熟化(直到衰退)的危机,企业要未雨绸缪,要向新产业发展,以摆脱成熟化所带来的危机压力。但是进入新产业有风险,其中最大的风险是通过投资能否改变原有技术结构,形成新的核心技术。危机效用论认为企业不必担忧为摆脱产业成熟化而进行投资的风险,因为企业能得到意外的副产品——新的核心技术积累,也就是事后所得能弥补事前损失。

③ 危机可带来企业人才培养方面的效用。企业的经营危机在某种意义上可以说是学习问题。因为危机反映出企业稳定的技术结构不适应环境的要求,为克服经营资源的约束,应不断进行战略学习。企业可以通过危机这一战略学习时机,提高员工的认知水平,实现下一阶段的成功和飞跃。如果企业过于谨慎,过于害怕失败,在经营上得过且过,就有可能丧失这样的学习机会。没有经营危机的企业,表面上看没有看得见的失败,但有看不见的机会损失。

④ 危机能激发企业员工的团结合作精神,提升员工士气。在企业发生危机时,企业为了生存会聚焦关键目标,把经营资源投入效益最佳的事业,这会促使企业全体员工凝聚力量、共同努力、团结一致,产生更高的团队效能。

辩证唯物主义观点告诉我们,任何事物都是矛盾的产物。认识世界要一分为二。同样,对待危机,也要看到危机有益的地方。中国传统思想中的"吃一堑,长一智""前事不忘,后事之师""亡羊补牢"等,都提醒企业管理者从危机中吸取经验教训,不断提高危机预防和处理技能。"危机"从字面意义上看也含有转机的意思,有将不利局面扭转为正常、顺境的内涵。关键是管理者要及时、果断、科学地决策,尽快发现转变危机的时机和主要环节。

但是不管危机有哪些有利影响,都抵消不了其造成的不利影响。因此,企业应努力避免发生危机。

美国强生泰诺胶囊中毒危机

美国强生制药公司(以下简称强生)是世界知名的健康护理产品生产商和相关服务提供者。其产品主要面向医药和专业市场。

据统计,截至 1982 年 9 月 28 日,强生的泰诺胶囊已占据了止痛药市场 35%的市场份额,让竞争对手羡慕。由于疗效好,该产品得到了消费者、医生和医院的广泛好评。它每年给强生公司带来4亿美元的销售收入。然而，在1982年9月29日到10月1日之间，在美国芝加哥地区，有7人在服用了强生的泰诺胶囊后死亡。

有消息说，一些胶囊里含有剧毒成分氰化物，使得泰诺胶囊的销量迅速下降了87%，公众信心荡然无存。

事件发生后，在当时的首席执行官博克的领导下，强生迅速采取了一系列有效措施。首先，强生抽调大批人马对所有胶囊进行检验。在经过公司各部门的联合调查后，发现在2200万瓶胶囊中，受污染的胶囊都是同一批药，总计不超过75个，并且全在芝加哥地区，不会对美国其他地区造成影响。但是强生仍然按照公司最高危机方案原则，即"在遇到危机时，公司首先考虑公众和消费者利益"，迅速采取措施，将2200万瓶胶囊收回并销毁，损失高达1亿美元；还花费50万美元向有关的医生、医院和经销商发出警报；迅速开通了一条免费热线电话，以便消费者、法律执行机构和其他相关人员能就此事询问公司的管理者。

在危机发生后的最初的6个星期里，危机管理小组成员每天都要到博克的办公室汇报两次；博克在美国主要电视节目中露面安抚民众，与30个城市的工作人员进行了电话会议。

尽管事故发生后进行的电话调查表明，有45%的受调查者考虑到其有害性不打算继续服用泰诺胶囊，但是强生管理者所采取的补救措施，还是奇迹般地改变了公众对该产品安全性能和功效的认识。

在事态已经稳定，并且向泰诺胶囊投毒进行人为破坏的人已经被警方拘留后，强生并没有将产品马上投入市场。当时美国政府和芝加哥地方政府正在制定新的药品安全法律，要求药品生产企业采用"无污染包装"。强生看准了这一机会，率先响应该规定，采用新的包装形式重新将泰诺投入市场，结果仅用5个月的时间就夺回了原市场份额的70%。

据估计，强生在"泰诺胶囊中毒危机"中的损失远不只是直接损失的1亿美元，加上在危机过程中和危机后向消费者发出广告信息的费用等，总损失达5亿美元，品牌损失估计高达10亿美元。

强生的危机处理赢得了社会公众的支持，成功地向社会公众传达了企业的社会责任感。强生不仅获得了消费者的欢迎和认可，还得到了美国公共关系协会颁发的银钻奖。原本的一场"灭顶之灾"，竟然奇迹般地为强生带来更高的声誉。正如巴顿所言："尽管危机给强生的盈利和形象造成极大的损失，但是毫无疑问，公司危机管理者高水平的危机处理技术和能力已经成为日后衡量大多数其他重大事故的标准"。《华尔街日报》也评论说："强生选择了一种自己承担巨大损失而使他人免受伤害的做法。如果昧着良心干，强生将会遇到很大麻烦。"

资料来源：高民杰，袁兴林，2003. 企业危机预警[M]. 北京：中国经济出版社.

四、危机的衡量

危机形成的原因、种类和性质各不相同，如何衡量危机就成为一个重要的问题，因为这个问题直接关系到如何有针对性地处理危机。

对危机的衡量，主要从危机规模、危机可见性、危机复杂性等方面来讨论。

（一）危机规模

对个人来讲，如果失业，就可能构成严重的危机，因为没有收入将对个人日常生活造成较大的威胁。对企业来讲，危机事件从危机征兆出现、危机爆发到危机处理和善后，需要的资源可能供不应求，从而加重危机灾难，使得危机处理更复杂。为此，必须分清危机的主次、缓急，以便选择正确的危机预防和处理方案。

对企业来讲，很小的一笔流动资产损失也许不会对企业造成危机，但是积少成多，许多小的坏账累积到一定程度就可能导致一个企业资金链断裂。

案例 1-3

美国"毒列车"脱轨事故

2023 年 2 月 3 日晚，美国诺福克南方铁路公司一辆货运列车驶经俄亥俄州东巴勒斯坦镇时发生事故，共 50 节车厢脱轨或损坏；20 节运载危险品的车厢中有 11 节脱轨，其中 5 节载有氯乙烯。

列车脱轨导致大量有毒化学品进入空气、水和土壤，酿成环境危机。俄亥俄州自然资源部 2 月 23 日说，据测算，脱轨事故发生以来，事发地点附近受污染水体中的死亡动物数量接近 4.4 万只。

此外，"毒列车"脱轨事故的影响正在向其他州蔓延。得克萨斯州哈里斯县法官伊达尔戈说，事故现场的 50 万加仑（约合 189 万升）污染水已经运到该县迪尔帕克地区，还有 150 万加仑（约合 567 万升）即将抵达。俄亥俄州州长办公室说，事故现场污染土将由卡车运往密歇根州安阿伯市附近的一个填埋场。但是，密歇根州联邦众议员丁格尔表示，密歇根方面并未就此事得到提前通知。

资料来源：http://www.news.cn/world/2023-02/25/c_1211733023.htm(2023-02-25)[2023-11-09]。

（二）危机可见性

危机可见性是指危机的外在表现特征、方式、现象。危机可见性越强，人们就越容易应对；可见性越弱，就越难以对其进行有效处理。

人们容易直观地看到危机造成的资产、人员伤亡类损失，但是很难直观地看到企业产品市场份额丧失或者被恶意兼并、收购等危机后果。危机可见性弱会增加危机预防和处置的难度。

（三）危机复杂性

危机复杂性是指危机事件引起的后续连锁反应、危机事件的规模、范围、不可见性和不可触及性等因素叠加造成的危机状态。如果出现下列状况，危机在本质上就会更复杂。
① 没有足够的资源解决危机。
② 必须在资源匮乏条件下根据事情的轻重缓急做出选择。
③ 在危机事件发生时，当地没有专门的物质资源和专业技术应对。

因此，危机越复杂，解决危机的时间和物质资源的成本就越高。

第二节　企业危机的类型

对客观事物的观察角度决定了人们对客观事物的分类和认知。对危机的分类和界定，是建立危机管理理论分析框架的基础。从广泛的科学意义上讲，无论是理论研究还是企业实际活动，只有明确问题的种类，才能有针对性地解决问题。所以对企业危机种类的划分，既有理论意义，又有现实意义。实际上，制订危机对策和解决方案首先要划定危机种类，然后制订相应的应急预案和反应机制。如果只对危机应对泛泛而谈，就难以对症下药化解危机。

对于企业危机有不同的划分方式，企业危机的划分要便于对危机进行机理研究、对策研究并有利于实际处置。最简单的划分方式是从企业危机成因的内外来源来讨论，即把企业危机划分为两大类：第一类为企业外部危机，这类危机通常是由企业外部环境因素引发的，比如企业所处宏观环境中的政治法律因素、社会人文因素、自然因素、经济因素、科技因素急剧变化所造成的危机；第二类为企业内部危机，是由企业内部因素引发的危机。

下面我们进一步从危机的诱因、危机的发展速度、危机的表现形态、危机情境中利益相关者的态度等方面对企业危机进行分类讨论。

一、按照危机的诱因进行分类

按照危机的诱因，可以从企业内外环境和是否人为两个维度，将企业危机分为四种类型。

（一）企业内部人为危机

企业内部人为危机主要是企业内部人员造成的，是企业通过加强有效的危机管理基本可以避免的。企业内部人为危机根据危机具体成因，又可以分为企业公共关系危机、企业营销危机、企业人力资源危机、企业信用与财务危机、企业创新危机、企业发展战略危机等。

1. 企业公共关系危机

企业公共关系危机是指企业与社会公众之间由某种原因引发的危险的非常状态，它是企业公共关系状态严重失常的反映。企业公共关系危机可导致企业与公众之间的关系迅速恶化，使企业正常生产经营活动受到影响。严重的企业公共关系危机往往会损害企业形象，降低企业知名度和美誉度，甚至使企业陷入困境。企业公共关系危机的出现通常是以一定的危机事件为标志的，即企业遭遇危机事件时，往往可能同时发生企业公共关系危机。

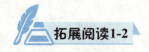

拓展阅读1-2

拆穿低价代缴采暖费骗局，平台应有所行动

2023年11月3日，青岛18家供热公司联合发布《关于自发抵制采暖费诈骗行为 防止合法财产蒙受损失的公告》。公告表示，青岛能源集团已经收到公安反诈部门通报，不法分子低价代缴采暖费的行为已涉嫌诈骗洗钱，现已有部分用户通过类似链接向不法分子进行了转账，供热单位将全面配合公安机关进行反诈工作。

由于气温骤降，北方地区一夜入冬，供暖再次成为备受关注的热点话题。与此同时，无孔不入的不法分子也开始伺机而动，他们通过网络发布低价代缴采暖费的虚假广告，试图诱骗市民上当。这些广告声称能以较低的价格，帮助市民代缴采暖费，还能打折优惠。看似诱人的信息，实则是一个巨大的陷阱。

在青岛18家供热公司联合发布公告之前，天津、济南、邯郸等多地已发出类似提醒，各地热力公司均表示，从未也不会授权个人代收代缴采暖费，市面上"折扣代收代缴"采暖费的行为均与我公司无关，未来将高度且全面配合公安机关对诈骗犯罪活动的侦破工作。

网友感到不理解，虽然缴费金额低，但毕竟充值成功，为什么成了诈骗呢？实际上，这正是不法分子的狡猾之处。充值成功的钱，并非来自暖气用户，而是为网络赌博、电信网络诈骗犯罪活动转移的赃款。一言以蔽之，暖气用户缴纳的暖气费，被人"调包"了。暖气用户看似"占了便宜"，实际被转嫁了巨大风险，轻则账户被依法冻结，重则蒙受经济损失。

面对这一新型骗局，供热公司及时发出提醒是必要的。对于消费者来说，形形色色的骗局虽然不断翻新花样，但正所谓"万变不离其宗"，多半还是有迹可循的。消费者要明确一个基本原则，不该占的便宜不占，不了解的链接不点，对来路不明的人保持警惕，拒绝其提出的一切形式的个人转账要求。

当然，仅凭消费者提高安全防范意识是远远不够的。多地供热公司相继提醒警惕采暖费代缴骗局。尽管如此，电商平台上仍有不少以"九五折""九折""八八折"等低价代缴采暖费的链接。记者点击某二手交易网站的一条代充链接后发现，页面上有全国多家供热公司可供选择，均能进行优惠充值。在供热公司明确表示"从未也不会授权个人代收代缴采暖费"的背景下，"低价代缴"链接本身就涉嫌欺诈。对此，网络平台理应有所警觉和行动，通过内容审核和巡检制度及时剔除有毒有害信息。

资料来源：http://opinion.people.com.cn/n1/2023/1106/c436867-40112229.html(2023-11-06)[2023-12-12]。

2. 企业营销危机

企业营销危机是指企业由于经营观念落后、营销战略失误、市场调查和预测错误等内部人为因素，致使企业产品市场占有率不断下降甚至市场全部丧失，或者由于营销活动不善，致使企业利润不足以弥补成本而造成的危机。

 **拓展阅读1-3**

积极开拓国内市场，危机变商机

2020年，受新冠疫情的影响，国际市场需求严重萎缩，面对前所未有的挑战，我国政府、外贸企业、电商平台齐发力，采取一系列措施支持适销对路的出口产品开拓国内市场。

在义乌国际商贸城，全国各地的采购商正在忙着下单。原先，义乌市场的经营户以外贸为主，现在，针对国内采购商，经营户们推出了零售、散批、代发货等各项服务，尽可能满足国内采购商需求。

据统计，从2020年2月以来，义乌一手"稳外贸"，一手"拓内销"，派出多个工作组赴全国招引国内采购商，与全国多家市场建立联系，获得大量内贸订单。在饰品专区，一款款针对国内市场的新品摆满了货架，吸引着来往的采购商。与此同时，经营户们还忙着"进军"国内商超市场。

在义乌国内公路港物流中心，已开通多条国内物流专线，这些专线的"神经末梢"可达全国所有城市。

据统计，2020年6月义乌国际商贸城日均客流量超过10万人次，比5月增长11.8%。在义乌商品越来越多地走向国内消费者的同时，位于广东澄海的玩具出口企业也开始"转战"国内市场，寻求新的发展。

产品积压、订单减少、展会停摆，在澄海陷入困境的玩具企业并不是个案。如何突破困局，找到生机？玩具企业把目光瞄向了更广阔的国内市场。为帮助玩具企业打开国内市场销路，澄海区政府联合多家龙头电商平台，在帮助工厂和外贸商家对接国内消费需求的同时，把玩具展厅从线下搬到线上，探索开辟"玩具+直播"和"玩具+短视频"的新模式，依靠内贸批发平台来拓宽销路，而平台会通过大数据分析给玩具企业提供反向定制的个性化帮扶。在企业自救、平台赋能、政府帮扶的共同作用下，澄海玩具企业来自线上平台的订单量也持续上升。

与此同时，降低企业内销成本、进一步扩大内外销产品"同线同标同质"实施范围、搭建内销展示交流平台、拓宽线上合作渠道、推动内销规模化、品牌化等一系列支持外贸企业出口转内销的政策措施也在陆续发力。商务部数据显示，2020年4月出口企业内销额增长17%，外贸企业出口转内销成效初显。

资料来源：https://www.gov.cn/xinwen/2020-06/21/content_5520938.htm(2020-06-21)[2023-11-02]。

3. 企业人力资源危机

企业人力资源危机是指企业在人才竞争和人力资源管理中面临的危机。

企业在人才竞争中面临的危机，主要表现在：相对于企业对优秀人才的较高需求，优秀人才总是处于稀缺状态。受供需矛盾影响，优秀人才的雇佣成本上升，这对广大中小企业而言是一笔难以承担的先期投资。而且，优秀人才很可能流向报酬高的企业，从而使一些劣势企业在人才竞争中处于更加不利的地位，进而使这些企业面临较大的生存危机和压力。

人才流动加快，不仅会增加企业雇佣人才的不确定性，还会增加企业人力资本投资的风险和变数。

企业在人力资源管理中面临的危机，主要表现在：因缺乏长远的人力资源战略而产生的人才结构危机、选拔和培养危机；人才招聘录用过程中的危机；不能给员工提供施展才能的空间而引发的骨干人才跳槽危机；员工满意度危机（如工作积极性差、思想认识不一致、员工之间不团结）；等等。

4. 企业信用与财务危机

企业信用危机是指由于企业在信用管理中失败而引发的危机。信用是一种建立在信任基础上的能力，是不用立即付款就能得到资金、物资、服务的能力。常见的信用有客户向企业的赊销、企业的银行贷款等，这些都是建立在信用基础上的。信用实质上是一种短期融资，这就意味着，在信用交易中，永远存在着一定的风险和危机，如客户到期不向企业付款，企业不向银行还贷等。

企业财务危机有许多种定义和标准，这里主要按照企业破产的标准进行定义，即企业由于环境、政策、体制、管理、技术、市场等方面的因素而出现资不抵债并进入破产程序的状态。破产状态下的企业通常要做出某种宣告，并依法对其财产进行清理、分配或者和解。企业破产作为危机结果，是债务人的全部资产不足以抵偿债务或债务人不能清偿到期债务的事实状态。此处所说的"不能清偿"的含义包括以下几个方面。

① 债务人出现资不抵债的状态。
② 债务人没有其他替代办法偿还债务。
③ 对于到期的债务不能全部清偿。
④ 不能清偿的债务不仅包括货币债务，也包括实物债务。

5. 企业创新危机

企业创新是指新产品的开发和新技术的应用。企业创新危机是指企业创新动机消退或者创新能力下降。

企业创新危机表现在：第一，忽视新产品的市场需求和新技术的引进，死抱着老产品不放，导致产品缺乏市场竞争力，进而使整个企业陷入危机之中；第二，盲目创新，闭门造车，不按市场规律运作，开发出的产品虽然技术先进，但是没有市场，结果是浪费资源，形成巨大的危机。

6. 企业发展战略危机

企业通过发展战略的实施，实现扩张、快速增长的目的。企业最常使用的发展战略就是纵向一体化战略和多元化战略。这两种战略在促进企业加快发展的同时，也可能埋下企业过度扩张、资金链断裂的祸根。

企业发展战略危机是指由于片面追求发展和扩张速度，盲目扩张、盲目多元化，而致使企业发展失衡的风险与危机。

拓展阅读1-4

家乐福"闭店"流言再乱，也不该给消费者添堵

2023年2月，社交媒体上不断传来"家乐福购物卡结算受限"的消息，尽管家乐福否认"倒闭"传言，称系统结算需要对接和升级，以致刚开始部分产品无法用购物卡结算，但一些空荡荡的货架，购物卡使用受限，甚至购物卡无法办理退款，这些情况无疑给那些购物卡里有"真金白银"的消费者添了"堵"。

系统结算升级，不能成为消费者使用购物卡受限或者无法退款的正当理由，同时，商家不能做不合理限制且不能剥夺消费者的退卡合法权益。消费者购买预付卡，实质上是预存了现金，那么卡里的金额应该是可以当作现金使用的，兑现商品或者服务不应该受到限制。而家乐福如果不按照售卡时的约定来提供商品，实际上就构成了违约，依据《中华人民共和国民法典》及《中华人民共和国消费者权益保护法》的相关规定，消费者可以要求家乐福继续履行约定。如果家乐福不能按照当初的约定来提供相应的商品，则应该依据法律法规给消费者办理退卡，并支付相关的利息。商家如果要限制购物卡的结算范围，则应在消费者购卡时就讲清楚，注明购物卡的使用范围。没有特别约定的，购物卡应当可以购买超市里的任何商品，商家不能单方面限制购物卡的使用范围。

家乐福方面应尽快解答消费者疑惑，正面解决相关退款及投诉等问题。作为大型商超，家乐福理应为营造安全、放心、诚信的消费环境出一份力，尤其是要维护好消费者的正当权益，而不是给消费者添堵。无论商家内部业务是如何调整升级的，都不能踩踏消费者权益这条红线，任何漠视消费者权益的行为，都必将得到反噬。

此外，消费者也要谨慎办理购物卡，如果遇到类似问题，可以先持购物卡和相关凭证与商家协商解决。如果商家无法退卡，又不能继续提供相应的商品或者限制购买，消费者可以向消费者协会或者行业主管部门投诉，请求调解。如果通过调解还不能解决，消费者可以申请仲裁或者到法院起诉，维护自己的合法权益。

资料来源：http://opinion.people.com.cn/n1/2023/0206/c1003-32618637.html(2023-02-06)[2023-11-02]。

（二）企业内部非人为危机

企业内部非人为危机主要指由企业内部意外灾害、事故所引发的危机，如环境污染、制造设备起火、爆炸、倒塌所引起的非常事件对企业造成巨大的人、财、物损害的危机。

针对这类危机的基本策略是定期对企业重大设备进行检查；对主要污染物质、可能发生重大事故的原材料、产品、能源进行专人、专库保管；对事故隐患，一经发现，立刻处理。企业应按照国家有关的政策法规要求，对可能造成污染、爆炸、起火、倒塌、泄漏等危险因素进行内部诊断，或者请有关部门及专家帮助诊断，形成相应的制度，落实到人。一旦发生事故，就应立即启动应急预案和反应机制，组织人员及时救护受伤人员、清理污染并保护环境、转移和隔离危险物质等，尽快将事故的损害程度降到最低。

（三）企业外部人为危机

企业外部人为危机主要指企业外部环境中的人为因素造成的对企业不利的事件所引发的企业危机。最常见的企业外部人为危机，如有人恶意在产品中下毒、恐怖分子袭击、严重产品仿制、不实谣言的扩散等。

针对这类危机的基本策略是树立企业良好形象，做好企业与社会公众、利益相关者的日常沟通工作，一旦发生危机，立即启动应急预案和反应机制。企业要先考虑主要利益相关者的利益，有针对性地控制危机的影响范围，然后借助相关力量查明真相，与社会公众、利益相关者及时沟通。

（四）企业外部非人为危机

企业外部非人为危机是指企业外部环境中的重大自然灾害、战争、行业或经济危机等不可抗力因素造成的直接影响企业正常生产经营活动的严重事件所引发的企业危机，这类危机不是人力所能及的，所以危害性极大。比如，2001 年美国"9·11"事件造成美国旅游企业倒闭、民航运输业务中断就属于此类危机。

总的来说，针对各类企业危机的基本策略都是立即与企业内部员工沟通，启动应急预案和反应机制，配合政府部门行动，保护好企业人员和财产的安全，在危机过后尽快组织企业恢复生产经营活动，力争将损失补回来。

二、按照危机的发展速度进行分类

按照危机的发展速度，可以将危机分为渗透性危机、定期性危机和突发性危机三种。

1. 渗透性危机

渗透性危机是指表面看起来一切都很正常，但是在慢慢地发展，只有部分知情人士能够感觉到的危机。如果在企业内部发生这种危机，而企业内部又缺乏正常、良好的沟通渠道的话，企业高层管理人员可能无法觉察到危机的发展。针对这类危机的基本策略是培育员工危机意识，及时发现征兆，拓宽各种信息沟通渠道，及时与全体员工沟通信息。

2. 定期性危机

定期性危机是指按照时间间隔发生，牵扯企业部分人员的危机。这类危机不涉及全体员工，所以大多数员工对其往往视而不见。从长远性和企业整体的角度来讲，这类危机对企业员工的士气是非常有害的。针对这类危机的基本策略是定期为员工提供危机知识培训，定期演习应急预案，经常展示危机事件的严重后果以提醒员工。

3. 突发性危机

突发性危机是指按照企业当前的能力，完全无法预料爆发时机但会对企业构成损害的危机。大多数情况下，人们将这类企业危机简称为危机。

针对这类危机的基本策略是启动应急预案和反应机制，决策者要科学、正确决策，动员相关人员及时处理危机事件，做好善后工作和评估、学习等总结工作，积累经验和技能，积极防范类似危机的再次发生。

三、按照危机的表现形态进行分类

按照危机的表现形态，可以将危机分为有形损失危机和无形损失危机。

1. 有形损失危机

有形损失危机是指直接给企业带来人员伤亡或重大财产损失的危机，如企业厂房坍塌、发生火灾、爆炸，或者原材料、产品在运输中出现交通事故等，这些都会直接造成企业人员伤亡和财产损失。

这类危机主要有四个特点：一是危机的发生与损失的发生是同步的；二是危机造成的损失明显能够评估；三是危机的损失难以挽回，只能采取其他措施补救；四是有形损失危机的发生往往也会导致一些无形损失。

2. 无形损失危机

无形损失危机是指危机的发生严重损害了企业形象，如不采取紧急有效的措施，随着时间的推移，企业形象会越来越坏，最终将使企业蒙受更大的有形损失。例如，某电冰箱厂生产的电冰箱卖给用户一段时间后，突然发生了爆炸（没有造成人员伤亡）。对于企业来说，这一事件的严重性不在于几千元钱的赔偿，而在于它关系到企业的形象，企业会因此陷入巨大的舆论压力之中，这就是无形损失危机。

这类危机主要有四个特点：一是在危机始发阶段，损失不明显，因而容易被忽视；二是如果危机发生后任其持续发展，损失将是巨大的；三是这类危机造成的损失是慢性的，可以通过采取相应的措施来挽救；四是处理这种危机通常要同新闻媒体多打交道。

按照危机的表现形态划分危机类型，有利于危机管理者更加重视危机的内在性、延伸性影响，进而采取对应行动，减轻危机对企业形象长久的、不利的影响。有形的损失容易弥补，无形的、潜在的损害很难在短时间弥补，因此管理者要注意，应对策略的选择要得当。

四、按照危机情境中利益相关者的态度进行分类

按照危机情境中利益相关者的态度，可以将危机分为一致性危机和冲突性危机。前者是指危机中的利益主体具有相同的要求，比如发生自然灾害时，全民救灾；后者则是指危机中存在着两个或两个以上的不同利益相关者，他们的利益索求均不相同。例如，在企业虚假广告引发的危机中，消费者会要求企业停止刊播虚假广告，赔礼道歉，赔偿损失，政府部门将按照相关法律对违法企业进行惩处，经销商则要求企业赔偿相应损失。

一致性危机对于企业来说，容易采取应急预案，决策也容易执行；冲突性危机则对危机管理者提出更高的取舍要求，要求危机管理者在平衡各个利益相关者利益的轻重缓急时要冷静分析，按照国家法律、伦理道德和企业使命准则进行权衡，使主要利益相关者的利益得到保证，同时照顾到一般利益相关者的基本权益要求。

五、危机的其他类型

按照危机的严重程度,可以将危机分为一般危机和严重危机。

一般危机仅对企业或相关公众产生局部影响或轻度危害,因其危害程度小,往往容易被忽视。其实一般危机也是不容忽视的,俗话说:"千里之堤,溃于蚁穴",如果不重视小危机,就可能使其程度加剧,从而发展成严重危机。

所谓严重危机,是指对企业或其利益相关者产生严重影响,使企业形象和利益受到严重损害,可能对企业生存造成影响的危机。

第三节 企业危机管理概述

从一般意义上讲,企业危机管理就是对危机事前、事中、事后全过程的管理。忽视其中任何环节,都可能给企业带来较大损失。

一、企业危机管理的含义

目前尚没有一个权威的企业危机管理定义,可以先根据以下学者的观点,分析企业危机管理的基本内涵。

米特罗夫认为,收集、分析和传播信息是危机管理者的直接任务。在危机发生的最初几小时(或危机持续时间很长时的最初几天),管理者应同步采取一系列关键的行动,这些行动是:甄别事实,深入分析,控制损失,加强沟通。

希斯认为危机管理包含对危机事前、事中、事后所有方面的管理。他认为,有效的危机管理需要做到:转移或缩减危机来源、范围和影响;提高危机管理的地位;改进对危机冲击的反应管理;完善修复管理以便能迅速有效地减轻危机造成的损害。他认为通过寻找危机根源、本质以及表现形式,并分析它们所造成的冲击,人们就能在降低风险和缓冲管理的层面更好地进行危机管理。

格林认为,危机管理的一个重要特征是"事态已发展到无法控制的程度"。一旦发生危机,时间因素非常关键,减少损失将是主要任务。危机管理的任务是尽可能控制事态,在危机事件中把损失控制在一定的范围内,在事态失控后要争取重新控制住。

龙泽正雄将危机发现与危机确认作为危机管理的出发点。他认为危机管理就是发现、确认、分析、评估、处理危机,同时在危机管理过程中,始终要将"如何以最少费用取得最好效果"作为目标。

闪淳昌等人认为,危机管理通常是对"危机型"突发事件的管理。针对影响范围特别大、影响时间特别长、伤亡或损失特别严重,以及对经济社会造成极端恶劣影响的特别重大突发事件,企业需要在时间非常紧迫和不确定性极高的情况下,采取果断措施、做出关键决策。

基于以上讨论，本书认为，企业危机管理是为了尽可能减少企业及其利益相关者的损失而对企业危机进行预防和处理的过程。更全面地讲，企业危机管理是危机管理者通过危机信息分析、危机预防、危机应对领导、危机应对控制等管理职能来最大限度降低企业及其利益相关者可能遭受的各种损害，保障企业健康、持久运行的动态过程。

二、企业危机管理的本质

不同学者对危机管理所作的定义反映了学者们从不同角度对危机管理的不同认识，这为我们进一步认识危机管理的本质提供了帮助。

我们认为，对于危机管理的本质，应从以下方面进行更深入的分析。

1. 企业危机管理与一般管理职能、企业公共关系管理及企业战略管理之间的关系

企业危机管理既要按照危机自身发展过程（又称危机生命周期），开展防范、识别、处理、善后等管理活动并运用相应手段，又要按照一般管理职能过程要求，从计划、组织、领导、控制等管理职能方面进行危机管理的职能体系构建，这就为建立完整的危机管理体制奠定了管理理论基础。也就是说，企业危机管理作为管理者应该重视的管理领域，必须遵循管理学的基本理论，否则在实际企业危机管理过程中，就会出现本末倒置的情况，就难以建立起长效的危机管理运作体制和反应机制。

还应看到，不论从理论体系还是实践内容来看，企业危机管理和企业公共关系管理、企业战略管理都有密切关系，因为这三个方面的管理活动都涉及企业整体与长远的发展，都涉及企业生命周期，都围绕着企业整体健康、长久发展这一目标。三者的不同之处在于：企业危机管理要重点解决企业危机预防与处理的问题，目的是避免或减轻企业及其利益相关者的损失；企业公共关系管理主要是通过与公众沟通，树立、提升企业形象；而企业战略管理则强调了企业的发展问题，是最高层次、整合性的企业管理活动，其活动的焦点是解决"企业是做什么的，怎样做，如何持续经营"的问题。

在本书第2章第五节将进一步讨论企业危机管理与企业战略管理之间的关系。

2. 企业危机管理的重点在预防

危机虽有有利之处，但是以损害为主，所以对于危机应力争将其控制在萌芽与苗头阶段，即预防为主，这是最主动积极的危机管理态度。对于已经发生的危机，则要抓住"危机"二字中的"机"字，即抓住机会和条件，尽快、科学地处理危机事件，扭转危机事件的发展态势，力争使危机事件持续时间最短，损害最小。

3. 企业危机管理聚焦于利益相关者的权益平衡

企业一旦发生危机，就会对各个利益相关者如企业员工、顾客、股东、社会公众、各个合作伙伴以及政府部门造成不同程度的损害，如何协调、平衡利益相关者的权益诉求是危机管理者要做的核心决策。当然企业作为受害者一方，也要力争保证自己的生存和好转，否则企业本身都不存在了，其他利益相关者的权益就更难以保障了。

三、学习企业危机管理理论的意义

1. 有利于培育管理者的危机意识

管理者危机意识的欠缺是企业危机发生、危机事态扩大的最主要原因。管理者没有危机意识，就难以形成应急预案，没有应急预案，就难以判别危机征兆，进而难以预防、处置危机。企业危机管理理论是揭示企业危机管理基本规律的理论，对培育危机意识、建立危机管理体系有积极的推动作用。

2. 有利于减小危机造成的损害

作为管理学的分支理论，企业危机管理基本理论和方法，是培养、造就高级管理者不可或缺的内容。学习企业危机管理理论和方法，可以有效提高企业管理者的非常态决策技能、沟通技能、协调技能和危机处置能力，从而有助于在企业发生危机时减小企业危机造成的损害。

3. 有利于企业建立"整体安全装置"

随着市场经济的发展和企业内外环境的变化，企业经营管理活动中产生危机的概率越来越大，危机造成的损害也越来越大，这就需要企业管理者建立完善的应急预案和反应机制，系统学习和应用企业危机管理理论和方法，从而为企业建立"整体安全装置"，达到预防企业危机事件发生的目的。

4. 有利于建立新型企业组织

学习、掌握国内外最新的企业危机管理理论，是管理者提高企业危机管理技能的重要路径。这也是企业建立学习型组织、不断进行企业变革与创新的基本管理内容之一。当今企业，要成功实现企业战略，就要不断适应环境进行变革，建立学习型团队和组织；要避免危机，就要不断学习、观察、排查企业生产经营隐患，而这些本身就是建立学习型组织的重要内容和方法。

5. 有利于实现企业战略管理目标

从管理学整体框架来看，企业战略管理是最高层次的管理，企业危机管理是战略管理体系中的重要职能战略。如果企业危机持续蔓延，企业战略管理目标将难以实现。

企业危机管理学作为年轻的管理理论体系，多学科交叉性、实践应用性均较强，学科发展速度也很快。企业管理者学习企业危机管理理论，有助于其实施企业战略管理，从而促进企业使命和战略目标的实现。

6. 有利于为中小企业培养更多人才

在我国，随着大量中小企业的发展，掌握危机管理理论的管理类人才越来越受欢迎。实际上，中小企业更需要加强企业危机管理，因为它们在发展中碰到的问题更多，需要培养更多的危机管理人才。

第四节 企业危机管理理论的发展及研究方法

企业危机管理理论作为企业管理学的重要分支，是对企业危机管理实践活动的一般规律的总结，伴随着企业危机管理的实践活动而日臻成熟。

一、企业危机管理理论的发展

1. 20 世纪 60 年代以前

关于企业危机的研究，国外最早可以追溯到第一次世界大战以后，当时德国出现恶性通货膨胀，而美国 1929 年发生了严重的经济萧条，危机管理作为企业防卫管理应运而生，当时只简单地包括危险对策、保险管理、安全技术和防灾计划。

20 世纪 50 年代，有关一般危机处理决策、谈判理论的书籍，以及危机个案研究相继问世。

2. 20 世纪 60—70 年代

目前，国内较为一致的看法是，危机管理理论起源于 20 世纪 60 年代，源于当时世界冷战氛围中的政治、军事冲突。

1962 年古巴导弹危机是危机管理研究的转折点，此后"危机"普遍受到世人重视。早期对危机的研究，集中于计量分析、类比分析，以及测试变量之间的相关度等方面，后来又加强了对概念、通则、模型、理论的建构的研究。以艾利森对古巴导弹危机的研究为例，他建立了外交危机下的三种决策模式：理性行为模式、官僚组织过程模式、议会政治运作模式。而赫尔曼和布莱迪基于 200 个假设构建了四种模式：个人压力模式、组织反应模式、敌对互动模式、成本计算模式。

这一时期，危机管理逐渐扩展到自然灾害、技术系统事故、社会经济系统危机预防等领域，并取得良好的应用成效。

3. 20 世纪 70—80 年代

这一时期，形成了危机决策、危机处理、危机谈判等危机决策理论。

20 世纪 80 年代末，美国学者在研究企业危机现象时，提出将管理失误作为危机起源来研究其过程机理。他们认为企业的管理失误来自两个方面：一是外部环境突变造成的冲突；二是内部决策不当所导致的问题。

4. 20 世纪 80—90 年代

这一时期，危机管理理论进入初步框架构建阶段，主要代表理论著作有希斯的《危机管理》、巴顿的《组织危机管理》等。

希斯的危机管理理论框架涵盖风险评估、危机预警、应急预案与准备、危机反应管理、情境管理、危机沟通、恢复管理、危机管理评价等内容，其为危机管理理论体系的构建做出了重要贡献。巴顿则在危机沟通、各类日趋复杂的危机应对方面进一步加深、拓宽了危机管理在企业领域的应用，他的研究对非营利组织的危机管理也有较大的应用价值。

5. 进入 21 世纪以来

这一时期，危机管理学进入基本理论完善的新阶段，企业危机管理学作为企业管理学的分支学科，与公共关系学、战略管理学、法学、传播学、社会学、政治学等学科有更密切的交叉，特别是，大量利用信息理论、决策理论、系统理论构建企业危机管理学，已经成为学者关注的重点。

因为企业危机管理理论体系建立时间较短，许多基础理论尚待建立和完善，所以，目前来看，企业危机管理学还远未成熟。本章第六节将深入介绍大数据时代企业危机管理理论与实践。

二、企业危机管理理论的研究方法

学科的研究对象决定了学科的性质、研究方法。企业危机管理是研究企业危机预防和处理的应用型企业管理学理论，它要探索企业危机事前、事中、事后阶段的管理规律和基本方法。

从研究方法来看，企业危机管理学的研究主要立足管理过程逻辑思想体系，借助系统理论和分析方法、信息理论和方法、案例分析方法、多学科交叉方法等对企业危机管理基本规律进行研究。

借助系统理论和分析方法，可以分析危机管理要素和管理过程，讨论、分析各类危机的成因、征兆，进行危机应对决策的系统化研究。

信息理论和方法主要用于危机管理中的危机信息识别、收集、处理、应用（沟通）和反馈，以及构建危机信息分析与应用理论体系。

案例分析方法主要是结合各个时期、各类危机事件的处理经验和教训，分析、探索危机管理实践中的共性规律，这也是一种重要的企业危机管理理论研究方法。

运用多学科交叉方法研究企业危机管理理论，是由企业危机多诱因、跨越多学科、涉及社会多层面的特征所决定的。企业危机成因复杂，类型多样，表现在企业的各项经营管理活动中，应用多学科交叉研究方法可以更科学地研究企业危机管理规律。

第五节　企业危机管理在我国的发展

一、我国传统文化中的危机管理思想

中国自古以来就重视危机管理，危机思维方式深刻地体现在博大精深的中国古代文化

中。比如，"安而不忘危，存而不忘亡，治而不忘乱""思所以危则安矣，思所以乱则治矣，思所以亡则存矣"，强调的是居安思危、思则有备的危机管理思想。又如，"常将有日思无日，莫待无时思有时"，强调的是无时防有、有备无患的危机管理思想。再如，"凡大事皆起于小事""听于无声，视于无形"，强调的是未雨绸缪、预防在先，从小危机防患大危机的危机管理思想。

我国古代有许多著作体现了危机管理的思想，早在殷周时期就形成了危机管理的系统理论。《周易》和《孙子兵法》这两部巨著最能体现中国古代的危机管理思想。

《周易》作为一部古老的文化典籍，在中国文明史上产生过重大影响，对我国的哲学、文学、史学、政治学、伦理学，乃至天文历法、医药养生、数学、音乐、美术、建筑等各方面都产生了十分重要的影响。《周易》对危机的成因进行了详细的阐释。从《周易》的卦象和爻辞中可以看出，造成危机的因素是多方面的，既有自然条件，也有人为因素；既有抢劫、征伐等社会因素，也有骄奢淫逸等人性因素，还有"无妄之灾"等自然因素。《周易》作为我国古代危机管理思想中的瑰宝，其危机管理思想对国家和企业的危机管理具有巨大的借鉴意义和实践价值，有待我们进一步发掘整理。

《孙子兵法》又称《孙子》，是我国现存最古老的兵书，也是世界现存最古老的军事理论著作，在中外军事学术史上久享盛名。《孙子兵法》总结了我国古代战争的经验，揭示了许多具有普遍意义的战争规律，蕴含着丰富的朴素唯物主义思想和辩证法思想，被历代军事家尊为"兵学圣典"。《孙子兵法》作为中国乃至世界军事史上的一部军事理论著作，其中也充满着危机意识和危机理念，蕴藏着危机管理思想。《孙子兵法》强调对危机的预防。《孙子兵法》指出，"夫未战而庙算胜者，得算多也；未战而庙算不胜者，得算少也。"庙算胜，实际上就是"先为不可胜"，先"立于不败之地"，先做好一切准备了。用现代危机管理理论来解释，就是预案在先，应有一套危机处理预案，遇到紧急情况时可以自动运作，避免危机扩散。

《孙子兵法》中的"投之亡地然后存，陷之死地然后生"，也蕴含着深刻的危机管理理念。任何人在面临自然灾害（指天灾）和社会灾难（指人祸）时，都会激发出一种巨大的潜能，这种潜能使其处理问题的速度比想象的速度要快得多，发挥出来的能力比平时要大得多，工作效率也要比平时高得多。这种危机管理方法，已为中国后来无数的军事指挥员所实践，并且取得了成功。在企业管理中，这种危机管理方法也同样适用。商场如战场，企业竞争如同军事斗争。尽管商场与战场在形式、结果等许多方面都有所不同，但它们适用同样的指导原则和发展规律。在战场上适用的军事管理思想对企业的管理也有重要的借鉴意义。

二、我国企业危机管理理论的建立和发展

（一）我国企业危机管理理论的发端

长期以来，我国经济学界和管理学界对企业生产经营、市场营销、国际贸易以及发展战略研究较多，对成功企业的经验总结较多，对企业如何走向成功之路研究较多，但是对企业危机及其管理研究较少。

我国的危机管理理论研究是从 20 世纪 80 年代开始的。我国佘廉等学者所构建的企业预警管理理论体系是企业危机管理理论的重要理论贡献之一。下面我们对该理论体系做简单分析和介绍。

企业预警管理理论是在实证考察和分析我国企业效益滑坡、停产半停产等逆境现象的活动规律的基础上，探寻企业在顺境状态下的识错防错机理和在逆境状态下的纠错机理的理论。该理论主要包括以下研究内容。

（1）企业逆境与危机的成因机理研究

该理论认为，企业逆境与危机是由外部环境突变的冲击机制和内部管理不良的内在传导机制综合作用而成的，由此建立了关于逆境危机起源、发展方式、过程与后果严重程度的理论模型和预警分析模型。

（2）企业逆境与危机的早期预报与预控原理研究

该理论提出逆境与危机预警管理监测系统、识别评价指标、组织运作系统及预控方式的基本原理、模式与方法，还提出了预警与危机预测、逆境与危机预防、逆境与危机处置等管理程序与方法，而这些研究内容都是建立在广泛的企业实证调查基础上的。

（3）企业逆境与危机预警管理方法研究

该理论研究探讨了如何建立企业财务管理、营销管理、组织管理、决策事务管理、技术管理，以及针对外部环境中的经济、政策、自然等环境风险的预警管理方法和预警指标。

企业预警管理理论对企业危机管理学科的贡献主要有以下几个方面。

（1）在企业管理理论方面提出了新的学术观点和研究体系

该理论将企业内的各种逆境现象（经营失败、管理波动、管理失误行为）作为一个相对独立的活动过程来考察，认为逆境与危机现象有其内在的活动规律，这必然导致在逆境与危机中的企业管理行为不同于现有企业管理理论的研究思想与分析体系。

（2）该理论的研究基础来自实证分析

该理论研究者对全国大、中型企业的高层领导人进行了"企业在逆境中的管理"的系列调查。这种以考察企业失败和管理失误行为为主题的大规模的持续数年的调研，使得该理论研究具备较充分的定量分析基础，其依据所采集的 30 万个数据分析得出的结论有着鲜明的中国特色，许多预警指标都来自企业调查。

（3）该理论研究在企业危机管理学科中具有创新性

该理论的研究对象是过去长期被忽视的管理波动与管理失误行为；研究立足点是企业经营的困境和管理难题；研究方法是在问题导向原则下进行多维、多角度的多元分析，以定量分析为主体。

该理论提出了许多创新的分析诊断原理与方法，如在"企业管理失误行为的成因分析模式"中，关于合理性管理失误、非合理性管理失误、隐性管理失误的概念及分析结构，在分析企业逆境成因时有着独特的效用。

该理论提出了企业进行预警预控管理的原理与方法，提出了预报与预控的原理与方法，建立了用于监测、评价、预报企业逆境与危机现象的预警指标体系，并设计了企业财务管理、营销管理、组织管理、决策事务管理、技术管理的具体预警模式与方法。

（二）我国企业危机管理理论的发展

目前企业危机管理已经在我国理论界和实务界引起了高度关注，危机管理研究和应用已经成为管理学的热点，大量相关学术活动的举办，研究报告和论著的发表、出版，表明我国企业危机管理理论进入新的发展阶段。

早在 2003 年，首届清华大学危机管理论坛在清华大学隆重召开。来自国家政府部门的人员，以及科研院所、行业协会的专家学者参加了论坛，论坛围绕危机管理、危机管理中的传媒与法律问题、危机应对和影响三个议题展开。

我国在危机管理研究方面已经出版诸多著作，较著名的有佘廉等人的《企业预警管理丛书》、薛澜等人的《危机管理——转型期中国面临的挑战》等。我国学者积极引进国外危机管理学者的理论，翻译出版了包括希斯的《危机管理》、巴顿的《组织危机管理》等书籍，为理论界进一步掌握国外先进危机管理理论提供了良好的条件。随后一批关于企业危机管理类、应急管理类教材出版发行，如 2004 年畅铁民主编的《企业危机管理》，2007 年周永生编著的《现代企业危机管理》，2020 年闪淳昌、薛澜主编的《应急管理概论：理论与实践》（第 2 版），2021 年刘刚主编的《危机管理》（第 2 版），等等。除教材以外，近年来还涌现出大批高质量的有关企业危机管理的学术研究论文，受到国内外学术界同行的关注和好评。

总体来看，我国学者在危机管理理论的应用、公共管理（社会危机管理）以及危机管理机制方面进行了较多研究，研究方法主要是结合我国企业危机的实例进行案例分析与总结研究，这也是国外学者普遍采用的研究方法。

值得注意的是，新时代"枫桥经验"作为土生土长的基层社会治理的中国智慧、东方经验，对企业危机管理的指导作用日益受到全社会重视，本书第 2 章第五节将对此进行进一步的介绍。

第六节　大数据时代企业危机管理理论与实践

党的二十大报告指出，要强化经济、重大基础设施、金融、网络、数据、生物、资源、核、太空、海洋等安全保障体系建设。在加强数据安全保障体系建设过程中，尤其要重视大数据时代企业危机管理理论与实践活动。

"大数据"与"海量数据""大规模数据"的概念一脉相承，它指的是科学仪器、传感设备、互联网交易、电子邮件、音视频软件、网络点击流等多种数据源生成的大规模、多元化、复杂、长期的分布式数据集。

大数据深刻改变了人们的生产和生活方式。大数据时代企业战略思维特征包括：大数据是企业的核心战略资源，企业借此可以敏锐地洞察市场变化；大数据改变了传统行业竞争结构特征，企业依托大数据可以制定适应新环境的竞争战略；大数据有助于企业在新的竞争态势下改变价值创造模式；大数据时代企业决策者应该具有"定量、跨界、执行、怀疑"的战略思维。具体来说，定量思维特征是"一切都可测量"；跨界思维特征是"一切都有关联"；执行思维特征是"一切都可利用"；怀疑思维特征是"一切都可试验"。

一、大数据时代企业危机管理理论

（一）大数据时代企业危机管理特征

1. 大数据时代企业危机管理的信息协同

信息是企业危机管理主体有效沟通和合作的纽带，信息协同是破解危机管理信息孤岛问题的利器。在大数据时代，推进企业危机管理的信息协同是提高企业危机管理效能的重要方式。信息协同机制是企业危机管理信息化建设的重要体现和组成部分，有效的应急信息协同机制是正确应对企业重大危机事件的必要条件。

2. 大数据时代企业危机管理协作体制创新增强

"大数据"时代为微观层面的企业危机管理协作意愿强化、资源整合、权力优化和职能规范带来了机遇，推动了企业危机管理协作体制创新。

（二）大数据时代企业危机管理的决策分析方法

应急决策往往是由少数专家或政府官员进行的，社会公众无法分享应急决策过程中的相关信息，因而存在信息不对称问题。为了更好地降低重大突发事件对社会的不良影响，决策群体应该包括社会公众。由于参与应急决策的大群体成员数目往往比较庞大，其提供的偏好信息构成高维复杂大数据，因此要想利用风险偏好值对大群体进行初步筛选，需要用到大数据分析方法，聚类算法就是一种对庞大数据进行预处理的方法。

聚类算法是一种无监督学习方法，其目的是将数据集中的对象划分为若干个不同的组或簇，使得同一组内的对象之间的相似度较高，而不同组的对象之间的相似度较低，从而帮助人们发现数据中的内在结构和模式，在数据分类、异常检测、用户行为分析等领域具有重要应用价值。

二、大数据时代企业危机管理实践

1. 数字技术为应急管理全过程赋能

在数字技术为应急管理全过程赋能的进程中，一是要改变应急管理理念，进一步消除信息壁垒和避免信息失真。具体来说，在数据和技术赋能加持下，可以实时监控城市基础数据，应对机制可从被动应对转化为常态化应急管理；可以重构管理体制，在政府层面调整机构设置，完善纵向与横向管理体制，使应急管理机构扁平化、网格化，从而减少反应时间。

二是要促进跨部门协同治理模式。随着突发公共事件日趋复杂，数据量快速增长。数据来源多、标准不统一，以及部门协作机制不成熟等问题，催生了大量半结构化数据或非结构化数据。因此，建立智慧化协同模式及沟通机制、推动业务模式整体转型、促进跨部门协同治理，是应急管理理念变革的基石，也是消除部门间信息壁垒的必要途径。

2. 数字化应急管理能力培育途径

以互联网、大数据、云计算、人工智能、物联网为代表的新一代信息技术蓬勃发展，给经济发展、社会治理、人民生活都带来了巨大而深远的影响，大大提高了人们对世界的信息获取和感知能力，为应对各种突发事件提供了有力武器。具体可以从以下两方面开展数字化应急管理能力培育实践活动。

第一，新型传感设备的应用，可在安全生产、食品药品、卫生健康、自然灾害等领域提供全新的信息采集能力。建设物联感知网络，可提高风险感知灵敏度，提升应急监测预警能力。

第二，通过建立灾情救援实战平台，利用大数据、智能辅助决策等技术，根据灾情类型、规模及时自动生成人员装备调配方案及灾情处置方案，实现备战救助人员、储备物资及各类资源的及时调配和派发，提高应急反应及时性，提升应急救援实战能力。

三、知识拓展

扫描以下二维码，学习大数据时代企业危机管理理论与实践。

学习资料 1.1

本章实训实验

一、扫描二维码，观看、学习相关资料

学习资料 1.2

二、案例实训

阅读以下案例，回答案例思考题。

谁杀死了硅谷银行？

崩盘、接管、破产……48 小时内，成立四十载的美国硅谷银行（SVB）以猝不及防之势轰然倒下，其破产风波引发的恐慌持续发酵。储户排长队取款，知名风投机构联名上书，美国银行股价集体暴跌，多家银行停牌、熔断，多家创新公司紧急公告披露风险……

硅谷银行为何会走到这一步？硅谷银行破产之后，风险会不会蔓延？美联储是否会因此按下加息的"暂停键"？

1. 爆雷背后

美联储怎么也想不到，它的激进加息政策最终会导致美国银行业要遭受2008年金融危机以来的最大震荡。而这一切，是从一家在美国排名第16的硅谷银行开始的。

事实上，硅谷银行的储户存款在新冠疫情后显著增加。为了让资金流通起来，实现"钱生钱"，硅谷银行选择用这些钱购买了大量美国国债及其他债券。购买国债，相对来说是一种稳健的投资方式，却成为硅谷银行破产的导火索。

2022年以来，在美联储激进的加息政策下，美国国债的利率上升，而硅谷银行早前买了低利率国债，也就是说，它手里的国债利息很低，这就导致其市场价值大幅缩水，只能忍痛"割肉"。2023年3月8日盘后，硅谷银行宣布出售其所有可销售证券，亏损额为18亿美元。

这一决定引发了所有人的焦虑，硅谷银行股价走低，担心存款打水漂的储户纷纷将钱转移至别处。

除了金融政策变化的影响，硅谷银行自身也存在风险分散能力不足的问题，这是因为它的储户比较单一，大部分为科技初创公司，当这些科技初创公司从外界募集资金变得吃力时，就更愿意取出存款，以保证公司的持续研发运营。

两个因素叠加起来，就引发了一场螺旋式塌陷，储户大量赎回挤兑，硅谷银行被动割肉；硅谷银行以亏损价格抛售债券，恐慌蔓延，又导致更多储户前去提款，形成了滚雪球式的"恶性循环"。2023年3月10日，美国硅谷银行正式宣告关闭。

2. 雷曼时刻？

继硅谷银行倒闭引发恐慌浪潮后，规模更大、影响力更广的瑞士信贷（简称"瑞信"）股价崩跌。

有167年历史的瑞信是全球第五大财团，瑞士第二大银行。瑞信的业务遍布全球，截至2022年年底，它的资产约为5800亿美元，是硅谷银行规模的两倍多。这意味着它一旦破产，会产生比硅谷银行更大的辐射效应。

更让人担忧的是，近年来瑞信深陷一系列丑闻，如基金爆仓、业绩暴跌、涉及贩毒、洗钱等，在一场接一场的危机中步履蹒跚。

屋漏偏逢连夜雨。2023年3月14日，瑞信自曝发现财务报告程序存在"重大缺陷"，股价随之暴跌。雪上加霜的是，瑞信中东大股东表示"撒手不管"，绝对不会向瑞信提供更多援助。

瑞信的问题令以金融业为主的瑞士经济蒙上阴影。在2020年，瑞士银行业资产约为瑞士全年GDP的500%，约为美国银行业资产的5倍。

所以，当市场乐观认为硅谷银行不会重演"雷曼时刻"之际，瑞士的银行爆雷让人不安。悲观的经济学家努里尔·鲁比尼认为，瑞信的问题将会酿成下一个"雷曼时刻"。

3. 暂停加息？

或许外界担心的"雷曼时刻"并不会发生，但悬在全球金融业头上的"达摩克利斯之剑"却令人心惊，美联储是否会继续加息？

在本轮加息周期中，美联储已经连续8次加息，联邦基金利率水平已从接近0大幅上升至4.5%~4.75%的区间。美国政府大幅加息，本意是应对通货膨胀，但根据美国劳工部统计局公布的数据，2023年2月美国CPI连续第8个月下降，美国核心CPI同比涨幅为5.5%，尽管通货膨胀势头进一步放缓，但距离美联储2%的目标水平仍相去甚远。

打压通货膨胀与确保金融稳定，美联储将如何抉择？

资料来源：https://news.ycwb.com/2023-03/18/content_51826302.htm(2023-03-18)[2023-11-02]。

案例思考：

如果你是硅谷银行的主管，面对这一事件的发展，你应该如何处理这场危机？

三、观看央视3·15晚会，提升企业危机管理能力

扫描二维码，观看央视网《2020年3·15晚会》。

学习资料1.3

1. 分析该晚会揭露的部分企业侵害消费者权益案例。
2. 运用本章的企业危机管理理论，分析如何预防、处理企业危机，保护消费者权益。

本章思考与练习

1. 什么是危机？它有哪些特征？
2. 企业危机管理的本质是什么？
3. 危机会对企业产生哪些不利影响，试举实例分析。
4. 企业危机有哪些类型，结合实例讨论危机的分类。

第 2 章 企业危机管理基本理论

学习目标

知识要点	能力要求
企业危机管理原则	（1）理解企业危机管理原则 （2）掌握企业危机管理原则的运用
企业危机管理要素	了解企业危机管理的要素
企业危机管理模型	（1）理解危机管理的各个阶段 （2）掌握危机管理各个阶段的特征
企业危机管理注意事项	掌握企业危机管理应注意的事项
企业危机管理与战略管理的关系	（1）了解企业战略管理的特征 （2）理解企业危机管理的特征 （3）掌握企业危机管理与战略管理的交叉
新时代"枫桥经验"在企业危机管理中的运用	（1）理解新时代"枫桥经验" （2）掌握新时代"枫桥经验"对企业危机管理的指导作用 （3）掌握新时代"枫桥经验"防范化解企业危机的路径

作为企业管理的分支,企业危机管理日益受到企业管理者的重视。由于企业危机往往会影响企业全局发展,因此企业危机管理既要立足于危机管理的一般规律要求,又要满足战略管理的要求。只有这样,企业管理者才能真正自觉地将危机管理应用到整个企业,使企业全体员工共同参与到危机管理实践之中。

第一节 企业危机管理原则

一、国内外学者的观点

企业危机管理原则是指导企业管理者进行有效危机管理的主要依据和行为规范,也是企业危机管理学的重要内容。目前,国内外学者对于企业危机管理原则有不同的观点,这也反映出企业危机管理是正在发展之中的管理学理论。

企业危机管理既然是企业管理的分支,那么企业管理的一般原则也适用于企业危机管理。企业管理的一般原则主要是法约尔的14条管理原则,即分工、权力与责任、纪律、统一指挥、统一领导、个人服从集体、报酬、集中、等级链、秩序、公平、职工的稳定、首创精神、士气,这些原则适用于一般管理活动,对企业危机管理也一样有指导意义。

危机管理专家巴顿在《组织危机管理》中提出以下危机管理原则。
① 关注受害者。
② 危机管理者亲临第一线,向受害者表示歉意,并承诺迅速查清事实。
③ 对灾难有足够的准备,在人员、医疗设施、技术工具方面做好事前准备。
④ 做好危机后的心理恢复。
⑤ 加强与媒体的沟通。

希斯提出三项危机管理原则:获取时间、降低成本和获得更多信息。

我国学者薛澜从社会公共管理角度提出,处理危机时应遵循以下8项原则。
① 时间性原则。
② 效率性原则。
③ 协同性原则。
④ 安全性原则。
⑤ 合法性原则。
⑥ 科学性原则。
⑦ 程序性原则。
⑧ 适度性原则。

二、本书的观点

本书认为,企业危机管理原则主要包括以下几点。

（一）时间第一原则

大量企业危机案例表明，如果在危机爆发初期企业就采取积极行动，企业各个方面的损失就会大幅减小。这和危机的特征有关，危机往往是突发事件，发展势态难以预料，破坏性强，涉及的范围会扩大。所以，一旦爆发危机，企业必须在尽可能短的时间里果断采取措施，以减缓或遏制危机蔓延。

作为全球知名软饮料行业龙头企业的可口可乐公司，其消极处理可口可乐饮料中毒事件所带来的后果，也说明了违背时间第一原则要付出巨大的代价。

案例 2-1

可口可乐公司贻误了良机

可口可乐公司，作为全球知名软饮料行业龙头企业，尽管拥有充足的时间、技术资源和公共关系资源，完全有能力在危机发生的早期阶段控制住事态，但是却未能妥善处理其在 1999 年 6 月发生的一次危机。事情起因于比利时的消费者提出可口可乐引发了重大疾病，要求可口可乐公司补偿住院治疗费用，而可口可乐公司却坚称它的产品是安全的。实际上，可口可乐公司在安特卫普的加工厂没有按照惯例实施产品检测，使一些细微毒素进入饮料之中，从而引发了事故，最后导致 2000 多人得病。据说有 100 多名孩子在喝了可口可乐后出现恶心、头昏和腹痛的症状，比利时政府因此禁止可口可乐公司所有产品的销售。可口可乐公司在危机发生后第一天发表的最初声明中声称，检测后没有发现污染，但当第二天检测出超常的碳化物气体时，它又改变了主意，收回了其产品。当时已经有 200 多名孩子和成人出现病症。

可口可乐公司的管理者坚定地对媒体说，其产品"可能会让人不舒服，但对身体绝对是无害的"，并且未就此事道歉。

事实上，在危机发生前，一般都有预警信号，在可口可乐公司收回产品前 4 个星期就已经出现了征兆。当时在安特卫普的一位酒吧主对可口可乐公司经理说，酒吧的 4 位顾客抱怨说，"闻到可口可乐瓶的味道会很不舒服"。而危机发生后，可口可乐公司却称，其调查过了，没有发现顾客有不满之处，后来又承认没有对二氧化碳进行检测。结果这次事件正是因为可口可乐公司所用的二氧化碳被少量硫化碳和硫化氢污染，而这两者都是有毒物质。

事后，可口可乐公司总裁也承认，他未能及时地了解问题的严重性，在事故处理过程中过于依赖下属单位，也未能尽快抓住机会，亲自解释清楚问题。不久之后，可口可乐公司再一次面临产品收回问题，这一次是因为在芬兰发现了更多被污染的瓶装饮料，事态进一步恶化。就像许多意外事故一样，可口可乐公司忽视了事故的早期信号，以为事情最后会自生自灭，结果却导致了混乱持续的窘迫局面，付出了高昂的代价。

资料来源：巴顿，2002. 组织危机管理：第 2 版 [M]. 符彩霞，译. 北京：清华大学出版社.

可口可乐公司管理者未能在危机发生初期就给予高度关注，而是反应迟缓，结果造成危机扩散，最终以惨重的代价收场。

（二）保障利益相关者权益原则

利益相关者（stakeholder），从字面意义来看，是指与本企业有各种利益关系的人群或组织，主要有股东、员工、顾客、供应商、竞争者、政府、社区、社会公众等。这些利益相关者对企业有不同的权益要求。

通常，不同的利益相关者与企业具有不同的利益关系。

① 股东：要求参与利润分配、清算资产分配的权利，有配股权、选举权，可以检查企业账目，进行股票的转换，选举董事等。

② 员工：要求在就业中获取经济上、社会上和心理上的满足感，满意的工作条件，可以与企业分享利益，有按劳动合同提供服务的人身自由，有不受企业主管人员独断领导和怪异行为影响的自由等。

③ 顾客：要求企业提供与产品本身有联系的各种服务，提供使用产品的技术资料、质量合格的保证，保证配件供应，改进产品性能，提供商业信贷等。

④ 供应商：要求企业与其建立长期合作关系，及时履行信贷义务，在签约、购买及验收过程中保持专业的作风等。

⑤ 竞争者：要求企业遵守社会和行业的竞争规则和规范。

⑥ 政府：要求企业及时纳税，公平竞争，遵守指导公平自由竞争的政策法律，履行企业义务。

⑦ 社区：要求企业成为提供良性就业、规律性就业的好组织，积极参与社会事务，热心支持当地政府，支持文化和慈善事业。

⑧ 社会公众：要求企业参与社会活动并为社会做贡献，保证产品价格合理公平，不断开发高新技术。

从战略管理角度来看，这些利益相关者的要求制约着企业使命的具体内容。按照管理学家德鲁克的话来说，我们认识企业，就是要知道其经营宗旨。因为企业是社会的一个细胞，其宗旨必定存在于社会之中。

在讨论危机管理的本质时，就已明确，危机管理的核心目的是保护利益相关者的权益，出发点就是尽一切可能满足危机中利益相关者的权益要求。

江苏响水天嘉宜化工有限公司"3·21"特别重大爆炸事故

2019年3月21日14时48分，位于江苏省盐城市响水县生态化工园区的天嘉宜化工有限公司（以下简称天嘉宜公司）发生特别重大爆炸事故，造成78人死亡、76人重伤、640人住院治疗，直接经济损失198635.07万元。发生事故的原因是，事故企业旧固废库内长期违法贮存的硝化废料（主要成分是二硝基二酚、三硝基一酚、间二硝基苯、水和少量盐分等）持续积热升温导致自燃，燃烧引发爆炸。

主要教训如下。

一是事故企业安全意识、法律意识淡薄。天嘉宜公司无视国家环境保护和安全生产法律法规，长期刻意瞒报、违法贮存、违法处置硝化废料，安全管理混乱。

二是中介机构弄虚作假。有关环保评价机构出具虚假失实文件，导致事故企业硝化废料重大风险和事故隐患未能及时暴露，干扰误导了有关部门的监管工作。

三是江苏省各级政府有关部门监管责任履行不到位。应急管理部门履行安全生产综合监管职责不到位，生态环境部门未认真履行危险废物监管职责，工信、市场监管、规划、住建和消防等部门也存在不同程度的违规行为。

四是响水县和生态化工园区安全发展理念不牢。重发展轻安全，招商引资安全环保把关不严，对天嘉宜公司长期存在的重大风险隐患视而不见，复产把关流于形式。

五是盐城市未认真落实地方党政领导干部安全生产责任制，重大安全风险排查管控不全面、不深入、不扎实。

资料来源：https://www.mem.gov.cn/xw/bndt/202001/t20200111_343398.shtml(2020-01-11)[2023-11-03]。

（三）预防为主原则

预防为主原则是指危机管理者要在危机管理中始终保持危机防范意识，积极进行危机防范准备、危机征兆识别和警示机制建设，有计划地进行危机日常演习、员工应急状态教育等活动，力争降低危机发生的概率，减小危机发生后的损失。希斯将危机预防作为危机管理第一要事和危机管理的第一内容，巴顿认为："最好的危机管理就是尽量防止危机的发生。"

案例 2-2

推进安责险广泛覆盖，给事故预防加道"保险"

安全生产责任保险（以下简称安责险），是指保险机构对投保的生产经营单位发生的生产安全事故造成的人员伤亡和有关经济损失等予以赔偿，并且为投保的生产经营单位提供事故预防服务的商业保险。2023年江苏省应急管理厅、国家金融监督管理总局江苏监管局联合印发通知，要求各地指导督促安责险承保机构针对投保企业组织开展重大事故隐患排查整治帮扶活动，充分发挥安责险参与风险评估管控和事故预防功能，助力企业开展隐患排查、提高安全管理水平。保险公司的参与，为企业安全生产水平的提升增加了一个帮手，为事故隐患的及时发现增加了一双"眼睛"。

江苏省是较早将商业保险机制引入安全生产管理体系的省份。江苏省2011年在高危行业全面推行安责险，2017年又进一步明确在矿山、危化品、烟花爆竹、交通运输、建筑施工、民爆、冶金、渔业生产等高危行业领域强制实施安责险。江苏省坚持政府引导、市场运作，注重防补结合、预防为主，实行浮动费率，初步形成较为系统的安责险工作制度体系。2022年，江苏省安责险保费、保单件数和保险金额分别较2019年增长322.13%、2213.78%和269.39%。

为规范保险公司服务行为，2019年江苏省在全国率先出台《安全生产责任保险服务基本规范》地方标准，2020年又以安全生产专项整治为契机，组织印发危化品、矿山、民爆、化工、冶金等25个重点领域安责险服务指引。

为推动重点企业"应保尽保",2018 年,江苏省应急管理厅、工信厅等部门联合印发实施意见,要求在全省重点行业领域全面落实安责险制度。除了国家要求的八大行业,江苏省还结合实际把船舶修造、船舶拆解行业纳入强制保险范围,使风险保障面进一步拓展。

围绕推进 10 类行业领域生产经营单位落实安责险政策,江苏省应急管理厅充分发挥安委办作用,会同财政等部门协调行业主管部门推进安责险工作,力求应保尽保、不漏一户。在江苏省安责险管理信息系统中,江苏省各地区安责险投保、风控、理赔等情况一目了然,通过该系统还可以查询到保险公司组织专家上门开展风险隐患排查整治情况,以及投保企业的评价反馈等信息。

资料来源:http://js.people.com.cn/n2/2023/0905/c360303-40557648.html(2023-09-05)[2023-11-03]。

(四)协同原则

企业发生危机的时期是企业的特殊时期,是考验企业各个方面是否有能力协调一致渡过难关的时期。为了生存,企业必须合理安排参与危机应对的人力、物力、财力,使其与各项经营活动协同一致、有序运作。无序状态只能造成更多、更大的损害,导致局势恶化。

拓展阅读 2-2

长深高速江苏无锡"9·28"特别重大道路交通事故

2019 年 9 月 28 日,长深高速公路江苏无锡段发生一起大客车碰撞重型货车的特别重大道路交通事故,造成 36 人死亡、36 人受伤。事故发生的原因是,事故大客车在行驶过程中左前轮爆胎,导致车辆失控与中央隔离护栏碰撞,冲入对向车道,与对向重型货车相撞。大客车上大部分乘员未系安全带,在事故发生时脱离座椅,加重了事故伤亡后果。

主要教训是道路客运行业跨省异地源头管控存在漏洞。具体如下。

一是企业注册地有关部门对未取得道路运输经营许可的企业、车辆监管不力,对企业日常安全管理严重缺失的问题失察失管,未及时处理其他部门和外地关于事故企业及车辆涉嫌非法营运的抄告线索,没有真正形成监管合力和闭环管理。

二是车辆实际运营地有关部门未对非法营运大客车和非法组客点进行有效查处,仅将已掌握的异地籍非法车辆线索抄告车籍所在地交通运管部门。

三是有关部门未形成工作合力,车辆登记和营运准入联动机制不健全,车辆行驶证使用性质与运输许可情况不符;行业监管部门未有效利用部门协同监管平台加强"先照后证"改革后道路客运市场监管。

资料来源:https://www.mem.gov.cn/xw/bndt/202001/t20200111_343398.shtml(2020-01-11)[2023-11-03]。

(五)沟通原则

在管理学中,沟通是指可理解的信息或思想在两个或两个以上人群中传递或交换的过程,其目的是激励或影响人的行为。在危机管理学中,危机沟通是指以沟通为手段,以避免、化解、解决危机为目的的过程。危机的沟通原则是指在企业危机管理过程中必须自始至终坚持危机沟通的要求，有效运用各种沟通工具，针对所有利益相关者的需求进行互动交流，以减轻危机的冲击。反过来，如果没有有效的危机沟通，小危机可能变为大危机，单个危机可能变为系列危机，局部危机可能变为整体危机，短期危机可能变为长期危机并导致企业破产。

企业在危机管理中必须坚持沟通原则有以下几个原因。

① 信息沟通在企业内外环境之间起着桥梁作用。在危机时期，各个利益相关者迫切想知道：发生了什么？事情是怎样发生的？为了保证类似事件永不发生，企业要采取什么措施？……这些都需要危机管理者在企业内外保持高度畅通的信息沟通。

② 沟通是危机管理的主要工具。在危机管理中，缺乏沟通意味着无法评估危机及其影响，也就意味着企业的下一步决策会很盲目。所以危机管理依赖于信息交换能力和决策者依据信息有效决策的能力。

③ 沟通是协调各个个体、各个要素，使企业成为一个整体的凝聚剂。在企业内部，由于成员的地位、利益、知识、能力及对企业目标的理解和掌握信息的程度不同，因此会有不同的个体目标，尤其在危机时期，要想使企业内部成员目标一致，思想和行动协调统一，就更需要充分的沟通。

④ 各种类型的危机事件，其动机、过程和结果往往都呈现出"综合性"的特点。在分析危机信息时，危机管理者要能够发现政治、经济、社会、技术等信息中蕴含的危机可能发生、恶化的征兆，并进行对应的沟通。否则沟通也难以解决危机。

许多拥有核心技术竞争能力的企业，往往会将问题错误地归类，在事故和安全隐患上缺乏对各类现象的综合考虑，甚至只进行单一的沟通（如工程或制造专业技术层面的沟通），忽略情感等沟通。而事实上公众的感觉往往才是引起危机的根源，比如英特尔公司奔腾芯片事件和20世纪70年代本田公司"缺陷车事件"。

1994年，英特尔公司在奔腾芯片存在漏洞的情况下仍将其推向市场，从而引发了一场危机。英特尔公司奔腾芯片事件发生的根本原因，是英特尔公司将公共关系问题当成技术问题来处理，从而导致大量的负面新闻报道。英特尔公司遭受了巨大损失。尤其是当英特尔公司愿意更换芯片时，也很少有用户肯接受。

20世纪70年代初，日本本田公司发生了一次严重危机，即著名的"缺陷车事件"。当时的本田公司刚刚进入轿车市场，在几家实力雄厚的大企业的夹缝中生存。然而，其刚打开销路的"N360"型轿车出现严重质量问题，在使用过程中出现"摇晃""打转"现象，造成上百起人身伤亡事故。受害者及家属组成联盟以示抗议，公司岌岌可危。不过，本田公司并未在舆论的压力下乱了阵脚，而是立即决定以"诚"的态度承认失误。本田公司马上举行记者招待会，通过新闻媒体向社会认错，总经理道歉后引咎辞职，同时宣布收回所有"N360"型轿车，并向顾客赔偿所有损失。本田公司还重金聘请消费者担任质量监督员，请记者到公司参观访问，接受舆论监督。因此，本田不但未因这次打击一蹶不振，反而在公众心目中树立了信得过的企业形象。

（六）转化原则

危机本身就蕴含着危险朝着两个相反方向转变的含义：放任不管，危机必然进一步扩大，导致更严重的后果；积极行动，正确反应，科学决策，危机就可以控制住，逐渐朝着减小损害的方向发展，最后影响被消除。转化原则就是要求危机管理者主动、积极进行危机转化，化被动为主动，把大危机化解为小危机，把危机化解在萌芽阶段，通过努力沟通，寻求外部公众支持，甚至创造机会来重新提升企业形象。危机中的"机"非常重要，即强调企业应通过努力，将危机事件的损害降低。若消极应对或放任不管，危机可能进一步恶化。目前国内外理论界普遍接受的危机管理阶段划分理论就体现了转化原则。

（七）学习原则

学习原则是指企业的危机管理者和全体员工在危机预防、处理和善后的整个过程中应不断积累经验，降低危机成本，提高危机管理能力。

贯彻学习原则可以提高企业危机参与者对危机的熟悉度，降低实际操作过程中的人为失误，降低现场资源配置的时间消耗。对企业来说，学习原则既要求积累自身危机经验，也要求学习其他企业的危机处理经验；既要求危机管理者学习，也要求全体员工学习；既要求学习危机预防经验、教训，也要求学习危机处理和善后阶段的经验。

许多优秀企业之所以能在危机中应对自如，往往与这些企业贯彻学习原则有较大关系。

（八）战略管理原则

企业危机的应对，必须站在战略发展的高度来看待。20世纪80年代明兹伯格在考察组织战略系统化的过程中提出了应急战略（实质就是处理危机问题的战略）这一概念。他认为战略可分为两大分支：一种是未实现的战略（战略没有被组织采纳的部分）；另一种则是已实现的战略，包括审慎战略和应急战略。审慎战略指战略中被中层管理人员制度化的那一部分；应急战略指没有被高层管理者所预期到，而是在非管理者中突显出来的战略。他认为审慎战略与应急战略共同构成企业已实现的战略。

战略管理原则是指将企业危机管理纳入企业战略管理体系，使其构成企业战略中的职能战略。学者在这方面已经进行了有益的探索，提出"将危机意识融入战略管理过程"等有价值的理论观点。

第二节　企业危机管理要素

企业危机管理要素就是企业危机管理的客体和主体，也就是要针对企业危机这一现象，回答"谁来做、做什么、为什么、怎样做"等问题。对危机管理要素的确定，实质上反映了企业危机管理的学科性质和任务，体现出企业危机管理在企业管理体制中的地位。目前国内外学术界对此问题有不同的看法。

一、希斯的观点

希斯提出了4个危机管理要素，即危机事件（反应）、危机复原（恢复）、危机沟通（媒体）和危机管理的最终获益群体（利益相关者），并绘出"危机管理范围示意图"，如图2.1

所示。图 2.1 中，左边两个象限表示危机管理的沟通活动，而右边两个象限表示危机管理的行为构成。上面两个象限反映的是开始处理危机事件的初期阶段，以生理上可见的影响为主，而下面两个象限反映的是恢复管理阶段，此阶段精神影响更加突出。"反应"和"恢复"管理中强调的重点是公众认知。

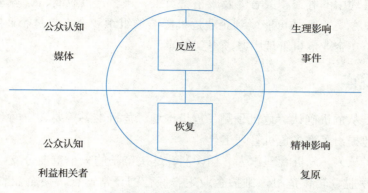

图 2.1　危机管理范围示意图

资料来源：希斯，2001. 危机管理[M]. 王成，宋炳辉，金瑛，译. 北京：中信出版社.

危机管理范围示意图有助于管理者从总体战略高度进行危机管理。管理者应该考虑如何预防或减少危机情境的发生，针对危机应如何恢复，通过哪些媒体以及与哪些利益相关者进行沟通，这些方面是企业危机管理最重要的要素，忽略任何一个，都可能导致危机加剧。在实际工作中，有许多管理者过度关注如何配置资源，而对满足利益相关者的要求、与媒体沟通等的重要性缺乏认识，这就可能导致严重后果。

二、米特罗夫的观点

米特罗夫认为，危机管理要素主要有危机形态与风险、危机管理机制、企业管理体制和利益相关者 4 个，具体说明如下。

1. 危机形态与风险

企业危机种类很多，危险程度也不相同。米特罗夫从对危机处理的研究中发现，在制订危机计划时，只有注意各种危机的形态和程度，才能更好地处理危机。

2. 危机管理机制

有效的危机管理机制，不应只是用于在危机发生以后进行处理，而是应在危机发生前就做好准备。比如，建立良好的危机预警系统，制订危机预防计划，构建及时的危机处理程序，进行危机处理后的学习与评价等。只有建立系统化的管理机制，才能取得良好的效果。

3. 企业管理体制

在企业管理体制中，技术管理、生产运行管理、人力资源管理、企业文化管理、企业高层管理者的决策风格等，都蕴含着危机因素。其中，企业高层管理者的决策风格是影响危机管理最重要的变量。如果高层管理者从心理上否认危机的存在,他就很难做到未雨绸缪,防微杜渐。

4. 利益相关者

企业危机管理中的利益相关者涉及股东、员工、顾客、供应商、竞争者、政府、社区和社会公众等。总之,凡是可能受到企业危机影响的组织和个人都是企业的利益相关者。他们的合法权益在企业危机管理中必须得到保障。

三、其他观点

巴顿主要是从危机确认、危机预测、危机沟通、危机准备等要素方面对危机管理进行了广泛研究,他提出了许多危机管理工具。

国内有学者认为,危机管理作为一门学科,是决策学的一个重要分支,危机管理是企业为了预防、摆脱、转化危机,维护企业生产经营的正常运行,使企业脱离逆境,避免或减少企业财产损失,将危机化解为转机而采取的一系列积极主动的企业管理行动。本书认为,企业危机管理是企业管理的分支,因此它首先要体现一般企业管理职能。从企业危机管理要素看,企业危机管理主要研究危机情景确认、危机管理过程、危机管理技能3个要素。

进一步来看,企业危机管理主要涉及企业高层管理者的职能,情况严重的危机又涉及企业的生死存亡,并且要求企业在尽可能短的时间内配置大量资源,要满足各个利益相关者的需求,这几点也符合企业战略管理的主要特征,所以企业危机管理应始终站在企业战略管理的基础上,作为企业战略管理中的职能战略层次开展相关活动。

第三节 企业危机管理模型

企业危机管理模型是企业危机管理者应对危机和处理危机的路径和步骤。关于企业危机管理模型有多种不同的表述,下面将分别进行讨论。

一、国外学者的企业危机管理模型

(一)芬克的四阶段生命周期模型(简称"F模型")

芬克于1986年提出了四阶段生命周期模型,他用医学语言生动形象地解释了危机的生命周期。

第一阶段是征兆期(Prodromal):有线索表明潜在的危机可能发生。

第二阶段是发作期(Breakout):具有伤害性的事件已经发生并引发危机。

第三阶段是延续期(Chronic):危机的影响持续,这也是努力清除危机的时期。

第四阶段是痊愈期（Resolution）：危机已经完全解决。

F模型最早把危机管理视为一个长期过程。芬克认为在引发事件之前必然存在着预警信号，因此，一个好的危机管理者不能仅仅局限于制订危机管理计划（Crisis Management Plan，CMP），而是要积极地识别并防范可能的引发事件。危机始于一个导火索（引发事件），然后该事件产生长期的影响，最后会有个清楚的结束，所以危机管理不能只是简单的一次性行为。

（二）米特罗夫的五阶段模型（简称"M模型"）

米特罗夫将危机管理分为以下5个阶段。

第一阶段为信号侦测阶段：企业识别新的危机发生的警示信号并采取预防措施。
第二阶段为探测和预防阶段：搜寻已知的危机风险因素并尽力减少潜在损害。
第三阶段为控制损害阶段：努力使危机不影响企业运作的其他部分或外部环境。
第四阶段为恢复阶段：尽可能快地让企业正常运转。
第五阶段为学习阶段：回顾和审视所采取的危机管理措施，并进行整理，使之成为以后的运作基础。

（三）三阶段模型

三阶段模型已无从考证最先由谁提出，但是该模型为很多学者所推崇。该模型把危机管理分成危机前（Precrisis）、危机中（Crises）和危机后（Postcrisis）3个阶段，每个阶段还可以再细分为几个子阶段。

F模型、M模型和三阶段模型的关系如下。

F模型和M模型虽然在细节上存在明显的差异，但实质上二者具有很大的相似性。应该说，M模型在很大程度上反映了F模型，比如信号侦测阶段、探测和预防阶段可以看作F模型的征兆期，区别只在于重视程度不同：F模型只是说明可以预防危机，而M模型强调如何预防危机。控制损害阶段与发作期相对应。损害控制阶段和发作期都注重于对事件危害的控制，当然M模型更重视如何限制危机的影响，避免企业正常运作的部分受到影响。对于恢复阶段和延续期的阐述都体现了企业保持正常运行的自然需求。实际上，衡量危机管理是否成功的一个因素就是企业恢复正常运转的速度。M模型强调了如何通过危机管理促进企业从危机的冲击中恢复，而F模型仅仅指出企业会以不同的速度恢复。学习阶段和痊愈期都意味着危机的结束，但是F模型中的结束是指危机管理职能的结束，M模型中却形成了一个循环，经过回顾和自我批评审视，学习阶段又可以成为下一阶段工作的开始，为另一个信号侦测阶段及探测和预防阶段提供有效反馈。M模型最后一个阶段也可以看作是恢复的继续，除了评估和重组，还包含着针对利益相关者的沟通和追踪，保持与利益相关者之间的有效接触，监控有关消息的发布，以及及时向新闻媒体提供实时情况。

M模型和F模型的根本区别在于：M模型更为积极主动，关注危机管理者在每个阶段应该做出的决策；F模型更具描述性，勾勒出危机的全过程，侧重于阐述每个阶段的特点。

F模型、M模型的阶段也可以很自然地与三阶段模型的阶段相对应，危机前阶段可以对应征兆期及信号侦测阶段、探测和预防阶段；危机中阶段可以涵盖危机发生和造成损害至危机得以解决的全部阶段，持续期、控制损害阶段和恢复阶段都可以对应此阶段；危机后阶段则对应痊愈期和学习阶段。三阶段模型这样更宏观的划分显然易于得到大多数人的认同。

(四) 希斯的 4R 模型

希斯提出的危机管理阶段模型简称 4R 模型,包括缩减(Reduction)、预备(Readiness)、反应(Response)和恢复(Recovery)4 个阶段,他还指出了每一阶段应包括的主要内容,如图 2.2 所示。

图 2.2 4R 模型

资料来源:希斯,2001. 危机管理[M]. 王成,宋炳辉,金瑛,译. 北京:中信出版社.

二、国内学者的企业危机管理模型

（一）国内学者的观点

国内学者薛澜等认为，危机管理由 5 个阶段构成：危机预警及危机准备阶段、识别危机阶段、隔离危机阶段、管理危机阶段，以及危机后处理阶段（处理善后并从危机中获益），如图 2.3 所示。其中，每个阶段都要求危机管理者采取相应的管理策略和措施，准确地估计危机形势，尽可能将危机事态控制在某个特定的阶段，避免危机进一步恶化。

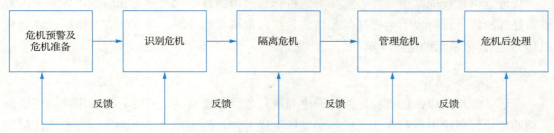

图 2.3　危机管理阶段

资料来源：薛澜，张强，钟开斌，2003．危机管理：转型期中国面临的挑战[M]．北京：清华大学出版社．

1．危机预警及危机准备

危机预警及危机准备阶段是整个危机管理过程中的第一个阶段，其目的是有效地预防危机事件的发生。该阶段的主要任务是：避免危机、制定危机管理预案、建立组织系统、模拟演习。

2．识别危机

识别危机阶段的关键是通过危机监测系统或信息监测处理系统，识别出危机潜伏期的各种症状。该阶段的主要任务是搜寻信息。

3．隔离危机

从出现危机征兆到危机事件全面爆发，中间是有一定过程的。首先，危机事件的全面爆发一般会有特定的导火索，它能致使危机的事态发展达到一定程度。其次，危机事件进入紧急阶段，直至全面爆发，必然经过一个危机升级的过程。危机升级过程往往也是其破坏力增强的过程，升级后的危机会造成更大的人员伤亡和财产损失，企业也更趋向无序混乱，此时，危机管理人员面临的任务更为艰巨，时间更为紧迫，危机管理的压力也更大。面对事态的不断恶化，危机管理者必须发挥危机管理机构的"防火墙"作用，控制事态的蔓延，保证企业其他部门正常运转。该阶段的主要任务是：确定取舍标准和原则；启动危机防火墙（启用危机管理机构，决定主要人物的介入程度，保证企业其他部门正常运转）；进行企业内部运作（主要是信息沟通）。

4．管理危机

如果危机深化到一定程度，就会使企业赖以运转的结构和机制遭到严重破坏，企业的运行秩序将严重瘫痪，企业及员工的生产、生活将受到严重影响，在这种情况下，危机管理者必须寻找一些方法，以在最短时间内遏制局势恶化。这些方法包括人员调度、实时决策模式、媒体沟通等。

5．危机后处理

管理危机阶段的结束，并不意味着危机管理过程的终结，而是意味着危机管理进入危机后处理阶段。该阶段的主要任务和措施包括：危机善后处理，独立调查制度，诊断"危机后遗症"，危机后的组织变革。

（二）本书的观点

上述学者都是根据危机发展的时间序列进行危机管理活动分析的。这种围绕危机生命周期的危机管理模型有利于在危机各个发展阶段有针对性地控制危机的发展与扩散，最终处理好危机。但是也可以看出，这些模型都忽视了系统地建立危机管理体制的问题，容易产生消极的应对思想，而且很难准确界定危机的各个发展阶段，也就更不容易采取相应的对策。事实上，当危机管理者识别出某危机的阶段特征并做出相应决策时，危机可能已经向下一个阶段或者向其他方向转移了。这就使得危机应对决策的时效大打折扣。

为了弥补这些缺陷，强化危机管理体制建设，本书根据管理学中的管理职能理论，构建了企业危机管理过程模型。

企业危机管理过程模型将危机管理划分为企业危机预防、企业危机应对领导、企业危机应对控制3个主要管理职能。

1．企业危机预防

企业危机预防是对企业具有战略意义的一项管理职能，其目的是在企业中树立广泛的危机意识，建立一套全面深入的危机防范制度，对企业的危机隐患和危机征兆进行监测和预控，将危机消灭在萌芽中或尽量减少危机带来的损失，保证企业经营管理系统有序运转。

可见，企业危机预防涉及危机预警、危机防范、危机预控、危机应急预案等具体管理活动。从管理性质来看，企业危机预防属于企业管理过程中的计划与组织职能活动。从管理作用来看，相对于危机爆发所产生的后果，企业危机预防是成本最低的危机管理策略。

2．企业危机应对领导

危机中的事项千头万绪，企业各部门和员工之间的冲突相互交织，这就需要权威的领导者有相应的素质和能力，能有效地进行危机应对决策，指导员工的行为，同时还要能沟通员工之间的信息，增强相互之间的理解，统一思想和行动，激励所有员工为最大限度减小危机的损害而努力。

3．企业危机应对控制

企业危机应对控制是一种确保企业危机预案与企业实际危机管理活动动态适应的管理职能，它能保证危机管理活动朝着企业危机预案和预控目标推进。危机应对控制系统越完善，企业的危机预案就越容易执行。

基于上述危机管理职能的分析，本书构建了基于管理职能的企业危机管理过程模型，如图 2.4 所示。

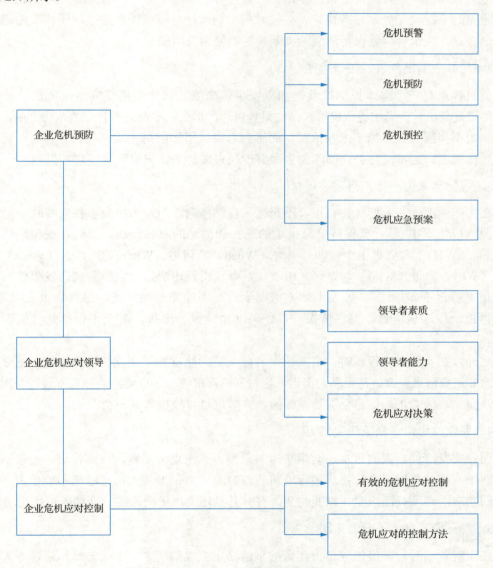

图 2.4　企业危机管理过程模型

本书将在第 2 篇围绕企业危机预防、企业危机应对领导、企业危机应对控制 3 个管理职能，更全面地分析企业危机管理过程。

第四节　企业危机管理注意事项

1．忌缺乏预见性，没有危机意识

危机管理首先要有危机意识，要有"先见之明"。国家也好，企业也好，家庭也好，其实风险无时不在，无处不在。决策者必须时刻牢记"祸兮福所倚，福兮祸所伏"的道理，越是形势好，决策者越要保持清醒的头脑，越要警惕风险隐患。

2．忌分不清是危机，还是机遇

危机管理有一个基本原则，就是当突发事件来临，首先要清楚究竟是危机，还是机遇。如果是危机，理当实施危机管理；如果是机遇，那么就不在危机管理的范畴之内，因为人们一般不会因"天上掉下来的馅饼"而感到恐慌或不知所措。实施危机管理时，切忌将危机当作机遇，更不能将公众面临的生命财产损失威胁当作自己升官发财的机遇。

3．忌信息渠道不畅，报喜不报忧

在实际生活中，人们往往有报喜不报忧的自然倾向。但是当突发事件来临时，最重要的是要"报忧不报喜"，要保持信息渠道的通畅和信息的及时传递。平时，在传递信息时要做到"5W1H"六要素俱全，即：何时（When）？何地（Where）？什么（What）？为什么（Why）？谁（Who）？如何（How）？而且要表述清楚。但当遇到突发事件时，则恰恰是"巧迟不如拙速"，即使上述六大要素一时不能完全说清楚，也要先报上级领导，之后再进一步确认信息，完善情报。以任何理由瞒报、迟报，甚至不报都是危机管理之大忌。

此外，在实施危机管理时，最高决策者应当特别注意除了正规的信息渠道，还必须有自己的非正规信息渠道，甚至私人渠道，这是危机管理的一条重要经验和基本技巧。道理其实非常简单，倘若正规信息渠道是通畅的，许多危机可能根本就不会发生。

4．忌惯性思维，缺乏应变能力

面对突发事件，人们常常还会用平时的思维方式来思考问题，按部就班，慢条斯理，力求四平八稳，争取多方称赞。进行危机管理时要注意：做重大决策时绝不能受惯性思维方式的左右，必须灵活应变，以变制变，有时甚至还要用逆向思维方能摆脱危机困境。

5．忌三心二意，不分轻重缓急

在应对危机时，各级领导马上要做的事情必定会成倍增多，千头万绪，常常令人不知从何下手。此时，必须先抓住主要矛盾，分清轻重缓急和优先顺序。要先以公众为中心，以公众的切身利益为中心，以公众关注的优先顺序为中心来思考问题。只有以公众为中心确定轻重缓急和优先顺序，才有可能使本企业乃至领导者个人的损失降至最小。

在进行危机管理时，必须集中精力抓好当务之急，切忌三心二意，左顾右盼。从实践经验来看，如果危机不解决，危机所带来的负面影响就无法根除，试图抵消这种影响的任何努力都只能是事倍功半。

6．忌决策不果断，举棋不定

平时，维系一个企业靠的是共同利益。然而危机来临之时，命运重于利益。因此，决策目标必须从维护"利益共同体"切换为拯救"命运共同体"。

平时，为了达成共识，往往需要多方反复协商，以理服人，少数服从多数。然而突发事件来临时，给予领导者的决策时间往往十分有限，任何犹豫不决、举棋不定或拖延的决策都可能给组织带来致命的伤害，因此，危机管理时的决策方式必须从平时的"民主决策"切换为特殊时期的"权威决策"，即在信息共享、专家咨询的基础上由最高决策者拍板定夺，并且谁决策，谁承担责任。

7．忌措施不坚决，拖泥带水

在日常工作中，为了让下属和公众容易接受和适应某项政策措施，领导者通常会采用比较温和的办法，逐步深化，逐渐完善。然而在危机到来时，绝不能采用"渐进式增兵"的办法，而必须采取高压强政策，集中优势兵力将事态迅速控制住，否则就有可能势如决堤，一泻千里。

8．忌做表面文章，措施不到位

在实施危机管理的过程中，做表面文章就等于自欺欺人，措施不到位就等于贻误战机，就会导致危机继续蔓延、进一步恶化，结果害人害己。因此，危机管理措施一旦出台，领导者就必须亲赴前线、深入基层，检查措施漏洞，监督执行情况，对措施中存在的漏洞及时发现并立即弥补，对执行不力的失职人员当即进行严厉查处。

9．忌言而无信，不能以诚相待

危机犹如战争。领导者在实施危机管理的过程中，对内，面对下属必须保证军令如山、令行禁止；对外，面对公众必须以诚相待，取信于民，始终如一。任何政策摇摆或态度暧昧都会使下属无所适从，会失去广大公众的信任。

10．忌盲目乐观，好了伤疤忘了疼

危机管理有句名言，就是"最危险、最容易犯错误的时候，往往是危机看似过去而实际上尚未过去的时候"。因为危机初期，尽管情况不明，尽管会有恐惧产生，但因事发突然，人们大多会集中精力、高度重视。而危机一旦爆发就会发生连锁效应，其结束过程也会有波动和反复，恰恰在这个时候，人们最容易放松警惕，最容易麻痹大意，因而也最容易出错。

每逢危机爆发，迫于形势需要，领导者通常会从善如流、广纳谏言。然而一旦危机过去，恢复常态，领导者就会很快陷入繁忙的日常事务之中，远离基层，远离风险，听不到不同意见，看不到风险隐患。事实上，危机管理的最后一道工序就是及时总结经验教训，修改风险评估机制，改进风险防范措施，增强组织对危机的防范能力，从而构成下一轮危机管理的第一道工序。

案例 2-3

东芝笔记本电脑事件

2000 年，中国的东芝笔记本电脑用户很恼火，因为某互联网媒体报道了 1999 年发生的一件事：1999 年春天，两名美国东芝笔记本电脑用户向美国地区法院提出集体诉讼，他们认为东芝公司在处理其便携式笔记本电脑 FDC（软盘控制器）存在的问题时，可能导致数据遗失或损坏。东芝公司一方面否认这一指控，另一方面又与原告庭外和解，并提出一个解决方案。根据这一方案，拥有或租用 1985 年 1 月 1 日或以后生产的、由东芝美国信息系统公司销售或分销的、带有一个软驱和软盘驱动控制器的任何型号的东芝笔记本电脑的所有美国用户，都可获得东芝公司提供的每个用户最高 443 美元的赔偿。这件事引发中国东芝笔记本电脑用户的强烈反应。赔偿了美国的用户，就意味着变相地承认产品的确存在缺陷，那么中国用户呢？国内各种相关报道、评论纷纷出台。《中华工商时报》以"厚此薄彼 公理何在"为题，评论说："同样是东芝产品的用户，东芝何以厚此薄彼？为什么美国用户只是在本国表示了一下不满，东芝公司就吓坏了，主动花钱消灾，却只给中国用户一个轻描淡写的说明？"这类问题深深击中要害。

2000 年 5 月 16 日，四川成都的一家软件公司的总经理向东芝（中国）有限公司成都办事处递交了索赔信函，要求东芝公司必须公开向全中国的用户道歉，并对他购买的 750DVD 型东芝笔记本电脑给予赔偿。第二天，成都最大的笔记本电脑超市宣布，暂停销售东芝笔记本电脑，直到东芝公司向中国用户做出令人满意的答复。《辽沈晚报》5 月 19 日在头版刊登新闻，寻找购买东芝笔记本电脑的利益受损用户。

5 月 22 日，东芝公司在北京召开东芝说明会，东芝公司副总裁辩解："在美国的和解不是由于产品缺陷，从美国法律角度来看，即使没有实际发生损害，只根据其可能性就可认定损害赔偿，且此集体诉讼又发生在曾有多宗巨额赔偿案判例的得克萨斯联邦地方法院。如果继续诉讼，一旦败诉，存在被判高达 100 亿美元巨额赔偿的风险。这关系到公司的生死存亡，在此残酷的情况下，公司经过反复讨论，万般无奈才做出如此苦涩的'和解'选择。我们真诚地意识到，由于我们就有关美国集体诉讼和解一事及与此相应的措施所进行的说明不够充分，因此没有得到中国的媒体和用户的充分理解。过去 5 年我们累计销售了约 20 万台笔记本电脑，至今没有任何用户因为 FDC 而实际受到了损害。对此，希望大家能给予充分的理解。"不过，对此解释，媒体记者显然并不满意，不断问着类似的问题，比如：东芝笔记本电脑到底有无问题，如果没问题，补丁程序如何解释？对照美国判例，使用同种型号的中国用户将得到什么补偿？对于已经出现的有关诉讼，东芝将如何面对？在近 3 个小时的说明会上，"请正面回答"的声音不绝于耳。

东芝公司除了将其中文网页上的相关说明在 5 月 21 日改为中文，却并未针对中国用户出台相关措施，为了辩解，还拿中美法律环境做比较。一次设想很好的新闻发布会，由于东芝公司从外部环境找理由，非但没有解决问题，反而无意中又扩大了矛盾。国内不少地方法院正式受理了用户诉讼东芝公司的官司。

"东芝笔记本电脑事件"披露后引起社会各界和公众的强烈关注。5 月 25 日,中国消费者协会就东芝笔记本电脑"给美国用户赔偿,只给中国用户一个软件"一事,邀请法律专家、国家行政部门的有关负责人、国家检测部门的专家等进行座谈。专家表示,如果有瑕疵的电脑将其存储的资料丢失,就是危及了用户财产安全,这就不是潜在的损失了。根据我国法律规定,造成人身和财产安全危害的,应当赔偿损失。法律专家还就此官司该怎么打进行了探讨。国家计算机质量监督检验中心主任当场表示,如果有关机构委托该中心对东芝笔记本电脑进行检测,该中心将组织专家组承担这个任务。原工商局消保司商品处负责人表示,工商局支持中国用户的诉讼,不管是哪个国家的公司在中国销售产品,都必须按中国的法律办事。

以"维护消费者合法权益"为己任的中国消费者报社为此做出以下表示。

① 依据相关章程,"中国消费者报社法律援助金"将为东芝笔记本电脑用户提供诉讼费用方面的支持,以减少用户的后顾之忧。

② 由中国消费者报社法律顾问、著名律师免费代理诉讼等有关事宜。

③ 有意寻求中国消费者报社法律援助的东芝笔记本电脑用户,可尽快与该报社联系。

资料来源:张玉波,2003. 危机管理智囊[M]. 北京:机械工业出版社.

第五节 企业危机管理与战略管理的关系

一、企业危机管理与战略管理的联系与区别

(一)战略管理与危机管理的联系

米特罗夫认为危机管理和战略管理的联系表现在以下方面。

1. 对环境的关注

战略管理者越来越关注企业外部环境快速发生的变化,他们把环境看作开放系统并在其中搜寻,以便较早发现即将发生的变化和事件,并设计出适合环境的战略;危机管理者同样也秉持环境是开放系统的观点,以便更好地理解引起危机和促使危机发展的力量。

两者的区别在于:战略管理更多地关注环境由外到内的影响,如环境带来的机遇和威胁;而危机管理更多地关注环境由内到外的影响,如企业对外部环境的反应。

2. 相当数量的利益相关者

随着外部环境对战略管理的影响越来越大,出现了能应对突发事件的组织和考虑利益相关者的战略管理模型。其中管理者被看作各个相关群体(如顾客、员工、供应商、竞争者、债权人、政府机构等)的利益平衡者。

危机管理比战略管理关注的利益群体更多,这是因为受危机事件影响的相关组织、群体和个人的范围会更宽泛。

3. 高层管理者的参与

危机管理与战略管理都认为高层管理者的参与是必要的。在战略管理中，高层管理者负责指导和设计，为各级管理者实施计划和战略提供支持；在危机管理中，高层管理者对待危机的态度是消除危机的关键，高层管理者对危机处理小组的指导具有重要作用。米特罗夫发现，对危机的准备程度和危机管理的成效很大程度上都受到高层管理者基本假设的影响。

4. 基于对整个企业的考虑

战略管理一开始就关注整个组织的管理，危机管理也试图对给整个组织造成干扰的危机进行管理，两者都站在整个组织的高度，关注组织和利益相关者。

5. 存在突发事件的持续性过程

战略制定是一个连续的、复杂的过程，通常也会对一些突发事件进行考虑，尤其是在为应对外部环境的变化而制定战略时，企业会加入对突发事件的管理程序。在危机管理中，高层管理者对一些事物的看法存在一致性（如对组织的认同），可能对危机的认识也一致。不论是环境导致的，还是因组织成员的行动而发生的危机都是企业中的突发事件，会随处存在、随时发生。

6. 相同的组成成分

危机管理与战略管理都有制定和实施两个管理过程，这两个管理过程都是持续的、循环发展的，都关注企业的长期良好发展。

（二）战略管理与危机管理的区别

战略管理是指制定、实施和评估战略，从而实现企业目标；危机管理是指识别和预测存在潜在危机的领域，采取有效行动和手段防止危机发生，或者避免因突发事件而卷入危机，并且尽量减少不可避免的危机事件所带来的不良影响。危机管理与战略管理作为两个平行发展的理论领域，主要有以下区别。

危机管理与战略管理都涉及多个学科，但各自的代表学科不相同。危机管理中对个体活动的研究往往来自人们对经济、社会、政治、心理、公共关系、环境科学以及沟通的研究过程；而对战略管理的研究多集中在商业政策、集体管理、环境管理、国际商务以及企业行为等方面。米特罗夫等学者认为，不同学科对危机产生的看法不同：经济学家把危机看作政府政策失败导致的宏观经济环境变化而带来的负面影响；社会学家把危机归于社会不公平，个人功利主义观念的上升及家庭和社团的衰落等；心理学家把危机看作个体自我认识的崩溃。

战略管理把外部环境看作开放的系统；而危机管理面对外部环境时关注的内容更多。比如，危机管理往往考虑企业中既有价值又有破坏性的因素，系统之间的依赖性，相关的复杂技术的相关作用，企业面对外部环境如何反应，企业如何才能持续发展；战略管理多关注外部环境产生的机遇和威胁，企业如何创造和维持竞争优势。

在评价体系方面，两者也有很大的不同。战略管理主要围绕企业使命是否实现这一根本性目标，强调企业诸多责任的实现和承担；危机管理主要关注财务稳定、产品质量、企业安全的可靠性等。

战略管理把顾客、员工、股东、供应商、竞争者、债权人、政府机构作为主要利益相关者；危机管理在此基础上还把有特殊兴趣的群体，甚至可能带来危害的恐怖分子等作为其利益相关者。

二、企业危机管理与战略管理的交叉

危机管理本身具有战略性，危机管理与战略管理的相似性、向前导向及特征证实了两者之间存在固有的联系，推动了两者的融合。危机的发生会导致企业现有战略发生改变，而一些战略性行为可能会导致危机。在战略管理初级阶段对危机考虑不周也会带来许多隐患。把危机管理意识融入战略管理模型，可以克服传统战略管理的缺陷，从而形成在动态环境下融合危机理念的新战略管理模型，新战略管理模型仍然包括战略制定、战略实施和战略评价三个步骤。

1. 战略制定

该步骤用 SWOT 方法评价企业内外环境，找出企业的优势和劣势，分析环境的威胁和机遇，不仅关注产品和服务的积极影响，还要进行危机审查，找出企业中有可能存在危机的脆弱和敏感的领域，同时要关注复杂的新技术和新系统中存在的潜在风险和破坏性，以识别各方面存在的失败可能。制定战略时，要认真评估产品和生产过程，确定是否会产生危机，并随时做好应对最坏情况的准备；要对外部环境的影响进行估计，识别技术和社会领域可能带来的风险。所有这些的关键是让管理者产生危机意识，牢记对危机的否认可能带来严重的后果。

在危机审查之后，先找出几个低概率高威胁的事件、企业的劣势，以及可能对顾客、员工和环境产生负面影响的产品。再将其与 SWOT 分析的结果进行总体评价，制定出几个备用战略，在形成确定的战略之前，要修订使命描述和一系列长期目标，修订后的使命描述应包括更为广泛的利益相关者。最后，充分把握内部优势，尽量回避弱势，形成有竞争优势的、有弹性的执行战略。

2. 战略实施

该步骤要制定清晰的企业政策和年度目标，从而分步实现长期目标，此外还要制定危机预案（应包括响应程序、危机管理小组相关人员职责），明确危机沟通战略及实施细则，制订危机预案的演练计划。

3. 战略评价

该步骤用向前反馈和向后反馈控制，对战略管理和危机管理的结果进行评价，再用评价获得的信息解决问题，采取正确的行动，对战略进行修改并实施绩效奖励。预警控制也应纳入战略管理过程。通过危机管理绩效评价，探索其他的危机防范战略。如有必要，可将其引入下一轮战略管理制定过程。

我国企业大多已经上升到战略管理的高度，但是制定的战略偏重进攻和发展，相对来说不太重视企业未来可能发生的危机所带来的破坏性影响，能把危机管理和战略管理有机结合起来的企业更少之又少。外部环境的变化对我国企业的影响是巨大的，稍有不测就会给企业带来巨大的损失。这样的案例在现实中不胜枚举。企业在制定战略时，要把危机意识和预案融入战略管理过程，以形成既有危机管理防御和保持能力，又有战略管理进攻性市场定位能力的战略。而要制定有效的、具有融合性的战略，企业高层管理者必须积极参与到危机准备和其他危机管理活动中，使战略的进攻能力和危机计划的防御能力充分结合，从而避免不应有的损失。

第六节 新时代"枫桥经验"在企业危机管理中的运用

在企业危机管理实践中，安全生产应以预防为主，落实责任，防控风险，排查整改，扣紧各方安全责任链条，织紧织密安全管控网，从源头上防范化解风险，及时消除各类隐患，通过企业危机管理提高企业安全素质，以高水平安全保障企业高质量发展。党的二十大报告指出，在社会基层坚持和发展新时代"枫桥经验"。因此，企业应把"枫桥经验"拓展应用至安全生产、消防安全等基层应急管理领域，努力实现隐患早发现、隐患不出企业车间、隐患就地处置不变成事故，从而破解安全与发展矛盾。

一、新时代"枫桥经验"的内涵及其对企业危机管理的指导

"枫桥经验"是指20世纪60年代初，浙江省诸暨县（现诸暨市）枫桥镇干部群众创造的"发动和依靠群众，坚持矛盾不上交，就地解决，实现捕人少，治安好"的经验。

群众路线是中国共产党的生命线和根本工作路线。新时代"枫桥经验"遵循"从实践中来，到实践中去"的认识规律，发挥群众识别矛盾的敏锐性和解决矛盾的能动性，体现了社会治理中党的领导地位与群众主体地位的高度统一。在企业危机管理活动中，企业必须遵从政府应急管理部门的领导，企业管理者要承担第一责任，要不断从危机管理实践中总结经验和教训，并带领全体员工将经验与教训再应用到企业危机管理过程之中。新时代"枫桥经验"对企业危机管理的启示如下。

新时代"枫桥经验"坚持以人民为中心的立场、以和为贵的思想、以说服教育为主的方法，确保了处理人民内部矛盾时促和谐、求稳定、谋发展的正确方向。当前企业安全生产、持续经营发展面临着各种挑战。除企业自身必须权衡好安全经营与发展的关系以外，社会各界要积极为企业提供良好的法治环境，从而为企业在危机管理过程中处理各种内部经营隐患、外部风险挑战提供保障机制。

人民群众是物质财富的生产者、精神财富的创造者，是社会变革的决定力量。目前广泛建立的企业危机管理组织、矛盾调处中心，多是由员工作为重要主体和矛盾化解的承担者，充分体现了运用新时代"枫桥经验"中发动和依靠群众等经验，进行企业危机预防、调处、化解的工作原则。

基层是社会的细胞，是构建和谐社会的基础。可以说，基层既是产生利益冲突和社会矛盾的"源头"，也是协调利益关系和疏导社会矛盾的"茬口"。党的二十大报告将新时代"枫桥经验"的工作场域定位在社会基层，并把解决基层矛盾和冲突作为重要工作机制。各类企业作为全社会重要的基层组织，在经营过程中难免遇到各种危机事件。这些危机事件往往涉及众多利益相关者的权益，并且不同利益相关者之间的矛盾和冲突复杂多变，因此企业危机管理者必须立足本企业实际，积极主动地回应危机事件涉及的各利益相关者的诉求并解决相关矛盾，以促进企业的长期发展和全社会的和谐稳定。

20 世纪 90 年代，枫桥镇干部群众创立了"四前工作法"，即组织建设走在工作前，预测工作走在预防前，预防工作走在调解前，调解工作走在激化前；21 世纪初"四前工作法"又发展为"四先四早"，即预警在先，苗头问题早消化；教育在先，重点对象早转化；控制在先，敏感时期早防范；调解在先，矛盾纠纷早处理。经过实践检验的新时代"枫桥经验"符合企业危机管理预防原则，符合企业危机管理预防的过程要求，为企业提供了可靠、积极、高效的基层组织危机预防与化解实践经验。

二、新时代"枫桥经验"防范化解企业危机的路径

1．明确企业应承担的主体责任

保持企业健康稳定发展是企业的基本追求。坚持和发展好新时代"枫桥经验"，必须明确企业在各类危机事件中承担的主体责任者地位，把问题解决在基层企业，以确保员工安居乐业、社会安定有序。

2．强化企业的危机预防意识

准确把握企业危机管理基本规律，强化企业危机预防意识，推进关口前移，以便第一时间掌控危机状态，做好危机处置工作。

3．建立良好的企业内外沟通渠道

日常应加强与利益相关者的沟通交流，畅通诉求表达渠道，定期研判企业经营的内外部环境，建立"应急第一响应人"制度，以便做到见微知著。

4．将企业危机化解在萌芽状态

加强监测预警平台和预警机制建设，强化风险分析评估，把问题化解在萌芽状态。

5．学习、借鉴各地的企业版"枫桥经验"

当前，在企业危机管理理论和实践方面，各地已经涌现出大量优秀的新时代"枫桥经验"应用案例，形成各具特色的企业版"枫桥经验"，应学习、借鉴这些经验。

三、新时代"枫桥经验"在企业危机管理中的应用案例

新时代"枫桥经验"在企业危机管理方面的应用案例，为我国企业危机管理理论和实

践提供了新观点、新经验和新方法。企业通过积极学习、借鉴各地的企业版"枫桥经验"，可以有效防范化解相关的危机。

扫描以下二维码，学习新时代"枫桥经验"在企业危机管理中的应用。

学习资料 2.1

本章实训实验

一、扫描二维码，观看、学习相关资料

学习资料 2.2

二、案例实训

阅读以下案例，回答案例思考题。

核污染水溅射伤人，东电"危机重重"

2023 年 10 月 26 日，日本东京电力公司（以下简称东电）发布消息称，在福岛第一核电站进行核污水处理工作的 5 名作业员被核污染水溅射，其中 2 人被紧急送医。这是 2011 年 3 月福岛核事故发生后，首次有作业人员因身体受到污染而住院，凸显了东电内部管理的无序和混乱。东电的混乱运营和不负责任并非近期才开始。过去几十年，该公司有太多隐瞒关键信息、欺骗公众的"黑历史"。随着日本不顾国际社会强烈批评和反对，强行将核污染水排海，不相信日本和东电的各国公众数量正在不断增加。

1. 多次隐瞒安全事故

此次事故再次表明，在福岛核事故发生 12 年后，东电在面对严重的核污染问题时依旧不负责任。

2011 年 3 月 11 日，日本福岛县附近海域发生 9.0 级特大地震，地震引发的巨大海啸袭击了福岛第一核电站，造成核电站 1 至 3 号机组堆芯熔毁。此次事故在国际核事件分级表中被列为最严重的 7 级，与切尔诺贝利核电站事故同级。福岛第一核电站发生核泄漏后，东电很快就得知 3 号机组堆芯损坏率已达 30%，1 号和 2 号机组堆芯损坏率超过 5%。按照东电当时的内部标准，是可以对此采取紧急措施进行应对的，但东电却一直以"堆芯损伤"来掩盖当时的情况，一直拖到 2011 年 5 月才承认堆芯熔毁的事实。此后，在相关调查中，东电否认公司内部有堆芯熔毁的认定标准，直到后来才不得不承认是时任东电社长的清水正孝不允许使用"堆芯熔毁"一词。

据媒体报道，2011年6月以后，东电曾长期声称没有新的核污染水排入海洋。然而，面对来自各界的压力与指责，东电于2013年7月才被迫承认有高浓度核污染水泄漏入海。2015年2月，东电再次被曝隐瞒实情：该公司在2014年4月知道有高浓度放射性核污染水从排水沟持续排放入海后，不但一直没有公布，而且没有采取任何补救措施。2021年4月，福岛核污染水储存罐发生泄漏事件，导致大量核污染水流入海洋。虽然东电工作人员在当年3月就已经发现这一情况，并怀疑是因储存罐锈蚀而导致的泄漏，但他们从一开始就选择隐瞒不报，直至被媒体曝光后才不得不承认。隐瞒已成为东电发生安全事故后的"常规操作"。

2. 公然欺骗公众，管理混乱

2022年10月，东电被曝用有问题的辐射检测仪误导参观者。在展示所谓净化处理过的核污染水的安全性时，东电使用的检测仪难以检测出放射性物质。核污染水中主要含有放射性物质氚和铯，其中氚会放射出贝塔射线。然而，东电使用的检测仪只能用来检测伽马射线，无法测出氚。虽然放射性物质铯会放射出伽马射线，但由于检测仪精确度较低，即便超标几十倍，仪器也不会出现反应。2018年，东电就曾在核污染水的安全问题上撒谎。日本《朝日新闻》等媒体称，2018年，东电被曝没有告知公众经过ALPS处理的核污染水中仍存在放射性物质，而此前该公司向公众谎称这些物质是可以去除的。

把故障说成检修、篡改安全报告、忽视风险，这些都是东电的常规做法。2002年，该公司被曝曾篡改和伪造核电厂安全记录，在1995年之前的近20年内篡改或伪造安全检查记录29份。

此外，从2000年到2011年，东电在检查和维修上存在很大问题，其冷却泵、柴油发动机、反应堆的温度控制阀等均出现安全隐患。2019年，ALPS污泥罐共25个排气口滤网全部破损，但东电既未调查原因，也未制订巡检计划，仅仅是更换滤网了事，直到两年后滤网再次大规模损坏才引起东电重视。

3. 大到不能倒？

福岛核事故发生时没有造成人员死亡，但至少16名工人在爆炸中受伤，还有数十名工人在进行让核反应堆冷却与稳定核电站的工作时暴露在辐射中。2018年，日本政府宣布一名工人在接触辐射后死亡。据《日本经济新闻》报道，日本每年花费大约1万亿日元（约合人民币488.3亿元）来处理核事故带来的损失。

有观点认为，东电在日本电力行业中处于龙头地位，这种地位决定了它不能轻易"倒下"。东电网站公布的信息显示，日本接受东电电力供应服务的人数为4484万人，占日本接受供电服务总人数的比重为35.3%；东电的电力销售量为2570亿千瓦时，占日本十大电力公司总电力销售量的31.2%；东电的总资产为13.73万亿日元，占日本十大电力公司总资产的32.9%。结合企业规模、销售额、供电能力、覆盖范围等方面来看，东电均遥遥领先于日本其他电力企业。如果东电倒闭或破产，无疑会给日本整个电力行业乃至日本社会带来不小的冲击，因此该公司在日本就成了一个特殊的存在，也就是"大到不能倒"。

4. 和政界关系"暧昧"

对日本政府来说，东电是不可或缺的，该公司是日本推行核电政策的标志，所以即使福岛核电站在设计建造之初就存在安全隐患，而且后来东电又为了自身利益不断瞒报真相，日本政府也不想让它垮台。也是因为这个原因，东电更加有恃无恐。东电和日本政府的特殊关系体现在 2011 年福岛核事故发生后，日本政府为了防止东电因受害者索赔而倒闭，于当年 9 月主导成立日本原子能损害赔偿和反应堆报废等支援机构，向东电注资。

为什么日本的监管机构与核电企业走得如此之近？日本核电企业和监管机构之间存在"旋转门"，卸任官员会去核电企业任职，而核电企业的重要人士会进入政府的政策制定咨询小组，这导致日本的监管机构对东电有问题的地方睁一只眼闭一只眼。

很多福岛人对东电应对核事故后续影响的速度不满，认为该公司没有作为。他们表示，当受影响地区的辐射量依然高于标准水平几倍时，政府就声称这些地方已经安全了。尽管问题很严重，但日本仍坚持将核污染水排入海洋。

资料来源：https://health.huanqiu.com/article/4FA8FRFQDLH(2023-10-31)[2023-11-03].

案例思考：
东电为什么失去了公众的信任？东电核污染水排放入海将进一步产生什么危害？

三、观看央视 3·15 晚会，提升企业危机管理能力

扫描二维码，观看央视网《2021 年 3·15 晚会》。

学习资料 2.3

1. 分析该晚会揭露的部分企业侵害消费者权益案例。
2. 运用本章的企业危机管理理论，分析如何预防、处理企业危机，保护消费者权益。

本章思考与练习

1. 企业危机管理原则有哪些？如何理解这些原则？
2. 企业危机管理的要素有哪些？
3. 企业危机管理模型有哪些？各模型之间有什么关系？
4. 结合实例讨论企业危机管理过程。
5. 在企业危机管理实践中，应如何坚持和发展新时代"枫桥经验"？

第 *2* 篇

企业危机管理过程

第 3 章

企业危机预防

学习目标

知识要点	能力要求
企业危机预防概述	（1）了解企业危机预防的必要性 （2）掌握企业危机预防的内容
企业危机预警	（1）了解企业危机预警系统 （2）掌握企业危机预警方法
企业危机预控	（1）理解企业危机预控原则 （2）掌握企业危机预控策略
企业应急预案	（1）理解应急预案的功能 （2）掌握编制企业应急预案的方法 （3）掌握企业应急预案培训与演练

第一节　企业危机预防概述

党的二十大报告指出："坚持安全第一、预防为主，建立大安全大应急框架。"坚持预防为主是企业危机管理的基本原则，危机预防是企业危机管理过程中的首要环节。

一、企业危机预防的定义

危机预防是指在危机发生前采取措施，防止危机爆发，它在危机管理活动中取得的成效最好。

企业危机预防是一项对企业具有战略性意义的管理活动，其目的是在企业中树立起广泛的危机意识，并在危机意识的指导下建立一套全面深入的危机防范制度，对企业的危机隐患和危机征兆进行监测和预控，以便将危机消灭在萌芽状态或尽量减少危机带来的损失，保证企业经营管理系统的有序运转。

案例 3-1

全国重大事故隐患专项排查整治 2023 行动答记者问

2023 年 4 月，国务院安委会印发了《全国重大事故隐患专项排查整治 2023 行动总体方案》(以下简称《方案》)，部署各地区、各有关部门单位和企业聚焦重大事故隐患，深入开展排查整治。就此次专项行动的有关工作安排，应急管理部安全协调司负责人接受了记者的专访。

问题 1：部署开展此次专项行动是出于什么考虑？

答：近年来，全国安全生产形势总体稳定向好，但随着新冠疫情防控平稳转段后企业全面复工复产，各种不稳定不确定因素明显增多，安全生产面临的风险挑战依然复杂严峻。

为认真落实党的二十大报告提出的"推进安全生产风险专项整治，加强重点行业、重点领域安全监管"要求，进一步深刻吸取近期事故教训，着力从根本上消除事故隐患、从根本上解决问题，推动安全生产治理模式向事前预防转变，坚决防范遏制重特大生产安全事故，国务院安委会部署开展了此次专项行动。

问题 2：此次专项行动重点排查整治哪些问题？

答：此次专项行动不搞"大而全"，避免抓小放大、眉毛胡子一把抓。《方案》要求，要突出煤矿、非煤矿山、危险化学品、交通运输（含道路、铁路、民航、水上交通运输）、建筑施工（含隧道施工）、消防、燃气、渔业船舶、工贸等重点行业领域，兼顾新业态新领域，聚焦易造成群死群伤的重大事故隐患，开展针对性排查整治。特别是通过剖析近年来重特大事故发生的原因，发现一些关键环节重大事故隐患十分突出，如都存在违规动火、外包外租管理混乱等"小施工、惹大事"，以及不开展应急演练、员工不熟悉逃生出口等共性问题，因此此次专项行动特别强调要紧盯上述突出问题开展重点排查整治。

问题 3：重大事故隐患的具体判定标准是什么？

答：安全生产法第一百一十八条明确规定"国务院应急管理部门和其他负有安全生产监督管理职责的部门应当根据各自的职责分工，制定相关行业、领域重大危险源的辨识标准和重大事故隐患的判定标准。"目前，已有煤矿、非煤矿山、化工、烟花爆竹、工贸、消防、民爆、房屋市政工程、水利工程、水上客运、渔业船舶、农机、电力等行业领域明确了重大事故隐患判定标准。对于尚未明确重大事故隐患判定标准的行业领域，《方案》要求相关主管部门结合本行业领域典型事故教训，抓紧明确重大事故隐患判定标准或重点检查事项，部署本系统对标对表查大隐患、防大事故，切实提高排查整治的针对性。

问题 4：此次专项行动要求狠抓企业主要负责人责任落实，是出于什么考虑？

答：企业是事故隐患排查整治的责任主体，企业主要负责人是法定的安全生产第一责任人，必须狠抓主要负责人这个"关键少数"，才能发挥事半功倍的排查整治效果。内蒙古阿拉善"2•22"特别重大煤矿坍塌以及河南安阳"11•21"特别重大火灾、湖南长沙"4•29"特别重大居民自建房倒塌等事故，都暴露出企业主要负责人不重视安全、不履行安全生产法规定的职责，甚至带头违法违规的问题，这些是导致事故的根本原因。

资料来源：https://www.mem.gov.cn/xw/ztzl/2023zt/zzpc2023/dybs_5536/202305/t20230524_451677.shtml (2023-05-24)[2023-11-04]。

二、企业危机预防的必要性

危机管理专家里杰斯特指出："预防是解决危机的最好方法。"企业常常会因为负面新闻报道、公共关系失误、主业技术及产品创新缓慢、法律诉讼、营销策略不当、顾客满意度不够、盲目广告投入、核心员工突然离职、生产车间意外火灾、物流系统突发性意外中断等而不得不面对许多突发性危机。企业在面对突发性危机时所采取的不同态度及方法，对企业的形象乃至生存会产生不同的影响，如何正确面对、处理乃至管理各种突发性危机是一个摆在人们面前的现实问题。

大多数危机是可以预防的。比如，1996 年三株公司的"常德事件"，三株公司管理层在事件刚发生时没有想到会爆发销售危机，从而导致公司一蹶不振。

又如，上海冠生园与南京冠生园本来毫不相干，只是因为历史原因，二者都冠上了"冠生园"三个字，但普通消费者并不明白冠生园的历史问题，这就使得 2001 年 9 月的南京冠生园月饼事件殃及各地"冠生园"。上海冠生园早就应该意识到这种事情迟早会发生，应该及时采取切实的措施予以彻底解决，但上海冠生园虽然意识到了这个问题，却没有真正解决这个问题。

再如，2000 年 11 月的康泰克事件在很大程度上也是可以避免的，至少是可以事先采取措施减少损失的。因为早在 2000 年 3 月，关于 PPA（盐酸苯丙醇胺的英文缩写，康泰克的成分之一）危害的研究报告就已问世，并引起了美国政府和医药公司的极大关注，而中美史克作为美国葛兰素史克公司的下属公司，理应了解这一切，却未采取相应的对策。在 2000 年 10 月 19 日，也就是国内发布禁令前一个月左右，美国食品和药品管理局的一个顾问委员会紧急建议，应把 PPA 列为"不安全"类药物，严禁使用。如果那时中美史克能主动停产，也会减少损失。

上述三家企业在危机来临前，都已经不同程度地显示出危机的征兆，可这些征兆都没有引起足够的重视，这三家企业没有抓住最佳时机控制住危机，从而导致危机进一步发展，最终一发不可收拾。因此，在企业内部建立危机预防系统是相当必要的。

另外，网络舆情传播特征也加剧了企业危机预防活动的迫切性。

企业在危机事件网络舆情应对中，由于缺乏危机预防系统，往往会出现明显的失误，因此企业应根据网络舆情传播特征进行危机预防。第一，企业危机事件本身与网络舆情热度紧密相关，且网络舆情热度是随着时间的推移不断变化的，企业应在网络舆情发展的不同阶段集中力量解决重点问题，着重提高企业的危机处理力度、舆情处理力度，以及企业的公信度。第二，网民作为企业危机事件网络舆情传播的参与主体，对网络舆情的发展走向起决定性作用，尤其是意见领袖的引导作用。因此，企业应加强与媒体的沟通，通过与意见领袖开展双边对话等方式，引导网络舆情向积极的方向发展。第三，媒体通过议程设置方法来影响网民关注和讨论的热点内容，企业可以借此把握舆情走向，防止网民情绪过激。

三、目前我国企业危机预防存在的问题

（1）企业领导者危机意识和危机反应计划（即应急预案）欠缺

我国企业已经能在战略高度上重视其经营导向问题，但其重点却常局限于常态下的市场进取性方面，对那些发生概率很低但破坏性极大的突发的非常态情况所导致的企业危机重视不够，很少有企业能实现危机管理和常规战略管理的有效结合。由于企业领导者在制定企业战略时缺乏危机意识，很多企业缺乏有效的危机反应计划，在日常经营活动中不够重视企业内外的各种沟通，特别是与各种权威媒体的有效沟通，这就导致危机发生时，企业常常束手无策，陷入混乱，甚至可能从此走向衰败。

（2）企业缺乏危机管理相关的信息监测和预警能力

我国很多企业未设置专门的危机信息监测部门，对许多处于征兆期的危机缺乏预警能力，因而在危机爆发时常常处于被动局面，错过危机处理的最佳时机，从而造成许多不必要的损失。

（3）企业应对危机时的可供利用资源不足

危机状态是一种非常态情况，企业在处理危机时要有足够的战略物资、设备等，但很多企业由于资金实力或资源能力的限制，没有为处理可能发生的企业危机做好足够的资源准备。一旦危机发生，就会出现物资短缺、生产停产等情况，从而影响企业正常的生产经营活动。

（4）企业的历史（信誉基础）、经验和实际处理危机的能力有限

我国企业大多起步较晚，很多企业由于市场营销、公关活动不到位而在市场上的知名度、美誉度不够高，在诸如突发性负面新闻等的冲击下，其产品、服务可能会迅速受到抵制，从而丧失市场地位，这类企业处理危机的成本很高。

（5）对危机缺乏辩证认识

企业往往在危机发生前抱有侥幸心理，在危机发生后先是悲观地自认倒霉，然后忙于就事论事式的危机应对，消极地企求度过危机，却没有把危机看成是一次发现自身问题，与外界进行良好交流、沟通，以及适时宣传自己的有利机会，从而无法以管理危机的既定成本实现收益的最大化。

（6）媒体等企业外部环境因素不利于企业进行危机管理

比如，媒体往往想获得有吸引力的故事，很多媒体特别热衷于新闻炒作，在进行新闻报道时常常会歪曲事实、夸大其词，这在一定程度上增大了企业发生危机的概率和处理危机的难度。

四、企业危机预防的内容

（一）提高企业危机预见性

企业危机预见性是指企业保持高度的危机意识，借助问题诊断、信号侦测、脆弱性管理等手段，对企业危机发生的可能性进行监测和报警管理。发现问题和进行弱点管理是企业危机预见性的重要内容，企业危机预见性的提高主要源于企业危机意识的培育，企业危机预警信号的探测、识别，以及企业对自我处境的定位和觉察的过程。企业内部与这三方面工作相关的管理行为和实施行动均有助于提高企业危机预见性。

（二）培育企业员工的危机意识

那些能够持续成长的企业，都对外部环境变化保持着危机意识。危机意识是企业危机管理的原动力。很多企业不能正确看待危机，认为危机是洪水猛兽、避之不及，将危机管理当成非常态的管理。如果企业内部从上到下都不重视危机管理工作，企业长期置身于缺乏"居安思危"意识的氛围中，就可能走向衰落。

一些成功企业家在谈到自己企业的成功经验时，经常将危机意识作为自己保持清醒头脑，引领企业进步成长的秘诀。比尔·盖茨是个危机感很强的人，当微软利润率超过 20% 时，他强调利润率可能会下降；当利润率达到 22% 时，他还是说会下降；到了更高的水平时，他仍然说会下降。他认为这种危机意识是微软发展的原动力。微软曾有句口号："不论你的产品多棒，你距离失败永远只有 18 个月"。英特尔公司的缔造者格罗夫在谈到其取得的辉煌业绩时说，只有那些恐惧感强烈、危机感强烈的人才能生存下去。

除了管理层，员工的危机意识也十分重要，有危机意识的企业，其领导者、员工均有紧迫感，均知晓企业内部出现哪些问题会对企业的长期发展造成致命的伤害。一些源于企业内部的危机的根源的发现者往往是企业内部的员工，如果他们了解哪些因素会给企业带来风险，将有助于发现和预防企业内部问题。

具有危机意识的企业是经常自省的企业，采用批判的眼光审视企业的经营发展，往往能够捕捉到危机的蛛丝马迹。经常对企业发展过程中出现的问题和困难进行总结的企业对于其内部的弱点比较清晰，管理决策层会趋向利用修正机制、摒弃机制改善企业的危机管理策略。

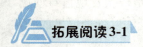

拓展阅读 3-1

全国重大事故隐患专项排查整治 2023 行动共排查重大事故隐患 19.12 万项

全国重大事故隐患专项排查整治 2023 行动开展以来，各级各部门共排查重大事故隐患 19.12 万项。

专项行动开展以来，各部门检查发现重大事故隐患 11.38 万项、整改 8.84 万项；企业自查发现 7.74 万项、整改 6.45 万项。全国生产安全事故总量、死亡人数同比大幅下降，18 个省份较大事故起数同比下降或持平，专项行动取得阶段性成效。

各地共出台 37 项有关重点行业领域重大事故隐患判定标准和重点检查事项，比开展专项行动前增加 68.2%。加大问题隐患曝光力度，共发放举报奖励 1400 余万元。

应急管理部有关负责人介绍，专项行动分为动员部署、企业自查自改和部门帮扶、部门精准执法及总结提高四个阶段。截至目前，全国已有 29 个省份进入部门精准执法阶段。该阶段，各地各有关部门将精准执法作为工作重点，推动重大事故隐患判定标准应出尽出，在加大监管执法力度、强化督查考核问责、推动真查真改等方面持续发力，坚决遏制重特大事故发生，确保全国安全生产形势持续稳定。

资料来源：http://www.xinhuanet.com/2023-09/15/c_1129865154.htm(2023-09-15)[2023-11-04]。

（三）建立企业危机预防科普知识平台

企业安全生产类的科普知识平台对于提升各类安全事故防范能力具有重要作用。我国应急管理部已经建立了比较系统的企业危机预防知识、技能科普平台，这对各类企业提升危机预防水平有极其重大的价值。各类生产经营企业应做好应急科普知识的学习安排，提高安全生产相关知识水平，避免各类安全生产事故的发生。

（四）建立企业危机预防总体框架

1. 企业制度层面危机预防

在制度层面，企业应从危机管理意识塑造、危机管理主动性、社会责任担当和高质量发展等角度，强化企业危机管理整体制度性安排和战略框架指导作用。

2. 企业业务层面危机预防

在业务层面，企业应具体开展企业危机诱因监测、评价；制定各类危机管控制度、方案；组建各类危机管理机构；构建企业危机沟通渠道；充分储备危机预防资源和应急物品；完备各种危机预防和处置所需的危机应对心理条件。

具体来说，企业危机预防体系应包括企业危机预警、企业危机预控、企业危机预案等方面，在后续章节将进一步展开分析。

第二节　企业危机预警

及时发现并识别企业危机的预警特征，有助于企业及时、准确地掌握企业危机情况，从而促进企业危机管理部门针对危机快速做出准确的处置决策，提高企业处置危机的能力和工作效率。

一、企业危机预警基本内容

（一）企业危机预警的含义、作用与预警系统构建

1. 企业危机预警的含义

企业危机预警是指在风险管理基础上，对企业危机的迹象进行监测、识别、诊断与评价，并由此做出警示，以引起危机管理者对企业危机的重视，做好必要的应对准备。

2. 企业危机预警的作用

企业危机预警具有如下作用。

① 实现企业日常经营活动监测与评价。科学的企业危机预警能够帮助危机管理者及时了解危机的类型、强度及演变态势，为遏制危机的进一步发展提供依据。

② 帮助企业培育和提高危机意识。科学的企业危机预警可以及时向危机管理者发布危机事件可能发生的信息，激发、提高企业危机意识，提升企业危机预防能力。

③ 增强企业的危机适应能力与应对能力。科学的企业危机预警有助于企业执行力的提升，有利于企业做出快速反应，为企业实现"预防为主，关口前移"的危机管理提供科学支撑。

④ 提高企业危机预测的质量。企业通过及时搜集、发现、分析信息，依据科学的信息判断标准和信息确认程序，能够对爆发危机的可能性做出准确的预测和判断。

3. 企业危机预警系统构建

企业危机预警是企业危机管理的重要内容。因此，建立合适有效的危机预警系统是企业能否准确、及时预测危机并采取措施的关键。企业危机预警系统能够为企业提供准确的预警信息，在外部环境出现波动时，为企业提供最新的变化数据并帮助企业进行分析，制定相应的应对措施。通常，企业危机预警系统包括信息搜集子系统、基本监测子系统、危机预测子系统、综合评估子系统、警报子系统。各个子系统的作用如下。

① 信息搜集子系统：主要是对相关危机信息进行搜集和整理。

② 基本监测子系统：根据搜集整理的信息，对企业运营情况进行日常的基本监测。

③ 危机预测子系统：根据加工后的危机信息和监测结果进行危机的风险预测。

④ 综合评估子系统：负责基本监测和危机预测的评价工作。

⑤ 警报子系统：主要发挥报警作用，如果其他子系统的指标与企业预先设定的安全水平不相符，就会及时发出警报。

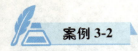

案例 3-2

国家矿山安监局：煤矿安全风险监测预警"一张网"基本建成

在煤矿方面，我国基本建成了煤矿安全风险监测预警"一张网"，可实时监测全国 60 余万个传感器、80 余万名入井作业人员、3.9 万户作业视频监控数据，共享了气象和电力大数据，这张"网"已覆盖全国 75%的煤矿企业，具有多种风险分析预警功能，可以有效地监测瓦斯和一氧化碳浓度超限、异常波动、高值报警，以及井下作业人数、用电量异常等情况，并可对未来 24 小时内受台风以及 50 毫米以上强降雨等极端天气威胁的矿山企业进行分析预警。

资料来源：https://www.chinanews.com/sh/shipin/cns-d/2023/09-18/news970524.shtml(2023-09-18)[2023-11-04]。

（二）企业危机监测子系统

鉴于企业危机监测子系统在整个危机预警系统中的重要地位，这里特别对企业危机监测子系统进行讨论。

具体来说，企业危机监测子系统的主体职能包括：分析风险信息，强调危机预警与风险管理在策略、行动层面的连续性；监测危机动态，强调对危机演变的了解和把握；处理相关信息，强调危机信息监测的全面性。

1．分析风险源

对于企业来说，经营者必须对企业经营过程中可能遇到的风险源有最基本的了解与判断，对所在行业的发展和变化中蕴藏的各种风险有相当程度的了解。不同类型的风险有不同的破坏程度，有些风险会给企业造成难以承受的后果，而有些风险对企业经营活动的影响则较小。对于企业来说，需要识别出不同破坏程度的风险源并进行初步分析，对可能出现的各种风险进行分类，然后把破坏程度较大的风险列为主要监测对象。

2．危机预警指标体系及其设计原则

（1）危机预警指标体系

通常，企业的危机预警指标体系可以从外部环境预警指标、内部环境预警指标两方面开展设计。

外部环境预警指标包括宏观环境预警指标、行业环境预警指标两类。内部环境预警指标则可以从企业各项活动的影响变量入手，开展设计。

（2）危机预警指标体系设计原则

建立危机预警指标体系是开展企业危机预警的基础工作。要建立科学高效的危机预警指标体系，应该遵循以下四项基本原则。

① 可行性。所选择的危机预警指标能够有效反映企业的真实经营状态，数据来源确凿，资料档案记录翔实、保管完整、方便取用。

② 简洁性。危机预警指标体系要简洁易懂，尽量避免内容重复。

③ 综合性。企业面临的危机诱因复杂多变、交互影响、相互牵制，因此，为了保证危机预警准确、灵敏，企业需要掌握各项危机预警指标之间的关系，构建有效的指标体系，以便于综合反映企业危机诱因演化趋势和企业危机形成过程。

④ 可比性。危机预警指标在应用中要进行横向和纵向的比较，以便分析各类危机诱因的作用机理，发挥危机预警指标真正的警示效用，因此，危机预警指标体系的设计、构建与运用必须保证指标具有可比性。

（三）企业危机预警过程

从根本上讲，危机预警过程就是对信息进行监测、处理和扩散的过程。在危机预警过程中，危机信息在不同主体间传播，呈现出不同的知识形态。可见，信息是预警的核心要素，危机预警信息管理是企业危机预警成功的关键。企业危机预警过程包括以下几个环节。

1. 审视监测

审视就是采集、监测和识别企业危机相关信息（数据和现象等）的活动。通过审视活动，信息由无序地扩散于整个信息空间转变为有序地聚敛到特定的行为主体，实现了熵的减少。审视监测的主要任务是尽可能地获取全面而准确的危机信息，这是进行编码处理和抽象分析的前提。总体而言，审视监测是企业危机预警的基础，关系到企业危机预警的成败。对于有些危机信息的审视，如地震、台风等外部灾情，以及企业内部各类生产经营危机事件，由于专业性和技术性要求较高，只有具备一定专业知识的人员才能完成。

2. 编码处理

编码处理就是根据一定的标准，对监测和搜集到的企业危机信息进行简单处理的过程。从一定意义上讲，编码处理是监测人员根据自身知识和相关程序格式化处理危机信息的过程。经过编码处理后，零散的无序信息变得有序，并获得个人知识形态。需要指出的是，编码处理只是简单的分析，并非综合性的全面研究，所以在这一阶段还无法得出结论。

3. 抽象分析

抽象分析就是企业组织专家学者，对复杂的信息资料进行深入分析研究，把握数据之间的联系，找出具有规律性内在本质的过程。抽象分析的目的是对危机信息进行高度概括，这种概括是基于一定理论的深入研究过程，而非肤浅的感性总结。抽象分析是根据预警指标对企业危机信息进行处理，并做出定论的集体行动，决定着危机信息的形态和级别。经过抽象分析，各种危机信息被加工处理，成为企业控制的知识形态。抽象分析的结果不仅要准确，还要简洁。准确是成功预警的前提；简洁则便于危机信息在企业内外扩散和被公众吸收。例如，在台风预警中，气象部门对搜集上来的台风相关信息进行分析和抽象处理，然后判断台风等级和运行路径，并用一定的颜色（一般是红橙黄蓝四色，不同颜色代表不同的等级）符号把危机信息发布出去，以便采取有效的应对措施。

4. 扩散发布

扩散发布是把抽象分析后的精简的危机信息与相关人员共享的过程。通俗地讲，扩散发布就是企业向内外部发出危机信息的过程。危机信息一旦进入扩散发布阶段，就变成公共知识，以社会普遍接受的形态进行传播。例如，我国在对台风和暴雨等灾害天气的预警中，通过广播电视、互联网等传播媒介，把经过抽象的简洁符号及时向社会扩散出去，较好地实现了信息交流与共享，有效地提高了地方政府和社会各界应对灾害的能力。

5. 吸收响应

吸收响应是危机预警的最终环节，是影响危机预警效果的重要因素。企业外部公众、企业员工等接收到企业发出的警报后，要对危机信息进行学习和理解，使其变为自己的知识。从知识形态看，吸收就是接收者新旧知识竞争或融合的过程，接收者对信息的认可度和理解度，决定着危机信息的吸收状况。经过吸收内化，作为社会公共知识的危机信息成为个人知识的一部分，指导危机防控行为。

总之，企业危机预警是一个复杂的有机系统，涉及经济、政治、文化和技术等多方面因素。其过程包括审视监测、编码处理、抽象分析、扩散发布和吸收响应五个重要环节。在企业危机预警过程中，审视监测是前提，编码处理是基础，抽象分析是核心，扩散发布是关键，而吸收响应则是目的。这五个环节都是不可或缺的。虽然五个环节在信息空间所处的位置不同，但是它们之间相互联系，共同作用于企业危机预警实践。

二、不同类型的企业危机预警

（一）采购过程质量危机预警

2013年3·15晚会中曝光了某千足金产品质量不达标问题，该问题产生的原因之一是采购过程不合格，可见采购过程质量危机预警在整个质量危机预警方面有着举足轻重的作用。因此，企业应完善采购过程质量危机预警模型，以减少与规避因采购质量引发的产品质量危机。

这里，我们主要以采购过程为对象，设计质量危机预警程序，建立质量危机预警模型，以便有效监控采购过程质量，降低质量危机发生概率及危害度。

采购过程可分为采购计划制订、供应商评价与选择、采购合同管理、物料供给满意度评价、内外部顾客反馈五个过程，企业可根据这五个过程设计质量危机预警程序。

① 采购计划制订过程质量危机预防与监控要素：需求计划申请与审核流程的完备性与执行力；计划编制与确认流程的完备性与执行力。

② 供应商评价与选择过程质量危机预防与监控要素：资格审查流程的完备性与执行力；物料质量特性的稳定性、过程能力预评价；预评价流程的完备性与执行力；选择流程的完备性与执行力。

③ 采购合同管理过程质量危机预防与监控要素：合同管理流程的完备性与执行力；进货检验实施流程的完备性与执行力；物料关键质量特性的稳定性监控；相对不合格品率。

④ 物料供给满意度评价过程质量危机预防与监控要素：满意度评价体系的完备性与执行力；供应商改进监督流程的完备性与执行力。

⑤ 内外部顾客反馈过程质量危机预防与监控要素：内外部顾客投诉处理率。

（二）生产运作过程质量危机预警

产品质量危机是指在产品生产或流通过程中由产品质量问题引发的危及人身健康、财产安全，并在社会中产生一定影响，从而使顾客投诉增加、企业信誉乃至生存面临重大威胁的突发性事件。生产运作过程质量危机预警对质量危机管理成败起着至关重要的作用。近年来，我国非常重视产品质量危机的监督管理，出台了一系列质量监督管理政策。在理论层面，国内外学者也进行了大量有关质量控制的理论研究。在这些政策与理论研究成果的指导下，产品质量总体水平有了较大提高，但产品质量危机事件仍频繁发生，企业应通过建立危机预警系统，建立企业危机预警、预控等管理流程来防范质量危机。因此，建立生产运作过程质量危机预警模型，帮助企业减少与规避产品质量危机是十分必要的。

有学者提出了生产运作过程质量危机预警程序，该程序涉及生产准备过程、生产过程、产品防护与交付过程的共计 13 个质量危机预防与监控要素。

1. 生产准备过程质量危机预防与监控要素

① 生产准备过程策划结果满足度：生产准备过程策划形成的过程流程图、过程物料选择及其质量标准建立、监视与测量计划、测量系统分析、产品标识和可追溯性控制程序等文件满足要求的程度。

② 资源准备满足度：人、机、料、法、环、测等相关生产准备及设备验证、工艺验证结果满足要求的程度。

③ 初始过程稳定性评价执行力：对设备性能确认、样品试制与预生产过程初始稳定性进行评价、分析与改进，使初始过程处于稳定状态。

④ 初始过程能力评价执行力：对样品试制与预生产过程关键质量属性的初始过程能力指数进行计算、评价及改进，使初始过程能力满足要求。

2. 生产过程质量危机预防与监控要素

① 生产过程策划结果实施执行力：生产准备过程策划形成的文件的执行力及其改进措施的有效性。

② 资源满足度：生产过程人、机、料、法、环、测等资源满足要求的程度。

③ 过程监视与测量控制执行力：生产过程监视与测量及其结果分析过程满足要求的程度。

④ 生产过程稳定性监控执行力：基于控制图或其他闭环在线控制的过程稳定性监控程序的完善性、执行力及改进措施的有效性。

⑤ 生产过程能力监控执行力：基于过程能力指数的生产过程能力监控程序的完善性、执行力及改进措施的有效性。

⑥ 产品放行检验过程监控执行力：生产过程输出成品放行质量检验过程的完善性、执行力及改进措施的有效性。

⑦ 相对不合格品率：不合格品率监控程序的完善性、监控结果改进措施的有效性。

3. 产品防护与交付过程质量危机预防与监控要素

① 产品防护与交付控制执行力：产品防护及其后续交付过程控制效果及交付质量监控程序的完善性、执行力及改进措施的有效性。

② 内外部顾客投诉处理率：后续交付、销售、服务过程及顾客投诉中与生产运作过程相关的质量问题改进措施的有效性。

（三）企业人力资源危机预警管理

近年来，国内外环境错综复杂，经济下行压力较大，经济转型问题成为我国经济发展中最受关注的问题之一。在当前经济背景下，企业工作流程变化较快，人才流动越来越频繁。人才流失导致企业需要重新招聘，而新员工的融入又会耗费更多的人力成本，进而对企业的经营发展造成一定的负面影响。为了尽可能减少这类影响和损失，企业应在危机潜伏期做好危机预警管理，及时识别危机并采取相应的预防措施。

针对人才流失危机，企业要进行人力资源危机预警管理。具体来说，企业应通过建立危机预警模型，分析员工从企业流出的合理性和容易程度，验证人才流失与员工性格等心理因素的相关性。

企业应该基于不同视角构建人才流失预警指标体系，如企业可以从工作满意度的角度建立人才流失预警测量表，包含工作自主性、工作重要性、行业发展等项目，并在设置人才流失预警警限的基础上提出管理对策；也可以基于工作压力构建人才流失预警指标体系，关注员工离职征兆，如出勤率下降、抱怨增多等。

1. 企业人力资源预警系统模型

企业人力资源预警系统的管理对象主要是企业人力资源波动和失误。企业人力资源波动和失误，具体表现为企业人力资源组织、开发和管理中的种种问题，其发展趋势包括良性和劣性两类，这两类交互发生。企业人力资源预警系统中的预警功能，是对企业人力资源的劣性趋势进行监测与识别，再加以诊断，在此基础上进行防控，以免企业步入人力资源危机状态。对企业人力资源的预警防控会产生两种结果：正确有效的管理过程使企业人力资源劣性波动转变为良性波动；错误的管理过程使人力资源劣性波动加剧，从而使企业步入危机状态。由于企业人力资源预警系统可以对人力资源进行"危机管理"，因此预警与防控活动的成功结果是企业人力资源功能恢复正常，呈现良性运动，企业进入经营顺境；失败结果是组织全线崩溃，整体进入瘫痪状态。企业人力资源预警系统的运转就是要有效地促进前者而防范后者。企业人力资源预警系统模型是在企业中实施预警管理的指南，相关学者提出了企业人力资源管理预警系统模型，如图3.1所示。而要在企业管理实践中成功应用企业人力资源预警系统模型，关键在于预警指标体系的构建。

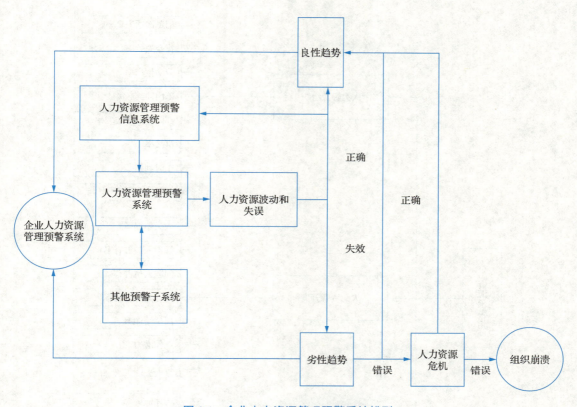

图 3.1 企业人力资源管理预警系统模型

资料来源：佘廉，胡华夏，王超，1999．企业预警管理实务[M]．石家庄：河北科学技术出版社．

2．企业人力资源预警指标体系

企业人力资源管理领域的问题，主要体现在企业人力资源组织缺陷严重、人力资源开发与管理问题突出、人力资源激励机制低效、企业管理者能力匮乏、人才流失严重等方面。

有学者按照人力资源管理理论的基本分类方式，将人力资源预警分为 3 个模块，遵循敏感性、独立性、可测性和规范性原则，设计了数十个预警指标，通过问卷调查，剔除了未被企业管理人员认可的指标，保留了被认可的 25 个指标，现按选择比例的高低依次排列，如图 3.2 所示。

需要说明的是，对于人力资源组织，这里主要侧重于运用信息沟通失真率、指令失效率等动态指标对组织功能发挥状况进行监测，由于组织结构的合理性可采用组织诊断的常规方法进行评价，故没有设计静态指标。

3．企业人力资源危机预警管理流程

建立预警系统模型和预警指标体系是企业人力资源预警管理的基础工作，而实际操作过程中的重点是选择和实施预警流程。

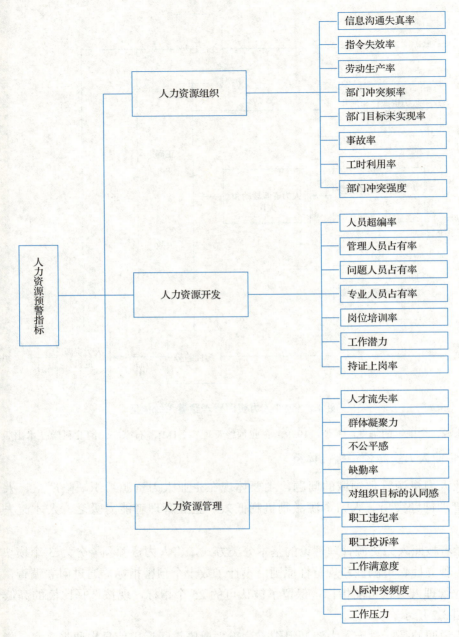

图 3.2　企业人力资源预警指标体系

资料来源：佘廉，胡华夏，王超，1999. 企业预警管理实务[M]. 石家庄：河北科学技术出版社.

预警流程是对企业的人力资源管理状态进行识别、分析与评价，并发出警示的管理活动，包括监测、识别、诊断和评价四项内容。

监测是预警系统开展工作的前提，包括对人力资源组织、开发与管理全过程进行监测，以及对大量监测信息进行处理。

识别是通过对监测信息的分析，应用预警指标对企业人力资源管理状态进行判别。例如，人才流失率是重要的预警指标，尤其是关键人才跳槽的情况应引起管理者的高度警惕；当员工的群体凝聚力、对组织目标的认同感、工作满意度低于警戒值，或不公平感、职工投诉率高于警戒值时，预警系统就要立即发出预警信号。

诊断是对已被识别的各种危机征兆进行成因分析和发展趋势预测，以明确哪些现象是主要的，哪些是从属的。例如，预警指标的超限现象可能反映出绩效考核工作不力、选择或招聘人才不当、工资激励制度缺乏力度、权力与责任不对等、奖惩制度不够公平合理、精神激励不够等问题。

评价主要是对已被确认的危机征兆进行损失性评价。诊断和评价是技术性的分析过程，为企业采取正确的防控对策或危机管理对策提供科学的判别依据。

案例 3-3

美国 OpenAI 公司高层震荡引发关注

2023 年 11 月，美国人工智能公司"开放人工智能研究中心"（OpenAI）高层出现人事震荡。该公司创始人之一、前首席执行官奥尔特曼"被离职"，之后加盟美国微软公司，短短几日后又重返 OpenAI 担任原职。这一系列变动持续发酵，引发业界和公众关注。

作为全球知名的人工智能研究机构，OpenAI 近年来一直是最受关注的科技公司之一。2022 年，OpenAI 推出大语言模型 ChatGPT，掀起了生成式人工智能的热潮，奥尔特曼也成为科技界风云人物。

2023 年 11 月 17 日，OpenAI 董事会突然宣布，奥尔特曼辞去首席执行官职务并退出董事会，与其同为 OpenAI 创始人的布罗克曼辞去董事会主席一职。董事会在一份公报中称，奥尔特曼离职是董事会经审议后作出的决定。董事会认为"他在与董事会的沟通过程中没有始终保持坦诚，妨碍了董事会履行职责的能力"，董事会不再相信他有继续领导 OpenAI 的能力。

美国有线电视新闻网报道，引发此次震荡的一个关键因素是奥尔特曼和 OpenAI 董事会成员之间的紧张关系。奥尔特曼在开发人工智能方面态度较为激进，而董事会成员则希望能更加谨慎地采取行动。尽管奥尔特曼经常在公开场合指出要警惕人工智能带来的风险，但私下一直在推动公司更快地将产品推向市场，通过销售产品获利。

奥尔特曼"被离职"两日后，美国微软公司首席执行官纳德拉在社交媒体上宣布，奥尔特曼将加盟微软，领导新的高级人工智能研究团队。其在 OpenAI 的同事也将一起加盟微软。微软期待迅速采取行动，为这一研究团队取得成功提供所需的资源。

奥尔特曼对此表示，他和纳德拉的首要任务仍是确保 OpenAI 继续蓬勃发展。

舆论认为，奥尔特曼的加盟无疑将为微软人工智能部门注入新的活力，也将进一步推动微软在人工智能领域的布局。

美国媒体报道，奥尔特曼"被离职"后，数百名 OpenAI 员工发表公开信要求公司董事会辞职，指责其对于奥尔特曼的解雇处理不当，并威胁要从 OpenAI 辞职，与奥尔特曼一起跳槽到微软。

2023 年 11 月 21 日，事件出现"戏剧性"反转。OpenAI 在社交媒体上称，该公司已"原则上达成协议"，让奥尔特曼重新担任 OpenAI 首席执行官，并组建新的董事会。

随后，奥尔特曼表示，自己热爱OpenAI，过去几天所做的一切都是为了让这个团队与其使命保持一致。"当我周日晚上决定加入微软时，很明显这对我和团队来说是最好的一条路。在新董事会和纳德拉的支持下，我期待重返OpenAI，并巩固我们与微软牢固的合作伙伴关系。"

纳德拉也发文称，对OpenAI董事会的变化感到鼓舞，相信这是通向更加稳定、信息充足、有效的管理道路上的重要第一步。他期待微软与OpenAI共同为客户和合作伙伴展现下一代人工智能的价值。

美国媒体报道，微软是OpenAI最大投资方和重要合作伙伴。OpenAI成立至今，微软共向OpenAI投资约130亿美元。微软一直在为OpenAI提供其人工智能研发所需的强大计算能力，并协商了一系列法律和商业协议，以便在出现问题时为其提供保护。微软还与OpenAI签署了一项协议，使其能获得OpenAI开发的最尖端技术的副本。

《纽约时报》援引前微软部门高管索马西格的话称，"无论发生什么，微软都是最终的赢家"。

资料来源：http://www.news.cn/2023-11/23/c_1129990802.htm(2023-11-23)[2023-11-29]。

（四）基于反竞争情报的企业危机预警系统

面对竞争激烈的市场环境，如何保护企业信息安全、提高企业危机预警能力，是反竞争情报研究的重要课题。当前情报信息获取与传播技术的高端化、便捷化，极大地增加了高端生产与管理技术泄露的可能性。对于新技术研发企业，关键信息的泄露往往会导致企业失去竞争优势，并引发企业危机。

1. 反竞争情报与危机预警的关系

（1）反竞争情报与危机预警功能契合

对企业危机信息（包括企业环境信息）进行预测、分析、评估、警示，从而保护企业是危机预警的主要功能。反竞争情报的主要功能是对竞争对手及企业环境信息进行监测、评估并保护企业机密信息等。二者在对企业环境信息进行监测、分析处理、评估和保护企业等功能上具有很高的契合度。

（2）反竞争情报与危机预警目标一致

反竞争情报的目的是更好地获取外部信息，如竞争环境态势、竞争对手的竞争情报活动、市场机会与威胁等，最终服务于领导层的战略决策，更侧重于防范其他企业的竞争情报活动及保护本企业核心信息的安全。因此反竞争情报与危机预警的目标一致，都旨在减少或避免企业危机的发生，促进企业的持续经营。

2. 企业基于反竞争情报的危机预警系统

总体上，企业基于反竞争情报的危机预警系统由五部分构成：环境信息、反竞争情报子系统、情报信息数据库、危机预警子系统和决策层，其中反竞争情报子系统和危机预警子系统尤其值得注意。

(1) 反竞争情报子系统

一个完整的反竞争情报子系统包括情报信息保护系统和反竞争情报预警系统两部分，各部分的作用不同。

情报信息保护系统的主要功能是对企业信息和网络的监控与保护。

反竞争情报预警系统主要是针对企业外部环境的，一方面要监测、搜集竞争环境态势的信息，如企业竞争机会、企业市场地位等信息；另一方面要对竞争对手进行追踪，目的在于反击竞争对手的竞争情报活动。

企业通过情报信息保护系统和反竞争情报预警系统，对环境信息进行搜集、分析、处理，最终将筛选出的关键信息输入企业情报信息数据库，为企业危机预警系统做支撑。

案例 3-4

全国冶金和铝加工（深井铸造）企业安全生产风险监测预警系统

2023年8月23日，全国冶金和铝加工（深井铸造）企业安全生产风险监测预警系统建设现场工作会在云南省曲靖市富源县召开。会议听取了试点省份在线监测预警系统建设情况，研究分析存在的突出问题，安排部署下步工作。当天，与会人员现场观摩了云南锴晟新科技有限公司和云南云铝泽鑫铝业有限公司的监测预警系统建设情况。在交流会上，试点省份分享了关于冶金和铝加工（深井铸造）企业安全生产风险监测预警工作的经验做法。应急管理部相关负责人表示，各试点地区要继续推进相关企业完成数据接入工作，加强与相关部门、技术支撑单位的沟通和协调；要抓紧开发监测预警模型，进一步研究现有的风险评估指标体系，加强对接入数据的分析和挖掘，提出修改完善风险预警模型的意见建议；要统筹考虑，提前谋划推动明年的工作。

云南省应急管理厅相关负责人介绍，云南省将进一步聚焦工作任务，加快推进监测预警系统建设，深入开展工贸行业重大事故隐患专项排查整治2023行动，全面提升工贸行业企业安全风险监测预警水平和能力，推进工贸行业企业安全生产治理模式向事前预防转型。据了解，云南省共有21户铝加工（深井铸造）企业、95个浇铸炉、65个铸井，分布在8个州市。截至2023年8月，云南省铝加工（深井铸造）企业安全生产风险监测预警系统已接入13家企业、31个铸井、22路视频，并与应急管理部的平台完成对接，可实时推送有关数据和预警信息。

资料来源：http://www.yn.xinhuanet.com/20230824/0a07b8ad1bdc40cc85b4d340cbeb00a6/c.html(2023-08-24)[2023-11-04]。

(2) 危机预警子系统

危机预警子系统的作用是对反竞争情报子系统输出的信息进行识别、诊断、分析、评估及发出报警。而要实现这一信息处理过程，需要确定企业危机预警指标体系和预报警度。为此该系统须包括以下六大模块：预警设置模块、指标录入模块、权重区间确定模块、计算模块、比较判断模块和报警模块。该系统通过这六个模块对情报信息进行分类、研究，判断所分析的情报信息是否达到危机警戒线，当某项指标达到一定警度时，系统就会发出警报，并根据需要生成危机报告和监测报告，最终辅助决策层做战略分析。

3. 反竞争情报的企业危机预警流程

第一，反竞争情报需要对企业内部环境信息进行搜集和监测，必须明确情报搜集的方向、对象和内容等，制定信息搜集的方法、策略，并对收集到的信息进行分析、整理，将其输入到情报信息数据库中。

第二，危机预警系统通过信息诊断、关键信息识别、危机信息分析来发现危机信息，监测企业运营状况的波动和内外环境的异常变动，确认监测指标所处的危机状况，并对危机信息进行诊断，以确定是否需要报警。如果危机信息达到警戒线，则需要向决策层提交预警报告，针对可能发生的危机提出解决方案。

（五）新创企业危机预警监测指标体系

在"互联网+"背景下，关于企业情报的风险识别与危机预警工作需要在"互联网+"思维指导下进行创新变革。这对于企业发展尤其是死亡率较高的新创企业的生存具有重要的现实意义。基于"互联网+"思维的新创企业危机预警监测指标可参考表3-1。

表3-1 基于"互联网+"思维的新创企业危机预警监测指标

序号	类别	具体指标
1	用户	用户需求、用户消费水平、用户满意度、用户黏度、新进入用户量、用户反馈评价、用户信息管理等
2	新创企业商业模式	商业模式选定、商业模式的可行性、商业模式的科学性、商业模式与组织的匹配度、管理层对商业模式的认知度、商业模式柔性等
3	新创企业资源获取	核心资源类、资源来源、资源获取程度、资源获取困难、内部资源开放状况、外部资源获取方式、外部资源开放程度、企业联盟资源共享的实现等
4	新创企业信用状况	社会网络关系组建与维护、与供应商合作商信用、产品信用、服务保障信用等
5	学习能力	"互联网+"的学习程度、知识整合能力、企业学习意识、情报意识、管理者自我学习能力、员工培训重视度与次数、企业内部文化组建、知识管理制度等
6	创新能力	创新意识、创新方式、创新内容、创新优势、创新接受度、创新效果等
7	产品	产品创新、产品研发周期、产品研发技术、产品价格制定、产品引入模式、市场份额、竞争产品比较、产品原料供应商等
8	财务	现金流、融资方式、融资金额、融资难易度、成本变化、短期借款、长期借款、资产负债率、利润率等
9	营销	营销策略制定与选择、营销策略科学性、营销团队组建、营销渠道扩展、营销效果评价
10	外部环境	法律法规、行业条例、行业发展趋势、市场饱和度、知识产权、互联网发展趋势、互联网技术、新媒体与自媒体运营发展、竞争对手发展状况等

三、企业危机预警方法

（一）企业危机预警方法的类型与优缺点

目前危机预警方法主要有三类，即指数预警类方法、统计预警类方法和模型预警类方法。

指数预警类方法是通过制定综合指数来评价监测对象所处的状态。目前该类方法主要应用于宏观经济领域（如景气指数法），用来预测经济周期的转折点和分析经济的波动幅度。

统计预警类方法主要是通过统计方法来发现监测对象的波动规律。该类方法在企业财务危机预警中应用很广泛。其使用的变量少，数据收集容易，操作比较简便。该类方法包括多变量判别分析法、Logistic 回归分析方法等。

模型预警类方法是通过建立数学模型来评价监测对象所处的状态，在监测点比较多、比较复杂时运用较多。数学模型分为线性模型和非线性模型，主要经济变量之间有明确数量关系的就可用线性模型预警，而非线性预警模型在处理复杂的非线性系统方面有较大的优势。

以下讨论几种常用的危机预警方法。

1. Logistic 回归分析法

Logistic 回归分析法是统计方法的一种，也被广泛运用到预警领域。其具体方法是通过选择样本和定义变量进行描述性统计及简单指标检验，先根据检验结果进行变量间的相关性分析，剔除高度相关的变量，在此基础上进行 Logistic 回归，然后选择最优概率阈值（分割点），阈值就是预警的临界点。对所得到的预测方法和效果进行检验，可以得到最终的可以信赖的模型。

2. 多变量判别分析法

多变量判别分析法是对研究对象所属类别进行判别的一种统计分析方法。进行判别分析前必须已知观测对象的分类和若干表明观测对象特征的变量值，判别分析就是从中筛选出能提供较多信息的变量，建立判别函数，然后通过判别函数来确定预警临界值并进行预测。

3. 基于人工神经网络的预警评价方法

人工神经网络是在对大脑生理研究的基础上，把模拟生物神经元某些基本功能的组件（即人工神经元），按各种不同的联结方式组织起来的一个网络。其目的在于模拟大脑的某些机理与机制，通过事先不断地学习，实现自学习的功能。人工神经网络模型主要是基于反向传播（Back Propagation，BP）的神经网络模型。BP 神经网络是基于误差反向传播算法的一种多层前向神经网络。由于 BP 神经网络的神经元采用的传递函数通常是 Sigmoid 型可微函数，可以实现输入与输出间的任意非线性映射，因此在模式识别、风险评价、自适应控制等方面有着广泛的应用，目前广泛应用于预警指标评价。在预警指标历史数据比较少，且为非线性变化的情况下，可用人工神经网络方法对预警指标进行自学习的评价。

4. 智能化预警支持系统

智能化预警支持系统是决策系统的一个重要分支，随着神经网络、案例推理、模糊推理、规则推理等技术逐渐进入预警领域，智能化预警支持系统的知识表示和推理也有了新的理论和方法。其中，案例推理技术在预警领域的应用非常广泛。基于案例推理的智能化预警支持系统先对预警对象进行特征描述，根据这些特征，在案例库中检索相似案例，比较旧案例与新问题的异同，即通过对预警信息与案例库所存信息进行比较来达到预警的目的。

5. 失败树预警法

预警实质是一种预先防范失败的方法。失败树预警法就是对已经发生的失败事件进行分析，此时失败事件的路径、因素和失控条件相对而言是确定的，失败树的结构是明晰的。通过对大量失败的实践活动进行总结，可从管理角度构建图示清楚的失败树。失败树的构建将有利于传授失败预防知识。

上述方法的优缺点如下。

第一，Logistic 回归分析法和多变量判别分析法属于基于统计的预警方法，其使用变量少，数据收集容易，操作比较简便，但存在以下缺点：统计方法内的参数必须满足多元常态分配的假设（如正态）；对输入的错误资料具有容错性，无法自我学习与调整，无法处理资料遗漏状况；属于静态预警方法。这两种方法主要应用于企业财务危机的预警，运用时需要特别注意变量的选择以及样本的代表性，目前较多采用的变量有股权集中系数、现金流量等。

第二，基于人工神经网络的预警评价方法则主要用于非线性变化的情况，虽然它对数据的分布要求并不严格，具有自学习、自组织和自适应的特征，并且兼具并行结构和并行处理、知识的分布存储、容错性等优越性能，但是 BP 算法存在着自身的限制和不足，其对于一些复杂的问题需要较长的学习时间，有时会使网络权值收敛到一个局部极小解。

第三，基于案例推理的智能化预警支持系统不仅能进行定量预警，还可以运用专家知识进行定性预警。一方面，案例推理具有记忆性，对同一个问题不用重复相同的预警过程，可以直接从案例库中得出结论；另一方面，可以利用案例中隐藏的知识，补充预警模型的不足，充分发挥该领域专家在预警过程中的主导作用。但是目前此种方法还处于不断完善之中，因为其对很多预警对象的表现还认识不清。但从预警方法来说，这是以后预警方法的发展方向。

第四，失败树预警法主要用于工程预警。对于企业失败（由经济、社会、政策、经营理念和领导素质等因素引起的失败），由于其失败原因难有规律可循，因此较难建立失败树。

除上述方法外，还有景气指数法、基于概率模式分类法、序贯判别法，以及基于经济附加值的企业财务预警方法等。

每种危机预警方法在使用时都有局限性，所以我们在实际应用中要有针对性地选择适合的方法进行预警。针对复杂的情况，可以结合不同的预警方法来进行综合预警，以提高预警的可靠性。

(二)基于多专家灰色综合评价的企业财务危机预警方法

财务风险是企业重点关注的风险之一,财务状况好坏直接关系到企业能否持续生存。将系统性风险指标纳入企业财务危机预警框架,有助于企业完善财务风险防控长效机制。一般情况下,根据财务状况,主要可将企业分为两类:特殊处理(Special Treatment,ST)公司和正常公司(非 ST 公司)。ST 公司是指财务状况异常的公司,而非 ST 公司则表示财务状况正常的公司。财务状况异常的公司不仅会给投资者带来巨大的损失,还会给公司后期的经营带来巨大的压力,因此如何根据财务状况进行预警显得十分重要。随着互联网的发展,特别是进入大数据时代后,数据存储十分便利,企业积累了大量关于偿债、经营等的财务历史数据,充分利用这些数据将有利于对企业的财务风险进行良好的预警。然而这些数据中变量繁多且关系复杂,如何利用这些复杂关系,从中筛选出对财务风险影响较大的因素,从而建立一个高效、预测性强的财务风险预警模型,对于企业自身的发展和投资者的利益来说都十分关键。建立财务风险预警模型的核心问题是筛选合适的风险指标,在大数据时代,财务指标越来越多,这一问题也更加突出。

经过理论界与实务界的共同努力,财务危机定量预警方法已从传统的统计方法发展为基于人工智能技术的机器学习方法。以财务危机定量预警方法进行财务危机预警,具有动态性、高速性和自动化预警的优点,但是也有其自身的局限性,即没有充分考虑专家的经验知识以及非财务信息对财务危机预警的重要作用。因此,如何利用多个专家的经验和知识,以及企业内外部各种定性的财务及非财务信息,来为企业财务危机预警服务就非常关键。基于多专家灰色综合评价的企业财务危机预警方法,能充分利用多专家的经验知识以及大量财务及非财务信息,评价企业出现财务危机的可能性并发出预警信号,从而在一定程度上弥补了单纯依靠定量预警方法进行财务危机预警的局限性。通过构建财务危机预警的两层次定性指标体系,不但纳入了财务信息,而且综合了大量的非财务信息。通过具体设计财务危机可能性评价的灰类及其对应的灰类和白化权函数,可以实现灰色综合评价群决策方法与企业财务危机预警问题的有机融合。

基于多专家灰色综合评价的企业财务危机预警方法的基本设计思路是:通过多个专家对企业当前财务危机警源风险因素状况及总体财务状况的评价,推断企业陷入财务危机的可能性。主要包括两部分内容:定性指标体系和财务危机可能性的灰色综合评价。

1. 定性指标体系

财务危机可能性评价的定性指标体系设计有两个层次:第一层包含外部环境、项目投资、市场信息、管理控制、债务风险意识、公司治理及财务能力 7 个一级定性指标;第二层包含一级定性指标下的若干二级定性指标。

$V1$,外部环境。

$V2$,项目投资:$V21$,项目投资计划的调查论证;$V22$,正在实施的投资项目风险程度;$V23$,当前厂房设备的闲置程度。

$V3$,市场信息:$V31$,开展客户需求分析和调查的力度;$V32$,对更新换代新产品研发的重视程度;$V33$,对生产要素供应渠道信息的关注程度;$V34$,对已有或潜在竞争对手的关注程度。

V4，管理控制：V41，企业管理层的决策效率；V42，财务会计制度的完善程度；V43，开展全面预算管理的力度；V44，重要岗位人力资源结构合理化程度。

V5，债务风险意识：V51，债务筹资方案可行的论证程度；V52，一年内到期债务偿还的计划程度；V53，债务所筹资金用途的明确程度；V54，债务筹资来源的多元化程度。

V6，公司治理：V61，董事会的有效性；V62，股权结构的合理性；V63，激励和约束机制的有效性；V64，信息披露质量。

V7，财务能力：V71，与同行相比的盈利能力水平；V72，与同行相比的偿债能力水平；V73，与同行相比的营运能力水平；V74，与同行相比的发展能力水平。

2. 财务危机可能性的灰色综合评价

对企业发生财务危机的可能性进行评价，需要先分析众多不确定因素，然后进行综合判断与决策。由于很多影响企业未来财务状况的因素本身就无法量化，或者某些因素的具体信息无法完全获得，定性指标与财务危机可能性之间本质上形成了一种灰色关系，因此，适合用灰色系统理论进行处理。评价灰类及白化权函数是进行灰色综合评价的基础，往往需要根据具体的评价问题进行具体设计。灰类及白化权函数设计是否合理，直接关系到评价结果的可靠性。

拓展阅读 3-2

暴雨红色预警继续，多部门部署应对工作

2023 年 7 月 29 日开始，华北、黄淮一带降雨逐渐铺展，京津冀鲁豫晋等地部分地区出现暴雨或大暴雨，局地现特大暴雨。中央气象台 7 月 30 日继续发布最高级别的暴雨红色预警。监测显示，过去一天部分地区最大小时降雨量达 40 至 90 毫米，河北邢台局地累计雨量达 479.6 毫米、山西晋城局地 438.4 毫米。

我国气象上对暴雨的划定标准是 24 小时总雨量达到 50 毫米、12 小时总雨量达到 30 毫米。50 毫米降雨若均匀分布在 24 小时内，给人的感觉是细雨纷飞；若在短时间内集中出现，则让人感到暴雨倾盆。

此外，大暴雨和特大暴雨降雨量的标准则更高，如 24 小时降雨量大于或等于 250 毫米、12 小时降雨量大于或等于 140 毫米，才能称为特大暴雨。因此，虽然都在暴雨行列，但不同量级的暴雨造成的观感可能大相径庭。

暴雨洪涝是我国最常见、最严重的自然灾害之一。不管是什么量级的暴雨，都需要引起足够重视，做好相关防范。

当前，国家防总针对京津冀晋豫启动防汛二级应急响应，并派出 5 个工作组在北方重点区域协助指导防范应对工作。应急管理部在 7 月 30 日组织的防汛专题视频会商调度会上指出，要充分考虑本轮强降雨过程的极端性和不确定性，细化防御重点方向和重要部位，强化局地极端暴雨洪水和山洪、滑坡、泥石流灾害的临灾监测预警，全面落实直达基层责任人的"叫应"机制。

水利部 7 月 30 日 12 时将京津冀洪水防御应急响应提升至 Ⅱ 级，要求有关省市即刻进入应急响应工作状态，迅速周密有序做好蓄滞洪区运用准备，科学精准实施水工程防洪调度，充分发挥骨干水库拦洪削峰错峰的作用，加强河道应急清障和堤防巡查防守。

中国气象局在部署汛期气象服务工作时提出，尽最大能力提高预报精准度，滚动更新发布最新实况信息，强化预警发布，打通预警信息"最后一公里"。

专家提醒，公众需关注当地最新预报预警及交通信息。暴雨期间应尽量避免户外活动，在户外需避开广告牌、脚手架等易倒塌的设施，不要在积水路段行走。开车需减速慢行、保持车距，注意绕开低洼路段，避开路面上被风刮倒的树枝、路牌等散落物。山区居民要尽早撤离至安全地带，不要在雨天进入山区沟谷，远离河道等风险区域。

资料来源：http://www.xinhuanet.com/2023-07/30/c_1129776708.htm(2023-07-30)[2023-11-06]。

第三节　企业危机预控

危机预控，是指履行危机管理职能的企业在确认突发事件即将发生，或发生的可能性增大，或刚刚发生但尚未造成损害，并发出预警之后，为了阻止事件的发生，或限制事件的发展，或避免和减轻事件可能造成的危害，所采取的防御性、控制性、保护性措施。

一、企业危机预控的必要性

对于即将发生的特大雨雪冰冻灾害，如果有关部门能加以重视并做好充分准备工作，将会减小损失。这里所指的"充分准备"，正是一个介乎危机预警和应急处置之间的过渡性的应急管理阶段——危机预控阶段。

对于危机预控的必要性，可从以下几个方面来理解。

① 从时间上看，尽管预控措施可能实施于危机发生之前，也可能实施于危机刚刚发生却未升级、扩大并造成严重损害之前，但必定实施于预警发布之后。也就是说，危机预控是衔接危机预警和紧急处置的中间环节，它既是危机预警的后续措施，又为危机发生（或升级、扩大）后的紧急处置做必要的准备。

② 从目的上看，危机预控是为了阻止危机的发生，或限制危机的发展，或避免和减轻危机可能造成的损害而采取的措施。对于某些突发事件，在出现危机征兆之后，如果及时采取预控措施，将有可能阻止其发生，即便不能阻止也可能减小其不利影响。

③ 从具体内容上看，危机预控主要采取的是预备性、防御性、保护性措施，即调动各种应急资源，有重点地加强部分日常工作，采取部分避险措施。

二、企业危机预控的功能与原则

（一）危机预控功能

危机预控主要有以下功能。

① 尽量阻止危机的发生。

② 如果不能阻止危机的发生，则缓解和限制危机的发展。

③ 如果不能阻止危机的发生或缓解和限制危机的发展,则避免或减轻危机可能造成的损害。

案例 3-5

唐家山堰塞湖抢险取得决定性胜利

2008 年 5 月 12 日汶川大地震后,北川羌族自治县唐家山形成了一个特大型堰塞湖,蓄水量逐渐上升,从最初的 3000 万立方米,上涨至 7000 万立方米、1 万立方米、2 亿立方米,到 6 月 10 日凌晨达到最高值时接近 2.6 亿立方米,被专家评为"极高危级"。

唐家山堰塞湖坝前水位从 2008 年 6 月 10 日 1 时 30 分达到最高水位 743.10 米后,因泄流槽流量不断加大,水位开始回落。17 时左右,泄流槽底部受流水冲刷,堰塞湖库容量减少了近 1.2 亿立方米。

从 6 月 7 日 7 时 08 分唐家山堰塞湖泄流渠开始泄流以来,泄流流量不断加大。10 日上午,唐家山堰塞湖泄流槽最大泄流量达到每秒 6500 立方米。

从 10 日 10 时许,洪峰经过堰塞湖下游的县城、通口电站、香水、宝成铁路涪江大桥。17 时 18 分,洪峰顺利通过绵阳,洪峰流量高达每秒 7100 立方米。唐家山堰塞湖抢险取得决定性胜利。

北川羌族自治县、江油市和绵阳市的 4 个城区经过多次核查,无一伤亡报告,创造了特大险情下无一人伤亡的奇迹。

截至 6 月 10 日 19 时,唐家山堰塞湖坝前水位为 720.25 米,泄流槽溃口宽 145 米,深 1.2 米,流量为每秒 454 立方米,库容量为 1.1 亿立方米。这标志着唐家山堰塞湖泄流槽底部成功地达到了 720 米高程的预期目标,严重威胁人民群众生命安全的"悬湖"风险得到了释放。

资料来源:https://www.gov.cn/jrzg/2008-06/11/content_1012648.htm(2008-06-11)[2023-11-04]。

案例 3-5 中,唐家山堰塞湖抢险能获得成功,有以下几点原因:一是党和国家领导人高度重视堰塞湖险情;二是改革开放以后,我国经济快速发展,已经具备了较强的抢险实力和危机应急管理的综合能力;三是在抢险过程中,切实做到了科学抢险,制定了排险和避险同步推进的科学方案;四是各部门通力合作,专家、战士勇于奉献,干部、群众密切配合,实现了预控效率的最大化;五是采取了开放的态度,积极争取国际援助,加快了排险工程进度,为成功排险争取到了宝贵的时间和空间。

(二)危机预控原则

1. 时机原则

充分利用危机爆发的潜伏期,把握好潜在危机的发展态势,作出恰当决策,将危机扼杀于萌芽状态,最大限度降低危机的危害。

2. 经济原则

在危机预控方面,企业花费的人力、财力不能危及企业正常生产经营活动,企业可通过建立危机管理小组合理组织资源，尽可能降低企业危机预控成本。

3．可操作原则

企业危机预控方案要有可操作性，要检查对各项因素的心理预期是否超出合理范围，企业环境变化是否会影响资源的正常使用。

4．避免连锁反应原则

企业可能面对多个潜在危机，因而需要重点解决主要的危机，不能"病急乱投医"，胡乱采取危机预控措施，否则会导致危机在企业内部扩散。

三、企业危机预控问题与策略

（一）企业危机预控问题及措施

在应急管理体系中，无论是在理论上，还是在实践上，人们都习惯于以反馈控制为核心，往往等问题和灾难出现以后，才举全社会之力去应对危机。其结果常常是事与愿违，事倍功半的。

企业在危机预控方面主要存在以下问题。

① 对危机预控的认识不清楚，不明确，缺乏把危机控制在萌芽状态的意识，注意力往往集中在应急阶段和恢复阶段，结果错过了把危机消灭在萌芽状态的最佳时机。

② 危机预防措施不到位，应急准备不充分，使危机预控因缺乏准备而起不到应有的作用。

③ 危机预警机制不健全，导致危机预警缺位。危机预警是危机预控的前提，没有预警信息，危机预控机制就无法启动，更不可能把危机消灭在萌芽状态；危机预警错误，就会导致危机预控机制错误启动，造成不必要的损失。

④ 危机预控能力差，指挥、协调不灵，反应迟钝，致使危机预控达不到预期的效果。

⑤ 危机预控缺乏足够的法律规范，甚至在有些方面还是一片空白。危机预控过度依赖企业领导人的危机意识和企业应急管理的动员能力。

因此，应该在以下方面加强危机预控措施：建立高效的能够执行预控任务的企业应急管理机构；平时要为企业危机预控做好充分的准备；建立切实有效的企业预警机制；使企业危机预控常态化、制度化；加强企业危机预控的理论研究。

（二）企业危机预控策略

1．排除策略

对于企业能够控制的危机诱因，如果能够将其清除，就可以消除危机，这样的策略就是排除策略。具体手段包括：远离危机程度大的风险；实施零缺陷管理，设计良好的防范机制；建立良好的信誉；迅速解决小问题。

2．防备策略

如果危机诱因难以清除，企业就需要在危机发生前做好准备工作，以防万一，这样的策略就是防备策略。具体措施包括：塑造危机意识；组建危机管理机构；做好应急预案；

准备充分的物质资源；加强与社会的沟通；强化企业计算机信息管理系统。

3. 缓解策略

在不能清除危机诱因的情况下，用各种方法尽量将危机诱因限制在一定的范围内，降低危机带来的损失，这样的策略就是缓解策略。具体措施包括：拖延危机爆发时间；削弱危机强度（如消除危机的部分诱因、减少舆论的负面影响）；增强抵御危机的能力（如研发新产品、引进新技术、提高售后服务质量等）。

4. 剥离策略

在无法完全避免潜在危机爆发的情况下，对破坏大的潜在危机的相关业务进行剥离，这样的策略就是剥离策略。具体措施包括限制危机发生的范围，减少危机可能影响的业务部门活动。

拓展阅读3-3

人民网评：安全生产要月月讲、天天讲、时时讲

2023年4月17日，浙江省金华市武义县凤凰山工业区内一厂房发生重大火灾事故，造成11人死亡；2023年4月18日，北京市丰台区北京长峰医院发生一起重大火灾事故，造成29人遇难；2023年5月1日，鲁西化工集团股份有限公司全资子公司过氧化氢装置发生爆炸着火事故，造成9人死亡，1人受伤，1人失联……2023年连续发生的这几起安全生产事故，令人痛心。

安全生产工作应当坚持安全第一、预防为主、综合治理的方针，从源头上防范化解重大安全风险。生产经营单位的主要负责人是本单位安全生产第一责任人，对本单位的安全生产工作全面负责。这些都是法律、制度中的铁规矩、硬杠杠，安全生产的红线不可逾越也已成为共识，为何安全生产事故仍频频见诸报端？

安全管理中有一个墨菲定律："只要存在发生事故的原因，事故就一定会发生，不管其可能性多么小，但总会发生，并造成最大可能的损失。"一些企业管理者把安全生产事故看作小概率事件，但实际上概率小并不意味着绝不会发生。而且越是小概率事件越容易让人放松警惕，当安全意识陷入麻痹和沉睡，小概率事件发生几乎就是必然。

也正因如此，安全生产要月月讲、天天讲、时时讲，一丝一毫不能放松，每时每刻都要抓紧。针尖大的窟窿能漏过斗大的风。只有在日常的生产生活中不放过任何一个漏洞、不丢掉任何一个盲点、不留下任何一个隐患，做到万无一失，才能避免一失万无。

安全犹如阳光和空气，往往受益而不觉，失之则悲恸。必须牢记，没有安全这个"1"，后面再多的"0"也无济于事；必须清醒，生产安全事故给社会造成的生命财产损失，给人民群众带来直接的伤害和永远的心痛，远非牺牲安全追求的效益所能弥补。

"安全生产领域的这些风险并不可怕，可怕的是对这些风险缺乏辨识和认知，甚至麻木。"电视专题片《生命重于泰山》的解说词发人深省。血的教训在身边，防风险、除隐患、保安全，相关企业必须行动起来。

资料来源：http://opinion.people.com.cn/n1/2023/0506/c223228-32679964.html(2023-05-06)[2023-09-10]。

第四节　企业应急预案

根据 2024 年国务院办公厅印发的《突发事件应急预案管理办法》（国办发〔2024〕5 号）规定，应急预案是指各级人民政府及其部门、基层组织、企事业单位和社会组织等为依法、迅速、科学、有序应对突发事件，最大程度减少突发事件及其造成的损害而预先制定的方案。应急预案是法律法规的必要补充，是应急体系的重要载体。20 世纪 80 年代末到 90 年代初，我国一些企业开始制订应急计划，以指导应急准备和应急响应。21 世纪初，我国政府层面开始编制应急预案。

应急预案是根据国家相关法律法规和标准规范要求制定的，因此预案本身是具有一定法规效力的文件。为了与相关制度在文字表述上一致，方便与国家相关法规制度对照，本书将企业应急预案、企业危机预案、企业危机计划统一称为企业应急预案。

需要明确的是，我国应急管理体系的"一案三制"是指突发公共事件的应急预案、应急机制、应急体制和应急法制。应急预案是指整体准备和预先预防、处置应急事件的制度安排；应急机制主要是指建立健全监测预警机制、应急信息报告机制、应急决策和协调机制；应急体制主要是指建立健全集中统一、坚强有力、政令畅通的指挥机构；应急法制主要是指通过依法行政，努力使突发公共事件的应急处置逐步走上规范化、制度化和法治化轨道。

一、企业应急预案的含义与功能

（一）企业应急预案的含义

从管理过程角度来看，企业应急预案是指为控制、减轻、消除企业应急事件引起的严重后果，同时规范应急事件应对活动而预先制定的方案。从计划角度来看，企业应急预案是针对可能发生的企业应急事件，为保证依法、迅速、科学、有序地开展应急救援行动、降低人员伤亡和经济损失而预先制定的有关计划或方案。企业应急预案是与应急管理、指挥和救援计划相关的计划，以及针对可能的紧急情况而事先制订的计划。

根据应急事件处置过程，企业应急预案要规定企业在应急事件事前、事发、事中、事后的工作程序和内容，明确回答谁来做？做什么？怎样做？何时做？用什么资源做？

（二）企业应急预案的功能

1. 增强应急指挥的权威性

权威性往往来自指挥人员的专业性和法定性。企业应急预案对指挥人员的指挥程序作出规定，特别是针对法定指挥人员出现空缺时的替补规则作出规定，因而企业应急预案有助于增强应急指挥的权威性。

2. 强化应急管理的规范性

企业应急预案是将不同类型、层次的应急处置按照精简、统一、高效的原则进行程序编排。不同等级的危机类型由不同层次的指挥机构、指挥人员进行指挥。因此，在危机发生时，必须由专业人员按照确定的、有条不紊的程序进行处置，以便及时化解危机，减小损失。

3. 增强应急决策的科学性

编制企业应急预案，要运用规范科学的方法，在总结历史经验教训的基础上，按照危机类型、等级、影响预期来确定相应的警戒等级、处置方式、程序等，一旦危机爆发，通过现场监测或者情报监测，就可以比照相应的等级确定相应的处置方案，从而增强应急决策的科学性。

4. 增强应急处置决策的时效性

按照企业应急预案进行应急处置，能够大大缩短应急决策时间，节约宝贵的救援时间，为合理、快速解决危机奠定基础，这对于降低危机事件的危害有重大的意义。

此外，企业应急预案还有以下功能：准备充分保障决策从容；机制预设保障运作自如；资源到位促进应对得力；措施明确实现环环相扣。

二、企业应急预案的内容、类型与编制要求

（一）企业应急预案的内容

企业应急预案的内容是指在企业应急管理过程中需要采取的主要步骤和相关工作人员的职责。

总体上，应急预案应该包括以下内容。

① 应急事件的情景：发生的应急事件种类、规模和影响。
② 必须参与应对处置的机构和人员。
③ 应急处理所使用的资源（如各种设备、设施、物资和人力资源）。
④ 应该采取的基本行动和具体措施。

通常一份比较完整的企业应急预案包括：绪论，确认突发事件（即危机事件）的危害并做出风险分析；预防突发事件的措施；应对突发事件的准备；突发事件的发现、警报和报告程序；突发事件的应变程序；关闭设施的指引；终止突发事件的处理程序；附录资料。

（二）企业应急预案的类型

《生产安全事故应急预案管理办法》指出，企业生产经营单位应急预案分为综合应急预案、专项应急预案和现场处置方案。

综合应急预案是指生产经营单位为应对各种生产安全事故而制定的综合性工作方案，是应对生产安全事故的总体工作程序、措施和应急预案体系的总纲。专项应急预案是指生产经营单位为应对某种或者多种类型生产安全事故，或者针对重要生产设施、重大危险源、重大活动防止生产安全事故而制定的专项性工作方案。现场处置方案是指生产经

营单位根据不同生产安全事故类型，针对具体场所、装置或者设施所制定的应急处置措施。

风险种类多、可能发生多种类型事故的生产经营单位，应当组织编制综合应急预案。综合应急预案应当规定应急组织机构及其职责、应急预案体系、事故风险描述、预警及信息报告、应急响应、保障措施、应急预案管理等内容。

对于一种或者多种类型的事故风险，生产经营单位可以编制相应的专项应急预案，或将专项应急预案并入综合应急预案。专项应急预案应当规定应急指挥机构及其职责、处置程序和措施等内容。

对于危险性较大的场所、装置或者设施，生产经营单位应当编制现场处置方案。现场处置方案应当规定应急工作职责、应急处置措施和注意事项等内容。风险单一、危险性小的生产经营单位，可以只编制现场处置方案。

（三）企业应急预案的编制要求

企业编制应急预案时，应当遵循以人为本、依法依规、符合实际、注重实效的原则，以应急处置为核心，明确应急职责，规范应急程序，细化保障措施。

应急预案的编制应当符合下列基本要求：
① 有相关法律法规、规章和标准的规定；
② 有本地区、本部门、本单位的安全生产实际情况；
③ 有本地区、本部门、本单位的危险性分析情况；
④ 应急组织和人员的职责分工明确，有具体的落实措施；
⑤ 有明确、具体的应急程序和处置措施，并与其应急能力相适应；
⑥ 有明确的应急保障措施，满足本地区、本部门、本单位的应急工作需要；
⑦ 应急预案基本要素齐全、完整，应急预案附件提供的信息准确；
⑧ 应急预案内容与相关应急预案相互衔接。

企业编制应急预案应当成立编制工作小组，由本单位有关负责人任组长，吸收与应急预案有关的职能部门和单位的人员及有现场处置经验的人员参加。

编制应急预案前，编制单位应当进行事故风险辨识、评估和应急资源调查。事故风险辨识、评估是指针对不同事故类型及特点，识别存在的危险危害因素，分析事故可能产生的直接后果以及次生、衍生后果，评估各种后果的危害程度和影响范围，提出防范和控制事故风险措施的过程。应急资源调查是指全面调查本地区、本单位第一时间可以调用的应急资源状况和合作区域内可以请求援助的应急资源状况，并结合事故风险辨识、评估结论制定应急措施的过程。

生产经营单位应当根据有关法律法规、规章和相关标准，结合本单位组织管理体系、生产规模和可能发生的事故特点，与相关预案保持衔接，确立本单位的应急预案体系，编制相应的应急预案，应体现出自救互救和先期处置等特点。

生产经营单位应急预案应当包括向上级应急管理机构报告的内容、应急组织机构和人员的联系方式、应急物资储备清单等附件信息。附件信息发生变化时，应当及时更新，确保准确有效。

生产经营单位在组织编制应急预案的过程中，应当根据法律法规、规章或者实际需要，征求相关应急救援队伍、公民、法人或者其他组织的意见。

生产经营单位编制的各类应急预案应当相互衔接，并与政府部门、应急救援队伍和涉及的其他单位的应急预案相衔接。

生产经营单位应当在编制应急预案的基础上，针对工作场所、岗位的特点，编制简明、实用、有效的应急处置卡。应急处置卡应当规定重点岗位、人员的应急处置程序和措施，以及相关联络人员及其联系方式，便于从业人员携带。

三、企业应急预案的编制路径、方法、过程、审定、发布与备案

（一）企业应急预案编制路径

1. 基于情景的预案编制路径

基于情景的预案编制路径是一种以突发事件情景为预案编制的逻辑起点的方法。首先设立一种危险或威胁的情景，然后分析该情景的影响（过程、规模和后果），最后决定适当的响应程序和应对措施。企业单位的专项应急预案，在编制过程中强调开展风险分析并设定一定的突发事件情景，其理念和方法比较接近基于情景的预案编制路径。

2. 基于功能的预案编制路径

基于功能的预案编制路径是先确定企业在突发事件处置中必须履行的一般功能，然后设定履行这些功能的部门与机构，以及履行这些功能的行动程序和措施。该方法在我国运用较少。

3. 基于能力的预案编制路径

基于能力的预案编制路径是根据企业应对突发事件的能力而展开一系列响应行动的预案编制方法。具体任务是将现有的培训、组织、方案、人员、指挥与管理、装备、设施等恰当地组合起来，形成必要的应急能力，然后通过应急预案将相关应急能力集成起来以应对不同类型的突发事件。该方法运用比较广泛，是提高和建设应急能力的重要方法。

（二）企业应急预案编制方法

1. 模板法

模板法是企业广泛采用的应急预案编制方法。对于没有预案编制经验的企业来说，该方法行之有效，企业采用该方法可以避免走弯路。该方法是基于应急预案模板，按照规定的结构和内容的编制要求，制定本单位应急预案的办法。

应急预案模板是应急管理部门制定和发布的、规定应急预案基本结构和主要内容的框架性工具，该模板是经过反复研究、实践证明、能够代表突发事件应急处置标准程序和正确途径的指导性文件。

模板法的特点如下。

① 不会遗漏或忽略应急处置的重要环节和内容，也不会出现程序性错误。

② 它规定的每项内容都有指导性或提示性导语，对具体的内涵做了要求和概述，编制者可以明确无误地填写，不会偏离方向。

③ 它为预案的规范化提供了保障，便于进行预案管理。
④ 模板是指导性文件，大多内容涉及的是做什么，而不涉及如何做，许多工作必须由编制者结合实际按照规范认真分析研究，不能有丝毫的忽略和敷衍。
⑤ 模板的科学性决定了应急预案的科学性。如果模板本身有瑕疵或漏洞，编制者又缺乏丰富经验的话，企业就会在盲从中犯错误。

2．比照法

比照法的做法是参照同类应急预案，保持框架不变或对框架进行部分修改（内容可用的基本不变，不可用的重新编制），最后形成与原参照预案形式基本一致的预案。在我国应急预案体系形成初期，采用该方法编制的预案较多。

该方法的特点是：将其他单位的预案作为模板，使用起来简单、省力，但是容易低水平复制，不完全符合本单位实际。用比照法编制应急预案时应该注重突破和创新。

（三）企业应急预案编制过程

1．编制准备

① 确定预案编制部门。
② 确定预案编制人员。
③ 成立预案编制委员会。
④ 准备资料。
⑤ 培训准备。

2．编制过程

（1）风险分析

通常采用五步法。

第一步：识别风险。调查本单位出现过或可能出现的突发事件种类，整理出一份风险清单。

第二步：描述风险。对具体突发事件进行全面描述，包括突发事件发生的周期、频率、地理范围、严重性、发展速度、可预警性等。

第三步：描述影响区域内的关键要素。即与突发事件影响、响应相关联的要素和环境。

第四步：脆弱性分析。衡量影响区域内招致损失的倾向性尺度，即对风险的敏感性。

第五步：情景设置。根据风险评估，设定突发事件的完整情节、规模和形势。

（2）确定职责

确定突发事件应急响应过程中的责任部门、责任人和具体职责。相应职责通常包括指挥调度、预警发布与风险沟通、搜寻救援、灾情控制、救死扶伤与灾后防疫、抢险保通、后期保障、治安维护、灾民安置等。

（3）调查分析资源

调查分析并确定所需要的应急响应资源，为应对处置突发事件做好充足的准备。

① 调查分析资源的目的。主要目的是确定有效应急响应需要的资源的种类、数量与规格，当前企业内部拥有哪些资源，资源状况与响应需求的关系（短缺还是过剩）。

② 调查分析资源的方法。具体做法是弄清应急响应需要的所有资源和服务，分析现有资源的满足状况，确定获得资源差额的措施，检查落实资源的情况。

（4）确定响应程序和行动

① 指导思想。

应急救援的优先权排序一般为：抢救生命；防止死亡；保护财产和环境。因此，要对预警和疏散给予高度重视。

② 应急响应程序的设计流程。

应急响应程序的设计流程是：收集同类案例；研究演化机理；分析应对经验教训；考虑本地区情况；确定响应程序；确定响应行动。

③ 响应行动的设计方法。

在确定一个环节的若干响应行动之后，要对每个行动做实践性安排，使之真正得到确定和落实。以下是简洁的"七步提问法"设计方法。

这个行动是什么？

由谁负责这个行动？

什么时候实施行动？

行动需要多长时间，实际可用的时间有多少？

行动之前发生过什么？

行动之后会发生什么？

实施这个行动需要什么资源？

通过对上述问题的解答，可以将一个行动的完整信息呈现出来，据此就可以设计行动的全部细节。

④ 注意事项。

注意事项包括：审查应急响应程序和行动；正确理解和设计"先期处置"和"事态控制"；确保重要政府功能和服务的连续性。

（5）完成预案文本

完成预案文本要注意以下技术要求。

① 内容合法化。

在预案编制中，应依据列举的法律法规编制预案内容。同时，预案要与政府部门已经公布实施的其他应急预案相衔接，避免职责和行动的矛盾或重复。

② 形式规范化。

结构合理、完整。根据应急预案的标准格式，合理地组织预案的章节，预案的基本要素必须完整，不能出现内容缺失。每个章节及其组成部分在内容上要相互衔接，没有脱节和错位。所有需要的附件完整无缺。

语言直白、标准。预案所使用的语言要明确、清晰，句子要短，少用修饰语和缩略语，尽量采取与主管部门一致的格式与术语，不常用的术语要加注解。要特别检查无主语句子，避免相关任务主体缺失、责任不明。重要的内容要列清单，操作性的内容要以图、表的方式说明。

③ 使用方便化。

预案文本应该考虑使用的便利性，为此，可以增加使用指南，还可以在印刷时对不同内容（章节）使用不同颜色的纸张，从而让使用者很容易找到他们所需要的部分，必要时甚至可以出版简写本。

（四）企业应急预案的审定、发布与备案

1. 应急预案的审定

（1）审定的内容

审定的具体内容包括：形式、用语的规范性；要件的完整性；法律依据的恰当性与相符性；情景设置的适当性；响应主体和责任分工的正确性；响应程序的合理性和完整性；响应行动的具体性和可行性；应急资源的可落实性和保障性；与其他相关预案的衔接性。

（2）审定的方法

审定主要采用专家组评审、广泛征求意见相结合的方法。

其中，在专家组评审方法中，专家组的聘请和召集一般由编制预案的主管部门及企业负责，专家组应该包括预案编制专家、应急处置专家、相关行业技术专家和政府部门行政管理官员。专家原则上不少于7人。

2. 应急预案的发布与备案

（1）应急预案的发布

企业应急预案要按照《生产安全事故应急条例》《生产安全事故应急预案管理办法》要求进行审批和公布。

① 具体审批程序：装订规范的应急预案文件；应急预案责任部门主要负责人会签；准备审批材料；按行政审批程序上报；企业领导审议、签发。

② 公布程序：企业负责人签署；通过新闻媒体或其他形式向社会公布；宣布生效日期；向主管部门备案。

（2）应急预案的备案

备案是按照相关管理制度要求到指定主管部门将预案存档（备查）的程序，是相关单位履行法律法规要求的应急预案编制和发布责任的一个必要程序。备案部门是企业的主管部门。

（3）应急预案备案管理统计

在应急预案备案管理统计业务实践中，可以设置重点行业领域应急预案备案率、应备案企业数量、应急预案备案企业数量等具体统计指标来对应急预案备案情况进行统计分析。

四、企业应急预案培训与演练

（一）企业应急预案培训

为了提高全体员工的危机管理技能，需要对员工开展企业应急预案培训。

1. 培训目的

参与应急管理工作的人员，尤其是应急管理小组成员，需要具备一些日常工作中不曾接触的、特殊的工作技能，如与媒体沟通和交流的技能等。用好这些技能，能够帮助企业顺利渡过难关、恢复正常生产经营活动。此外，有些参与应急管理的员工没有参与应急预案编制，为了让这些员工熟悉应急预案内容，就需要定期对他们进行培训，以便强化企业内部的危机意识、全局观念，使员工熟悉掌握应急管理工作涉及的专业知识和技能。

2. 培训步骤

（1）确定需要培训的课程

按照应急预案培训需求，开展相关的具有实践指导意义的应急基础知识培训和专项技能训练。在应急预案培训内容方面，要系统设计，重点突出。

（2）确定培训学员

要根据应急预案中对各员工的职责要求，安排员工参加相应的培训课程。要结合企业日常生产经营活动实际，综合考虑培训的必要性和员工参加培训的可能性。

（3）确定培训时间和地点

培训时间、地点安排不仅要考虑到企业的资源、成本因素，还要满足员工方便性需求、舒适性需求，以提高应急预案培训效果。

（4）检验与总结培训效果

在应急预案培训完成后，要对学员进行应急预案培训效果检验与总结。具体的检验手段和方法要依据应急预案学习内容，综合企业的资源和能力来设计。

（二）企业应急预案演练

根据国务院办公厅印发的《突发事件应急预案管理办法》（国办发〔2024〕5号），应急预案编制单位应当建立应急预案演练制度，通过采取形式多样的方式方法，对应急预案所涉及的单位、人员、装备、设施等组织演练。通过演练发现问题、解决问题，进一步修改完善应急预案。

应急演练是指各级人民政府及其部门、企事业单位、社会团体等组织相关单位及人员，依据有关应急预案，模拟应对突发事件的活动。

企业应急预案演练是企业依据应急预案，模拟应对突发事件的活动。

1. 企业应急预案演练目的和类型

（1）演习目的

① 检验预案。通过开展应急预案演练，查找应急预案中存在的问题，进而完善应急预案，提高应急预案的实用性和可操作性。

② 完善准备。通过开展应急预案演练，检查应对突发事件所需应急队伍、物资、装备、技术等方面的准备情况，发现不足并及时予以调整补充，做好应急准备工作。

③ 锻炼队伍。通过开展应急预案演练，增强企业、参与单位和人员等对应急预案的熟悉程度，提高其应急处置能力。

④ 磨合机制。通过开展应急预案演练，进一步明确企业各级部门和人员的职责任务，理顺工作关系，完善应急机制。

⑤ 科普宣教。通过开展应急预案演练，普及应急知识，提高员工风险防范意识和自救互救等灾害应对能力。

案例 3-6

南京建邺开展危化品经营企业生产事故救援综合应急演练

安全生产人人都是主角。2023 年 6 月 14 日，由南京市应急管理局、建邺区人民政府主办，建邺区安全生产委员会办公室、建邺区应急管理局和中国石化江苏南京石油分公司承办的危化品经营企业生产事故救援综合应急演练圆满成功。南京市应急管理局、建邺区政府相关领导、有关部门、各街道分管领导及行业专家现场观摩应急演练。

此次演练共设置事故发生与信息报告、先期处置与应急响应、现场感知与指挥调度、联动处置与响应终止 4 个科目。现场指挥调度、人员疏散搜救、消防灭火、喷淋抑爆、漏油堵截、医疗救护、水上救援等内容，具有很强的针对性与指导意义。演练过程中，参与人员精神饱满，沉浸式参与，反应快速，处置得当，明确和熟悉了应急救援的程序和职责，进一步提升了应急处置能力，达到了预期效果。

演练结束后，专家现场做相关点评，此次应急演练总体突出，具有事故情节设置真实、指挥流程信息流畅、演练接近实战等特点，体现了应急准备的完善性和应急能力的适应性，强化了相关责任主体的应急意识，提升了特大事故综合应急处置的实战能力。

南京市建邺区相关负责人对此次演练做总结讲话，并对下阶段的安全生产工作提出要求：要树牢安全发展理念，始终绷紧安全生产这根弦；进一步落实各方责任，从严落实部门监管、企业主体责任；进一步夯实本质安全基础，提升安全质效；进一步加强应急管理，提升应急救援能力。

资料来源：http://www.js.xinhuanet.com/2023-06/15/c_1129696060.htm(2023-06-15)[2023-11-04]。

（2）演练类型

① 按组织形式不同，应急演练可分为桌面演练和实战演练。

桌面演练就是在桌面上进行演练，具体活动是参加人员利用地图、沙盘、流程图、计算机模拟、视频会议等辅助手段，针对事先假定的演练情景，讨论和推演应急决策及现场处置过程，由此促进相关人员掌握应急预案中所规定的职责和程序，提高指挥决策和协同配合能力。桌面演练通常在室内完成。

实战演练是指参加人员利用应急处置涉及的设备和物资，针对事先设置的突发事件情景及其后续的发展情景，通过实际决策、行动和操作，完成真实应急响应的过程。实战演练可以检验和提高相关人员的临场组织指挥、队伍调动、应急处置技能和后勤保障等应急能力。实战演练通常要在特定场所完成。

② 按内容不同，应急演练可分为单项演练和综合演练。

单项演练是指只涉及应急预案中特定应急响应功能或现场处置方案中一系列应急响

应功能的演练活动,注重针对一个或少数几个参与单位(岗位)的特定环节和功能进行检验。

综合演练是指涉及应急预案中多项或全部应急响应功能的演练活动,注重对多个环节和功能进行检验,特别是对不同单位之间应急机制和联合应急能力的检验。

③ 按目的与作用不同,应急演练可分为检验性演练、示范性演练和研究性演练。

检验性演练是指为检验应急预案的可行性、应急准备的充分性、应急机制的协调性及相关人员的应急处置能力而组织的演练。

示范性演练是指为向观摩人员展示应急能力或提供示范教学,严格按照应急预案规定开展的表演性演练。

研究性演练是指为研究和解决突发事件应急处置的重点、难点问题,试验新方案、新技术、新装备而组织的演练。

不同类型的演练相互组合,可以形成单项桌面演练、综合桌面演练、单项实战演练、综合实战演练、示范性单项演练、示范性综合演练等。

2. 企业应急预案演练基本过程

（1）演练准备

① 组织准备。

组织准备是指建立演练组织机构。演练组织机构包括:指挥机构(即领导小组),管理实施机构(包括策划部、保障部、参演部)。

② 计划准备。

计划准备包括制订演练计划、设计演练方案、编写演练方案文件。

（2）演练实施

演练实施具体包括演练实施指挥、演练启动、演练执行等内容。

（3）总结与评估

总结与评估包括撰写演练评估报告、演练总结报告、改进跟踪。

值得注意的是,为了更好地评估专项应急预案演练效果,需要从以下方面进行统计分析:演练组织单位、演练类型、演练内容、演练时间、参加演练人数、预案演练次数等。

本章实训实验

一、扫描二维码,观看、学习相关资料

学习资料 3.1

二、案例实训

阅读以下案例,回答案例思考题。

全国重大事故隐患专项排查整治 2023 行动

国务院安委会2023年4月印发《全国重大事故隐患专项排查整治2023行动总体方案》（以下简称方案），部署各地区、各有关部门和单位全面贯彻党的二十大精神，深刻吸取近期事故教训，全面排查整改重大事故隐患，着力从根本上消除事故隐患，从根本上解决问题，坚决防范遏制重特大事故。此次专项行动于2023年年底结束，分为动员部署、企业自查自改和部门帮扶、部门精准执法、总结提高四个阶段。

方案紧紧围绕"切实提高风险隐患排查整改质量、切实提升发现问题和解决问题的强烈意愿和能力水平"狠下功夫，突出煤矿、非煤矿山、危险化学品、交通运输（含道路、铁路、民航、水上交通运输）、建筑施工（含隧道施工）、消防、燃气、渔业船舶、工贸等重点行业领域，兼顾新业态新领域，聚焦可能导致群死群伤的重大事故隐患，特别是对近年来重特大事故暴露出的违规动火、外包外租管理混乱、不开展应急演练、员工不熟悉逃生出口等突出问题深入开展专项排查整治行动，聚焦企业主要负责人第一责任带动全员安全生产岗位责任落实，精准严格执法，务求排查整治取得实效。

方案要求从企业、部门和地方党委政府三个层面推动开展专项行动。企业层面，主要负责人要发挥好安全生产"第一责任人"的主导作用，落实事故隐患排查整治的主体责任，研究组织本企业重大事故隐患排查整治工作，带队对本企业排查整治情况开展检查；在建立健全全员安全生产岗位责任制基础上，发挥好安全管理团队和专家作用，提高隐患排查和整改的质量；组织对动火等危险作业和电气焊设备等开展排查整治，推动落实关键岗位人员岗位责任；组织对外包外租等生产经营活动开展排查整治，将其纳入本企业安全生产管理体系，加强统一协调、管理；组织开展事故应急救援演练活动，切实提高从业人员应急避险意识。部门层面，国务院安委会有关成员单位要抓紧明确重大事故隐患判定标准和本次整治的重点，地方各有关部门根据实际补充完善并加强宣传解读；利用企业自查自改的时间，集中对监管执法人员开展安全生产专题培训，增强斗争精神和斗争本领；开展精准严格执法，对企业已查出隐患、按规定报告并正在采取有效措施消除的依法不予处罚，对排查整治不力的严肃查处并公开曝光；建立安全监管执法责任倒查机制，严格执行"谁检查、谁签名、谁负责"，理直气壮开展约谈通报；积极运用"四不两直"（即不发通知、不打招呼、不听汇报、不用陪同接待，直奔基层、直插现场）、跨部门联合执法检查等方式不断提高执法质量，组织专家对重点地区、重点企业帮扶指导，及时提供电焊等特种作业人员培训和考核发证服务。党委政府层面，各地区要专题学习安全生产十五条硬措施，逐条对照狠抓落实；迅速研究制定本地区专项行动工作方案，政府主要负责同志亲自组织召开专题会议动员部署，党委政府主要负责同志定期听取进展情况汇报，动员各级安委会成员单位负责同志到企业宣讲专项行动方案；组织开展好"安全生产月"活动，在各省级主流媒体开设安全生产专题栏目，鼓励"内部吹哨人"和全社会匿名举报；加大重大事故隐患排查整改资金保障支持力度，健全市县安全监管体制，大力配备专兼职技术检查员；建立本区域重大事故隐患数据库，完善重大事故隐患整治督办制度，对存在监管执法"宽松软虚"等问题的，2023年度安全生产考核巡查一律不得评为"优秀"。

方案强调，各地区、各有关部门和单位要结合本地区、本行业领域实际情况适当调整完善排查整治内容，进一步细化责任分工，建立健全工作机制，按照阶段安排有序压茬推进。国务院安委会办公室将建立调度通报、督办交办、警示建议、重点约谈等工作机制，定期调度掌握排查整治进展情况，及时协调解决存在的突出问题。

资料来源：https://www.mem.gov.cn/xw/ztzl/2023zt/zzpc2023/dybs_5536/202305/t20230524_451682.shtml (2023-05-24)[2023-11-04]。

案例思考：
1. 从危机预防角度分析该方案有哪些作用。
2. 分析该方案对企业危机预警策略、预控策略和应急预案设计有哪些要求。

三、观看央视3·15晚会，提升企业危机管理能力

扫描二维码，观看央视网《2022年3·15晚会》。

学习资料3.2

1. 分析该晚会揭露的部分企业侵害消费者权益案例。
2. 运用本章的企业危机预防理论，分析如何预防、处理企业危机，保护消费者权益。

本章思考与练习

1. 简述企业危机预防的必要性和内容。
2. 简述企业危机预警的作用、企业危机预警类型、企业危机预警方法。
3. 简述企业危机预控的功能和策略。
4. 企业应急预案如何编制、发布？
5. 简述企业危机预案演练的基本过程。

第 4 章

企业危机应对领导

学习目标

知识要点	能力要求
企业危机应对领导概述	（1）了解领导的含义 （2）理解领导职能 （3）熟悉企业危机应对中的领导职能 （4）掌握企业危机应对中领导与管理的异同
企业危机管理者的构成、职责与权力	（1）了解企业危机管理者的职责 （2）掌握危机管理者的构成
企业危机管理者的素质与能力	（1）了解企业危机管理者应具备的素质 （2）掌握危机处理能力提升方法
企业危机决策	（1）了解企业常规决策与危机决策的异同 （2）理解企业危机决策模型 （3）掌握企业危机决策流程

第一节　企业危机应对领导概述

一、领导职能与领导过程

1. 领导与领导职能

（1）领导

一般来说，领导具有以下几方面的含义。

① 领导是影响人们自觉地为实现群体目标而努力的一种行为。
② 领导即行使权威与决定。
③ 领导就是影响一个集体走向并达到目标的能力。
④ 领导是组织赋予某个人权力，使其能够领导下级完成组织目标。
⑤ 领导就是影响力，是对人们施加影响的艺术或过程，从而使人们心甘情愿地为实现群体的目标而努力。

（2）领导职能

管理学理论认为，在管理中，领导职能是指通过管理者实施影响下属的领导行为，把组织成员的个体目标和组织目标进行有效匹配的活动。通过有权威的领导者进行领导，可以指导成员的行为，沟通成员之间的信息，增强相互之间的理解，统一成员的思想和行动，激励每个成员自觉地为实现组织目标而共同努力。领导职能贯穿在整个管理活动中。

2. 领导过程

要深刻理解领导，还要了解领导过程的意义。领导过程应该包括以下四个方面。

① 能制定企业可以实现的设想或规划，即企业的长远发展目标。
② 为实现企业的设想和规划，做出战略安排。这种战略安排应该充分考虑到各种主要的环境因素和企业内部因素。
③ 建立一个强大的资源协作体系，体系内的各支持部门必须服从和协作。
④ 在这个协作体系中，有一支热情高昂、能担负起将设想变成现实这一责任的核心队伍。

可见，领导者实施领导过程的能力，关乎领导过程的成功与否，对于企业的有效性至关重要。

二、企业危机应对中的领导职能

企业危机应对中的领导职能是指危机管理者通过实施影响相关人员的领导行为，将各个成员的个体目标与企业危机预防、处理及最终减轻危机危害的企业目标进行有效匹配的活动。首先危机管理者应具备相应的素质，其次危机管理者应具有相应的危机处理的领导、指挥能力，最后也是最重要的一点是危机管理者要具有相应的危机决策水平。

三、企业危机应对中领导与管理的关系

从管理学角度讲，企业的领导者与管理者是有区别的。管理者是以非个人化的态度面对目标，领导者则是以个人的态度面对目标；管理者倾向于把工作看作可以完成的过程，而领导者的工作具有冒险性，他们往往主动寻求冒险，尤其是当机遇和奖励很高时；管理者喜欢从事与人打交道的工作，他们回避单独行动，他们根据自己在事件和决策过程中所扮演的角色与他人发生联系，领导者则关心观点，以一种更为直觉和移情的方式与他人发生联系。

管理者主要处理复杂的问题，优秀的管理者通过制订计划、编制严格的预算、设计规范的组织结构及控制和监督计划实施的结果而达到有序且一致的状态。而领导者主要处理变化的问题，通过设想未来前景而确定前进的方向，然后就这种前景与其他人进行交流，并激励其他人克服障碍达到目标。

管理之所以不同于领导，是因为：管理更正规、更科学，也更普遍，即管理是一套看得见的工具和技术，这套工具和技术建立在合理性和实验的基础上；而领导所采用的方法或工具是千差万别的，它们因环境、领导者个人偏好的不同而不同。

领导与管理之间存在差别，并不意味着领导比管理更重要。要达到组织的最佳效果，领导与管理具有同等的重要性，二者缺一不可。在相对稳定和繁荣时期，有限的领导与强有力的管理相伴可使企业获得良好的运营效果。在动荡和混乱时期，强有力的领导伴随着某种有限的管理可能更符合企业运作的要求。

本书除在特定情境下强调领导者之外，一般不再细分领导者和管理者，而是将它们统称为危机管理者，当然这只是为了叙述方便，而不是说二者之间无差别。

第二节　企业危机管理者的构成、职责与权力

管理者是组织中从事管理活动的人员。企业危机管理者，就是由企业最高管理阶层任命，或自身承担企业危机管理主要职责的各级专职或兼职的管理者。

一、企业危机管理者的构成

企业危机管理者应涵盖所有与公众打交道部门中的相关人员（他们组成危机管理团队），而不只是几个专职的危机管理人员。为了更好地处理和应对危机，危机管理者必须娴熟掌握企业危机管理、组织行为、组织沟通、道德伦理、企业战略管理及公共关系等方面的理论和实践经验，这些理论和实践经验可以帮助危机管理团队更好地进行危机管理活动。

危机管理团队的具体成员包括危机管理团队负责人、高级行政管理人员、技术经理、公共事务经理、公共关系经理、客户关系经理、投资关系经理及广告主管等。

通常，在大中型企业的危机管理体系中，企业最高领导者如董事长、总裁应是危机管理团队的领导者，在危机应对中代表企业形象，行使危机管理最高决策权，在关键时刻发挥最主要作用。整个危机管理团队应该在他的领导下，用一个声音说话。

通常，危机管理团队的日常工作应由一名受委派的高级行政管理人员负责，这位高级行政管理人员最好是企业中负责行政和经营的副总裁。其主要职责是作为联接首席执行官（CEO）、财务总监和企业内各位董事、经理人员的桥梁，保证企业按时完成预定的管理计划。高级行政管理人员应通晓经营，熟悉财务知识，具备相当管理才能，且了解会计、财务、公共关系和人力资源等管理活动的行政职能。只有这样，他们才更容易从宏观上考虑问题，在危机中看清事情的全局。

技术经理一般负责企业具有高度专业技术性的工作。他们往往拥有雄厚的专业技术功底和较高的技术水平。但是他们对企业组织运作不熟悉，在危机应对中主要负责协调专业技术方面的事务。

公共事务经理一般不和媒体接触（这是公共关系经理的主要任务），其主要职责是负责企业和外界各类公众（如政府部门、社区及其他各类非营利组织）之间的联系活动。比如，组织本企业参与社区活动、捐献、提供义务服务等，以保持良好的公众形象。公共事务经理一般对国家法律、政策比较精通，与政府部门及立法部门有良好关系，能帮助企业及时掌握国家法律、政策的变化情况，能及时向政府部门及立法部门反馈本企业、本行业的建议。他们通常对企业内部的技术、经营不精通。

公共关系经理是企业在危机应对中处理与新闻媒体关系的协调中心。此处的新闻媒体，包括传统报纸、广播、电视及电子媒体等各类媒体。公共关系经理主要是多方寻找机会，在媒体上以趣味故事形式宣传企业及企业的产品，还要能迅速、专业地回答媒体所提出的问题。从专业经历和工作背景来讲，公共关系经理通常都接受过新闻专业的专门训练，有应对记者的经验，对媒体有精深的了解，面对复杂的专业问题，他们能够用简单明了的语言来回答。

客户关系经理相对来说更关注企业产品在市场上的形象和企业的经营状况。他们要熟悉客户的情况，能快速准确地回应客户的请求，尤其要重视客户的投诉，这些投诉往往是危机的征兆。所以，客户关系经理要跟进和掌握客户的反应，并及时向相关部门反馈，争取将危机消除在萌芽状态。

投资关系经理承担着与企业股东、机构投资者联系及监测本企业股票行情波动的工作，其职责是最大限度获得投资者的好感并将这种好感保持下去。尤其是当新闻媒体刊登不利于本企业的消息时，投资关系经理更要关注市场动态的发展。

广告主管的主要职责是确保企业所有广告内容一致，合理安排媒体计划。对于多元化经营的企业，广告主管既要保证广告内容符合细分市场客户的要求，也要注意保持企业的整体形象。更重要的是，当面临危机时，广告主管必须能有效把握每个目标受众的信息需求。

上面讨论了危机管理团队中的主要成员的状况。在理想状态下，危机管理团队中的成员应能协同工作，步调一致，共同应对危机。这些协同一致，可以通过共同遵守企业使命,以及通过参加各种会议、日常接触和配合演练等方式获得。各成员需要在全局观念下调整自己的角色,将自己融入企业危机反应机制。

二、企业危机管理者的职责与权力

(一) 危机管理者的职责

危机管理者是对企业危机活动进行管理的人员,所以,危机管理者的职责始终贯穿于企业危机管理活动之中。从危机管理全过程来看,危机管理者的职责包括危机分析、危机预防、危机应对领导、危机应对控制等,具体可以从以下几个方面来分析。

1. 在企业内部树立全员危机管理意识

在企业全体员工心目中培育企业危机意识,这是企业最高层的危机管理者应承担的首要责任。

2. 建立企业危机管理体制和机制

危机管理者要未雨绸缪,在危机发生之前就应该制订响应和恢复计划;对员工进行各种危机技能的培训;为企业建立完善的危机管理制度;建立运转良好的危机管理组织;建立必要的人、财、物资源准备;建立良好的危机预警和信息反馈机制。

3. 第一时间到场

在危机刚出现时,危机管理者应及时出击,在尽可能短的时间内遏制危机苗头。

4. 要应对得当

当危机蔓延时,危机管理者要冲在前面,要面面俱到,不能忽视任何细节。这意味着此时要运用与危机初期不同的资源、人力和管理方法。

5. 危机过后,危机管理者需要对恢复和重建进行管理

危机过后,运用的资源、人力和管理方法可能与危机初期、蔓延期都不同,危机管理者需要对恢复和重建进行管理。

6. 要承担主要责任

危机管理者要承担危机各个阶段的决策、领导和控制职责,要对危机事态的扩大承担主要责任,甚至绝大部分责任。

7. 企业的代表者

对外,危机管理者是企业处理危机的最高权威代表,其代表着企业的形象。

案例 4-1

川煤集团杉木树煤矿"12·14"透水事故救援

2019 年 12 月 14 日 15 时 26 分,四川芙蓉集团实业有限责任公司杉木树煤矿发生透水事故，造成 13 人被困井下。应急管理部立即启动应急响应，派出由部领导带队的工作组赴现场指导救援。当地政府迅速成立现场指挥部，调集专业救护队、排水队伍共 13 支、256 人实施救援。现场采取导流、分流和抽排等措施，降低井下水位上涨对被困人员的威胁，利用井下压风管道输送压缩空气保障被困区域氧气充足，实时监测抽排瓦斯，地面安设钻机向被困区域巷道打钻，对巷道进行清淤，搜救 13 名被困人员。18 日 3 时 38 分，13 名被困人员全部脱离被困巷道，至 7 时 56 分，经过连续 88 小时的全力施救，13 人全部安全升井并送医救治。

主要经验：方案科学合理、现场指挥坚强得力；现场指挥部组织制定了科学、合理、有针对性的救援方案和安全技术保障措施，救援围绕加强排水、瓦斯排放、巷道清理及安全防护等工作展开，确保了科学救援、安全救援、快速救援；救援资源统一调度、救援队伍协同作战；合理调配专业排水队伍、矿山救援队伍、工程施工队伍及大型排水设备、局部通风设备、保障供电设备等应急资源，实现了统一指挥、高效运转。

资料来源：https://www.mem.gov.cn/xw/bndt/202001/t20200111_343398.shtml(2020-01-11)[2023-11-05]。

（二）危机管理者的权力

1. 危机管理者权力的内涵

在企业危机管理活动中，危机管理者必须集中相应的权力，以保障危机管理活动高效开展。

这里的"权力"，最简单的理解，就是影响他人行为的能力。作为有影响力的权力，其主要包括制度权、专长权和个人影响权。这三种权力中，制度权是指企业管理体系赋予某一职务管理者的权力，其实质是一种决策权。专长权是指管理者因具备某种专门知识或技能而产生的影响能力，这是知识化的权威。比如，物理学家、律师、大学教授可以对别人有相当大的影响力，这是因为他们具备专门知识，受到尊敬。个人影响权则是因个人品质、社会背景等因素而赢得别人尊重和服从的权力，我们在讨论企业危机管理者的权力时，通常指的是制度权。

这里的"集中"，在管理学上，是指管理者把管理的制度权进行集中的行为和过程。

2. 影响危机管理者集权的因素

从管理学角度来看，影响企业集权和分权的因素主要有决策代价、政策一致性、企业规模、企业的历史、领导者的个性、下属管理人员的素质、控制技术、企业活动的分散性及外部环境。这些因素的变化会引起企业权力结构的相应变化，即企业要么强化集权，要么强化分权。

决策代价越大，则决策越可能由企业高层管理者做出。企业危机事关企业存亡，稍有不慎，就会导致重大人员伤亡，财产、声誉、竞争地位及员工士气遭受重大损失或打击。也就是说，面对代价高的企业危机，危机管理需要高度集权。

政策一致性是指企业对待利益相关者利益的偏向程度及相关规定。一致性越高，要求集权程度越高。危机时期企业政策是否要持续一致，必须由企业最高决策者决定。

企业规模越大，越适合分权，这里的权力是指例行性决策权力。大型企业信息传递层次多，管理阶层多，业务性质不同，产品具有高度复杂性，这些都会要求例行性决策程序和重心下移到各个战略经营单位。但是对于可能造成企业整体声誉受损、人员和重大财产损失的例外决策，显然不能由各个战略经营单位的管理者来决策，这一方面是因为不可行性，战略经营单位的管理者所处的决策层次、角度使其不能代表企业的形象和法律地位，即不具备资格；另一方面是因为不可能性，企业要面对各方面利益相关者的权益要求，这些要求是战略经营单位无法满足的。因此，大型企业在危机时期，仍然要实行高度集权，以统帅全局、综合协调，一个声音说话，一个形象对外。

企业的历史是企业发展过程中所走过的道路。如果企业是在较小规模基础上发展起来的，就会显示出鲜明的集权化倾向。比如，福特汽车公司的奠基人福特坚持公司的每项决策都由他做出。希斯认为，随着规模的扩大，企业会变得越来越缺乏信息沟通和及时决策的能力，这就是组织惯性。这种组织惯性在危机发生时就会引发问题。这种组织惯性受以下因素影响：企业文化越来越严格和古板，对危机后的行动及绩效评估越来越恐惧。

领导者的个性及其信奉的管理哲学对权力的集中和分散有着重大影响。个性较强和较自信的领导者往往是专制的，不能容忍他人来触碰他们小心戒备的权力。但是也有些领导者认为，职权分散是使企业保持活力的有效方法。

下属管理人员的素质越低，合格的下属管理人员的数量越少，企业就越倾向集权。

控制技术越差，越难获得下属管理人员的信息反馈，就越需要集权。1989年埃克森公司的瓦尔德斯号油轮污染事件就是该公司高层忽视权力集中，放手让信息沟通与反馈能力差的下属管理人员处理问题，最终导致严重危机的典型案例。

企业活动的分散性越大，涉及领域和地域越广泛，相应的权力就应越分散，以便各个业务单位能有效决策，减小决策代价。但是，如果出现涉及企业声誉、品牌的危机，就必须集中权力，由公司高层出面代表公司与公众进行有效沟通。可口可乐的比利时危机事件，就是由于可口可乐的CEO没有及时出面，致使公司声誉严重受损的例子。

企业外部环境的急剧变化，如新的机遇、不可抗力（自然灾害）、意外竞争对手挑战、政府政策变化、经济形势变化等，往往会导致企业增强集权倾向性。

第三节　企业危机管理者的素质与能力

党的二十大报告指出："全面加强国家安全教育，提高各级领导干部统筹发展和安全能力"。在企业的危机管理活动中，各级企业危机管理者同样发挥着重要作用，因此企业危机管理者的素质与能力建设至关重要。

一、企业危机管理者的素质

（一）管理者特质理论

传统的管理者特质理论认为，管理者的特性或品质是先天的，天赋是决定一个人能否担任管理者的根本因素。管理者应该具备 7 种个性特点：有魅力；善言辞；智力过人；具有自信心，心理健康；善于控制和支配他人；性格外向；灵活敏感。斯托格迪尔认为，管理者应该具有 16 种先天特性：有良心；可靠；勇敢；责任心强；有胆略；力求革新与进步；直率；自律；有理想；有良好的人际关系；风度优雅；胜任愉快；身体健康；智力过人；有组织能力；有判断力。

现代管理者特质理论一反传统特质理论强调的遗传、天赋等片面观点，认为管理者的个性特点和品质是在后天的实践中形成的，是可以培养的。

一个企业家应具有 10 项品德：合作精神（能赢得人们的合作，愿意与他人一起工作，对人不是压服，而是以情感人并说服对方）；决策才能（依据事实而非想象来进行决策，有高瞻远瞩的能力）；组织能力（善于组织人力、物力和财力）；精于授权（能抓住大事，把小事分给下属去完成）；善于应变（权宜通达、机动进取而不抱残守缺、墨守成规）；勇于负责（对上下级以及整个社会抱有高度责任心）；勇于求新（对新事物、新环境、新观念有敏锐的接受能力）；敢担风险（敢于承担改变企业现状时遇到的风险，并有创造新局面的雄心和信心）；尊重他人（重视和采纳别人的合理化意见）；品德超人（在品德上为社会和企业员工所敬仰）。

日本企业界认为企业家应具有 10 种品德和 10 项能力。10 种品德是：使命感（无论遇到什么困难，都有完成任务的坚强信念）；信赖感（同事之间、上下级之间保持良好的关系，互相信任和支持）；诚实（在上下级之间和同事之间的关系中，要真心实意，以诚相待）；忍耐（具有高度忍耐力，不随意在下属面前发脾气）；热情（对工作认真负责，对同事与下级热情体贴）；责任感（对工作敢于承担责任）；积极性（对任何工作都积极主动，以主人翁的态度去完成）；进取心（在事业上积极上进，不满足现状）；公平（对人对事秉公处理，不徇私情）；勇气（有向困难挑战的勇气）。10 项能力是：思维、决策能力；规划能力；判断能力；创造能力；洞察能力；劝说能力；对人的理解能力；解决问题的能力；培养下级的能力；调动员工积极性的能力。

20 世纪 60 年代末，明茨伯格发现管理者扮演着三大类十种角色。

① 人际角色：代表人、领导者、联络者。
② 信息角色：监听者、传播者、发言人。
③ 决策角色：企业家、混乱驾驭者、资源分配者、谈判者。

领导魅力理论则提出企业家应该具有以下个性特点与行为特征。

① 自信：对自己的判断和能力充满信心。
② 远见：有理想的目标，认为未来一定会比现在更美好，而且目标与现状差距越大，下级越有可能认为管理者有远见卓识。

③ 清晰表达目标的能力：能够明确地阐述目标，使其他人都能明白，这种表达能力可以成为一种激励力量。

④ 对目标的坚定信念：具有强烈的奉献精神，愿意从事高风险性的工作，愿意承受高代价，为了实现目标能够自我牺牲。

⑤ 不循规蹈矩的行为：行为是新颖的、反传统的、反规范的，当获得成功时，这些行为令下属惊诧和崇敬；作为变革时代的代言人，是激进变革的代言人而不是传统现状的卫道士。

⑥ 环境敏感性：能够对需要变革的环境加以限制，对资源进行切实有效的评估。

从以上企业管理者特质理论可以看出，作为一个管理者需要具备相应的高素质，而在影响企业生存的危机考验中，做一个卓越的管理者更应有全面的危机管理素质。

（二）危机管理者应有的素质

希斯认为，危机管理者在危机情境下，要面临许多压力，从而对管理者的素质形成考验。这些压力包括：对生命、价值和目标的严重威胁；重任在肩；恐惧失败；局面失控；情况迅速改变，难以把握；时间紧迫；信息不确定；团队或集团压力。

因此，危机管理者应具有以下素质：有领导他人的意愿；情绪稳定；能够顶住压力；果断；能控制危险发生；自信；谨慎持重。

（三）危机管理者的核心价值观与危机态度

1. 危机管理者的核心价值观

价值观是管理者的信仰、行为准则和处世哲学。一般来说，管理者的价值观必须与社会主流价值观一致，或者代表社会主流价值观的发展趋势。这样，管理者的价值观才能长久。

企业在遇到危机时，能否坚持这种价值观就成为考验企业领导和企业使命的关键。

2. 危机管理者的危机态度

（1）对待危机的正确态度

危机管理者必须意识到以下几点。

① 危机虽然是小概率事件，但一旦发生，对企业的影响可能是致命的。

② 无论什么样的企业，财力再雄厚，经营再完善，危机也会找上门来。

③ 除了外部环境中不可抗拒的自然灾害等，企业危机往往是人为导致的，但并非都是有人故意破坏才发生的，因此危机管理的重要性并不止于领导阶层和管理阶层，危机管理的意识和态度必须从上而下贯彻到企业的每个员工身上。

④ 虽然每个企业都可能发生危机，但是危机是可以防范的，还可以通过管理来减小危机的损害。对任何危机的先兆都不能掉以轻心，敷衍了事。

⑤ 危机并非偶然发生，而是具有一定的必然性、经常性，这就要求管理者必须对危机有一种挑战的态度，要求企业建立正式的危机管理体制。比如比尔·盖茨曾说，微软距离破产永远只有 18 天。在企业全员中建立危机意识正是危机管理者应持有的态度。

（2）对待危机的错误态度

① 无能为力。

持这种态度的管理者认为，危机发生的概率很小，要预测危机的发生时间和地点非常困难。即使危机发生，企业对待危机也是无能为力的，所采取的措施要么根本没用，要么效果甚微。在这种态度指导下的企业，一旦发生危机就会出现手足无措的局面。

② 心存侥幸。

持这种态度的管理者认为，危机会发生，危机对企业也会产生很大的影响，但或许怕麻烦，或许不在乎，心存侥幸，只要危机不出现，就得过且过。他们就像鸵鸟一样，一头扎进沙堆里，认为自己看不见，危机就不会找上门来。

③ 自以为是。

持这种态度的管理者认为，只要企业经营得好，或者企业资产雄厚，有著名的品牌或良好的企业形象，以及众多优秀的管理人员，企业就不会发生危机，哪怕发生了危机，也不会动摇本企业的根本。更有甚者认为企业是由众多战略经营单位组成的，危机发生在某个战略经营单位，不会影响到整个企业的运行。事实上，规模再大的企业，实力再雄厚的企业，出现重大危机时，往往就是这个企业面临生死存亡的关头。例如，制造轮胎的凡世通公司因其制造的轮胎有问题而造成交通事故，从而引发法律诉讼，最后这家著名的公司一蹶不振，被日本同行桥石公司吞并。

④ 自认无错。

持这种态度的管理者认为，自身经营没有问题，企业发生的危机一定是因人故意破坏而造成的。如果没有坏人捣乱，企业不会有危机，于是企业危机管理的首要任务就是如何防范坏人的破坏。持这种态度的管理者可能忽略了这样的事实，许多危机并不是有人故意破坏才发生的，有时候是因好人无知甚至善意的想法而导致的。这样的危机管理者往往会忽略最基本的危机管理。

早在 1800 多年前，古罗马皇帝奥勒利乌斯就曾说过，你有什么样的意念，就有什么样的生活。心理学家弗洛伊德也有类似结论：改变行为最好的办法是改变观念。

当观念、态度改变以后，行为就会改变，行为改变了，就会有不同的结果。因此，只有树立正确的危机观念和态度，认识到危机管理在企业经营活动中的重要性，并愿意投入一定的精力和财力，危机管理才能取得成效，危机发生的概率才会降低。

⑤ "头痛医头，脚痛医脚"。

现实中很多企业管理者仍然将危机当作非常规现象、紧急情况，遇到危机时会竭尽全力消除这种非常规现象，仅把危机当作一次突发事件来处理。这种态度决定了危机管理者往往只把危机的管理目标定位在消除和恢复到"正常状态"。殊不知，这种"头痛医头，脚痛医脚"的危机管理态度的后果是，一旦危机发生，就必须采取紧急动员的方式，投入大规模的人力、财力解决危机。这种做法，从表面看似乎消除了危机现象，但是不解决企业深层问题，下次难免还会遇到类似的危机。所以，建立长效的危机管理机制，经常演习和评估危机管理水平应是危机管理者的基本态度和认识。

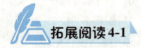

拓展阅读 4-1

内蒙古自治区锡林郭勒盟西乌珠穆沁旗银漫矿业有限责任公司"2·23"
井下车辆伤害重大生产安全事故

2019 年 2 月 23 日，内蒙古自治区西乌珠穆沁旗银漫矿业有限责任公司发生井下车辆伤害重大生产安全事故，造成 22 人死亡，28 人受伤。发生原因是，外包工程施工单位违规使用未取得金属非金属矿山矿用产品安全标识、采用干式制动器的报废车辆向井下运送作业人员。事故车辆驾驶人不具备大型客运车辆驾驶资质，驾驶事故车辆在斜坡道向下行驶过程中，制动系统发生机械故障，制动时促动管路漏气，导致车辆制动性能显著下降。驾驶人遇制动不良突发状况处置不当，误操作将挡位挂入三挡，致使车辆失控引发事故。事故车辆私自改装车厢内座椅、未设置扶手及安全带、超员运输，加重了事故的损害后果。

主要教训：一是矿山企业安全生产主体责任长期悬空，对承包单位以包代管、包而不管，对其长期使用非法改装车辆运人、严重超载、人货混装等突出问题不检查、不制止；二是外包工程施工单位严重违法违规，变相出卖资质，对分公司或项目部只收取管理费，不行使任何管理职责，其所属分公司或项目部人员东拼西凑，设备设施陈旧简陋；三是地方有关部门监管不到位，对企业不按设计生产、违规违章作业等执法不严，对企业以包代管、包而不管等行为监督不力。

资料来源：https://www.mem.gov.cn/xw/bndt/202001/t20200111_343398.shtml(2020-01-11)[2023-11-05]。

二、企业危机管理者的能力

通常来说，危机管理者的个人能力包括：领导能力；沟通技巧（总结和倾听）；委派；管理团队的能力；决策水平（在时间紧迫和压力较大情况下）；对情境进行评价的能力；计划和执行计划的能力；沉着镇静的风范。

下面结合美国"9·11"事件中纽约市市长朱利安尼在该场危机中的危机处理能力进行评析。

1. 亲临其境，感同身受

朱利安尼遵守了危机管理的第一原则：尽早赶到现场，亲身体验现场的复杂性和纷繁的细节。领导人亲临其境，能够在真实环境体验到许多珍贵的、书面报告无法描述的危机情境，进而从心灵和精神上感知危机。这会帮助他们更人性化地、更恰当地处理复杂的危机。如果只在办公室通过数据计算来"科学"地选择危机处理方案，往往就会忽略关键利益相关者的精神感受。

2. 立即沟通，坦诚沟通

朱利安尼在"9·11"事件中最引人关注的是他迅速出现在公众面前。事件发生时，他正与自己的顾问开会。听到消息后，他立即带领助手奔赴世贸中心现场。恐怖袭击后仅一个小时，他就在世贸中心倒塌的烟雾背景下，惊慌失措的民众之间，第一时间召开了记者招待会。他明确有力地告诉电视机前的观众：这是一场恐怖袭击，许多情况不明朗，纽约紧急应对机制已启动。面对记者的诸多问题，他直截了当地回答，不知道就说不知道。事后他说，他清楚了解民众对谣言的恐惧远远超过对坏消息的害怕。

3. 沉着布置，各司其职

在世贸中心大楼倒塌的第一时间，朱利安尼立即启动两个指挥中心：纽约警察紧急指挥中心、纽约消防紧急指挥中心。启动这两个指挥中心是为了处置危机发生时的两项最重要任务：控制危险区的危机扩散，维持非危险区的秩序。如果这两项任务不能及时完成，并发症或连锁反应将会加剧危机的严重性，扩大危机的范围。两项任务的重点不同，必须分工，各司其职。危机发生时，最忌讳眉毛胡子一把抓，大家蜂拥而上，打乱应有的责任与任务分工。

4. 使用得心应手、配合默契的危机管理团队

朱利安尼知道其团队每个成员的角色、性格、沟通习惯。事发当天，他将团队的主要骨干分派到各个重要指挥与协调中心，让他们与自己及时保持联络。这些团队成员不仅要忠诚，更重要的是要与其交流无障碍，让沟通成本最低。危机情境要求指令准确，令行禁止。朱利安尼能迅速控制局面，与其团队骨干的默契配合有直接关系。

5. 一心三用，时刻思考下一步

朱利安尼将自己在危机第一时间的工作总结为：必须同时抛三只球在空中，而且大脑要分别关注这三只球的起落。这三只球分别是：
① 及时、坦诚与公众沟通；
② 立即照顾受难者，他们的遭遇与处境可能"传染"给其他人；
③ 时刻思考下一步将会怎样？

很多危机管理者在情绪、心理、生理上都会被眼前的任务压倒，从而忘记思考接下来会有什么样的事发生。危机管理者必须比惊恐无措的员工思考得更远，否则就会被危机的冲击波推着走。

在世贸中心倒塌几个小时后，朱利安尼迅速与副总统通话了解全国情况。为应对下一步可能发生的连锁反应，他部署全市警察提防更多的袭击，要求人们尽量待在家中；还设立"家庭中心"安排受难者家属，让医院待命。这都是他从控制危机扩散和维持秩序这两大目标出发而设想出的"下一步"策略。

当危机管理者被大众情绪与心理牵引时，他们往往会忽略下一个危机冲击波正在悄悄来临。

6. 不要被别人牵着鼻子走

朱利安尼在后来的回忆中强调，危机中领导人一定要清楚地理顺各项工作的首要性、紧迫性和重要性。这三者有时一致，有时不一致。领导人容易被最富紧迫感的部门和人影响，以至于将重要的事务放在一边。

世贸中心倒塌后，附近几条街区的住房公寓都被迫关闭，大量居民要求市政府立即处理他们的住房问题。朱利安尼认为与活着的人的求助声相比，埋在废墟中的 3500 多人的无声呼救更重要。

危机发生时，时间和精力的分配永远是利益各方争论的焦点。朱利安尼的做法是：在听取了解各方信息后，给自己一个独处时间和环境，根据已有的信息，做出独立的判断，然后坚定不移地按自己决定的行事顺序和首要性执行。对下级来说，每个人都认为自己的工作最重要、最紧急。对危机领导人来说，领导的责任与水平正体现在对各种紧急事务首要性的判断中。在危机情境中，清醒的头脑与清楚的责任分工比"事后"发现的"最佳方案"更为重要。

7. 保持创造性的活力

朱利安尼认为，下属之间、部门之间紧张而又不发生实际冲突的工作关系最有利于创造力的发挥。一个高效的危机领导人不应该排斥在形式与内容上相对立的理解与解决方案，而至少应当从以下标准出发，发挥蕴含在矛盾之中的能量，为自己的目标服务。

① 看法的证据何在？
② 解决方案是否有说服力？
③ 对危机处理的导向如何？会产生什么样的连锁反应？

危机情境中非正常的情绪与心理容易让人固执己见，鼓励拿出证据有利于降低固执带来的危害。危机解决方案能否成功往往取决于参与各方的理解和承受程度。

把握和引导创造性活力的另外一个原则是评估解决方案对危机态势的影响和连锁反应。略去各种危机细节，能否成功扭转危机取决于对以下两种态势的理解及相应采取的方法：正反馈效应将加剧危机的发展趋势，负反馈效应将阻挡危机的发展趋势。

由于危机往往具有复杂性且无前例可循。危机管理者能够控制和管理的不是危机结果。因为如果危机能够预测，就称不上危机了。危机管理者能够判断和控制的是危机的态势，他们可以利用各种方法去引导态势。因此，理解每个方案的正负反馈效应和连锁反应才是关键。

8. 事先做好应急预案

朱利安尼多次强调完善危机防范机制和体制的重要性。纽约市能够在较短的时间内对恐怖袭击做出有效的反应得益于其长期以来的防范体制建设。

对企业危机管理者来说，虽然无法预测危机的种类和性质，但是基本危机防范机制准备越充分，危机发生时整个组织的"镇定程度"就越高，而"狂热勇敢型"的大无畏精神只能促进危机的正反馈效应，使危机态势愈发不可收拾。

9. 细节

朱利安尼注重对细节的强调。他认为，危机情境下，每个细节都能产生结构性的影响，因为每个细节都可能成为危机态势正反馈效应的转折点，从而扭转整个事件的走向。

危机之中，每个系统中的员工既要有全局观念，又要做好细节工作、满足细节要求。危机情境下时间和空间的匮乏使企业的错误承受度达到最小，细节失误带来的连锁反应往往会使局面愈演愈烈。

三、企业危机管理者危机处理能力提升方法

1. 培养企业危机管理者危机处理言行能力的方法

危机管理者的言行要具有象征性。危机情境下，危机管理者的言行有更大的影响力和推动力。具体来说，危机管理者可选择从多方面积累企业危机管理知识和提升基本处置能力，如考察相关企业、参加专业培训会议、向顾问咨询等。

2. 培养企业危机管理者沟通能力的方法

必须从心理沟通做起，即在危机初期一切言行都以心理沟通为重点，让大家"安心"，因为危机中，最重要的是保持镇定的情绪。具体提升方法有沟通模拟实训方法、沟通技巧与能力提升方法等。

3. 培养危机管理团队能力的方法

危机管理者要善于建设有高度凝聚力的危机管理团队。要特别注意的是，对团队的领导是评价危机管理者管理水平和艺术的重要内容。具体提升方法有团队建设方法、组织领导力提升方法、企业危机管理团队建设咨询方法等。

4. 培养危机管理体制和机制建设能力的方法

危机管理者要有危机防范体制和反应机制建设能力，这是危机管理者发挥才能的保障。具体提升方法有领导力提升方法、管理理论与实务培训方法、战略管理能力提升方法等。

5. 培养危机管理者应变能力的方法

随机应变，不拘一格，但是不能随心所欲，这是危机管理者应有的核心技能。应变能力具体可通过学习人力资本战略管理、组织行为学、创新管理等来提升。

第四节 企业危机决策

一、决策基本理论

（一）古典决策理论

古典决策理论又称规范决策理论，是基于"经济人"假设提出来的，主要盛行于20世纪50年代以前。古典决策理论认为，应该从经济的角度看待决策问题，即决策的目的在于为组织获取最大的经济利益。该理论主要包括以下观点。

① 决策者必须全面掌握有关决策的信息情报。
② 决策者要充分了解有关备选方案的情况。
③ 决策者应建立一个合理的自上而下执行命令的组织体系。

④ 决策者进行决策的目的始终都是使本组织获取最大的经济利益。

古典决策理论假设，作为决策者的管理者是完全理性的，决策环境条件的稳定性是可以改变的，在充分了解有关信息情报的情况下，决策者完全可以做出完成组织目标的最佳决策。古典决策理论忽视了非经济因素在决策中的作用，不能很好地指导实际的决策活动，因而逐渐被更为全面的行为决策理论代替。

（二）行为决策理论

行为决策理论是于 20 世纪 50 年代发展起来的。主要代表人物是西蒙。他对古典决策理论提出尖锐的批评：理性和经济的决策标准无法确切说明管理的决策过程。于是他提出"有限理性"标准和"满意度"原则。之后的管理学家又对决策者行为做了进一步的研究，他们认为，影响决策者决策的因素不仅有经济因素，还有其个人的行为表现，如态度、情感、经验和动机等。

行为决策理论的主要观点和理论体系如下所述。

1. 人的理性介于完全理性和非理性之间，即人是有限理性的

这是因为在高度不确定和极其复杂的现实环境中，人的知识、想象力和计算力是有限的。

2. 决策者在识别和发现问题中容易受知觉上的偏差影响

在对未来的状况进行分析、判断时，直觉往往比逻辑分析方法运用得多。所谓知觉上的偏差，是指由于认知能力有限，决策者仅把问题的部分信息当作认知对象。

3. 决策选择是相对理性的

受决策时间和可利用资源的限制，决策者即使充分了解并掌握有关决策环境的信息情报，他们也只能做到尽量了解各种备选方案的情况，而不可能做到全部了解，决策选择是相对理性的。

4. 决策者对待风险的态度

在风险型决策中，与对经济利益的考虑相比，决策者对待风险的态度起着更为重要的作用。例如，决策者倾向于接受风险较小的方案，即便风险较大的方案可能带来更为可观的收益。

5. 决策者在决策中往往只求满意的结果，而不愿意费力寻求最佳方案

这种决策目的导向产生的原因主要有：决策者不注意发挥自己和别人进一步研究的积极性，只满足于在现有的可行方案中进行选择；决策者本身缺乏相应能力，在某些情况下，决策者出于个人因素的考虑而做出选择；评估所有方案并选择其中的最佳方案，需要花费大量的时间和金钱，这可能得不偿失。

行为决策理论抨击了把决策视为定量方法和固定步骤这种观点的片面性，主张把决策视为一种文化现象。例如，美国学者大内在对美日两国企业在决策方面的差异所进行的比较研究中发现，东西方文化的差异是导致这种决策差异的一个不容忽视的原因，从而开创了决策的跨文化比较研究。

除西蒙的"有限理性"标准外,"渐进决策"也对"完全理性"提出了挑战。林德布洛姆认为,决策过程应是一个渐进过程,而不应大起大落(当然,这种渐进过程积累到一定程度也会形成一次变革),否则会危及社会稳定,给组织带来组织结构、心理倾向和习惯等方面的震荡和资金困难,也使决策者不可能了解和思考全部方案并弄清每种方案的结果(这是由于时间紧迫和资源匮乏)。因此,"按部就班、修修补补的渐进主义决策者或安于现状的人,似乎不是一个叱咤风云的英雄人物,实际上却是能够清醒地认识到自己是在与无边无际的宇宙进行搏斗的足智多谋地解决问题的决策者"。这说明,决策不能只遵循一种固定的程序,而应根据组织内外环境的变化适时进行调整和补充。

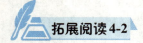

福建省泉州市欣佳酒店"3·7"重大坍塌事故救援

2020年3月7日19时14分,福建省泉州市鲤城区欣佳酒店所在建筑物发生坍塌,造成71人被困。事故发生后,应急管理部立即启动应急响应,会同住房和城乡建设部等部门派出工作组连夜赶赴现场指导协助应急处置工作。福建省和泉州市迅速组织力量开展救援。国家综合性消防救援队伍、国家安全生产专业救援队伍、中交集团、地方专业队伍、社会救援力量等共计118支队伍、5176人参与抢险救援。福建省消防救援总队迅速调派10个支队的重、轻型救援队1086名指战员,携带生命探测仪、搜救犬以及特种救援装备到场处置。救援人员采取多种方式反复侦查,确定被困人员方位,按照"由表及里、先易后难"的顺序,合理使用破拆、撑顶、剪切等方法破拆建筑构件,多点作业、逐步推进,全力搜寻营救被困人员。卫健部门调派56名专家赶赴泉州市支援伤员救治,并在事故现场设立医疗救治点,调配125名医务人员、20辆救护车驻守现场,及时开展现场医疗处置、救治和疫情防控工作。经过112小时的艰苦奋战,成功将71名被困人员全部救出,其中42人生还。

主要经验:迅速启动重大灾害事故响应机制,第一时间成建制、模块化调集消防救援专业力量到场实施救援;通过"以房找人、以人找人、以物找人"等方法迅速定位,采取"纵横结合、两侧并进"掘进方法,开展地毯式搜寻;针对被埋压人员不同区域位置,采取"搜救犬和生命探测仪交叉搜寻定位、工程机械逐层剥离表层构件"的战术措施,发挥专业装备优势;公安、住建、卫健、疾控、电力、通信和武警部队等部门协同配合,为现场救援行动提供有力保障。

资料来源:https://www.gov.cn/xinwen/2021-01/04/content_5576955.htm(2021-01-04)[2023-11-05]。

(三)当代决策理论

继古典决策理论和行为决策理论之后,决策理论有了进一步发展,产生了当代决策理论。该理论的核心是:决策贯穿于整个管理过程,决策程序就是整个管理过程。

该理论认为,组织是由作为决策者的个人及其下属、同事组成的系统。整个决策过程从研究组织的内外环境开始,继而确定组织目标、设计可达到该目标的各种可行方案、比较和评估这些方案,进而选择方案,最后实施决策方案,并进行追踪检查和控制,以确保预定目标的实现。该理论对决策的过程、决策的原则、程序化决策和非程序化决策、组织机构的建立同决策过程的联系等进行了精辟的论述。

当今的决策者，应在决策过程中广泛采用现代化的手段和规范化的程序，以系统理论、运筹学和计算机为工具，并辅之以行为科学的有关理论。

可以说，当代决策理论把古典决策理论和行为决策理论有机结合起来，它所概括的科学行为准则和工作程序，既重视科学的理论、方法和手段的应用，又重视人的积极作用。

二、企业常规决策与危机决策

（一）危机决策的界定与特点

1. 危机决策的界定

根据管理学中的决策理论，决策是指管理者识别并解决问题以及利用机会的过程。这一定义体现出以下内涵：第一，决策主体是管理者（可以是某个决策者个人，也可以是管理团队或者小组）；第二，决策的本质是一个过程，这一过程由多个步骤组成（一般包括识别机会或诊断问题、识别目标、拟定备选方案、评选备选方案、做出决定、选择实施战略、监督和评估 7 个阶段）；第三，决策的目的是解决问题或利用机会。管理者在决策时应遵循满意原则。管理者决策的依据是信息，信息的数量和质量直接影响决策水平，但是信息所带来的收益应该超过因收集信息而付出的成本。

西蒙根据问题的性质把决策分为程序化决策和非程序化决策，程序化决策涉及的是例行问题，而非程序化决策涉及的是例外问题。

危机的突发性、紧急性、结果的不确定性等，给决策者带来了高度的紧张和压力，所以，危机决策是非程序化决策，这种决策要求决策者在相当有限的时间里做出决策和反应。

关于危机决策，目前理论界是从危机和决策之间多个方面的关系来理解的。

一种观点认为，危机应对实质上可以理解为一种决策情势。在危机情境中，决策者认定的企业重大安全和核心价值观受到严重的威胁和挑战，突发事件以及不确定的前景造成了高度紧张和压力，为了保证组织在危机中生存，并将危机所造成的损害限制在最低限度内，决策者要在有限的时间里做出重要决策和反应。

而希斯对危机管理的本质的认识，反映出他对危机决策的界定：危机管理需要一个既使用权威又使用民主的决策程序，在此环境下激发反应者做出一个富有弹性但又极具力度的决定。管理就是在及时决策和民主参与之间寻求平衡，以及在目标层层分解、责任到人和全体员工齐心协力向统一的核心目标冲刺之间寻求平衡。要达到这种平衡，最基本的方法是在缩减与准备阶段（危机事前阶段）让员工及各组织、团体参与到计划中来。对危机反应、恢复计划的有效参与，使得各团体在危机反应与恢复过程中就能实现协作，就能接受指挥。这一分析阐明了危机管理的一个核心问题——在一个分散无序、嘈杂混乱的环境中做出及时适应的决策。

归纳起来，危机决策就是在有限的时间、资源等约束条件下，危机管理者为了不失良机而打破常规，省去决策中的某些"繁文缛节"，制定应对危机的具体措施，以尽量快的速度做出应急决策，所以危机决策是非例行的决策活动。

2．危机决策的特点

危机决策与常规决策相比，有以下不同。

（1）目标取向不同

企业发生危机时，由于涉及难以预料的后果，为了控制危机事态蔓延，最大限度保护利益相关者，尤其是保护人身安全和重大财产安全，危机管理者必须快速、高效地做出危机决策，这就要求危机管理中的权力高度集中于决策者手中，进行危机决策时不可能有充分的时间和条件来广泛征求利益相关者的意见。而常规决策通常要求广泛、充分的民主参与，要求采取讨论、协商、调查、投票表决等规范性程序，经过较长时间的探讨，最终就企业某个经营问题达成一致意见。所以，常规决策体现民主原则，决策权力相对分散，决策程序是例行的。

（2）约束条件不同

由于企业所处环境变化急剧，同时人类的理性是有限的，无法完全掌握信息，因此就产生了不确定性，使决策者难以对事态发展进行精确估量。于是，追求决策的满意原则就是理所当然的了。

关于不确定性，按照决策者的主观感觉，可以分为：状态的不确定性；影响的不确定性；反应的不确定性。这些决策情境的不确定性，导致企业必须根据事态的发展，实行权变式决策，特别是在危机情境下，这种不确定性尤其明显，主要原因如下。

① 决策时间紧迫。

针对不确定状态下的企业危机决策，决策者要遵循时间第一的原则，要具有应对各种危机的敏锐的洞察力，恰当估计形势，快速应变，及时疏导，果断处理，以控制危机蔓延，谨防事态扩大，力争将危机消除在始发阶段。

② 信息有限。

危机决策信息有限性主要体现在三个方面。

首先，信息不完全。危机状态下，由于危机事态发展本身的随机性和不确定性，很多危机信息是随着危机事态的发展而演变的。很多危机决策需要的信息在事发时是不可能完全获悉的。

其次，信息不及时。由于危机事态发展往往是急剧变化的，危机信息从事发现场传输到危机指挥决策机构，中间要经过好几个层级，因此最高决策者对危机信息的掌握往往是滞后的。

最后，信息不准确。危机决策虽然是非程序化决策，但是决策程序有一定的步骤，而在每个步骤中，都有信息的输入与输出过程。在信息的传输过程中，危机信息极容易失真，极端情况下，还会小道消息满天飞，这体现了危机信息不准确的特点。所以，危机过程中的信息沟通是企业危机管理者必须高度关注的问题，这是本书第6章将要讨论的内容。

③ 资源尤其是人力资源紧缺。

在危机情境中，由于信息有限，危机处理的备选方案有限，危机管理者往往要靠自己的直觉、智慧和经验来判断和决策，这就要求决策者具有相当的心理素质。这些心理素质主要包括：胆大心细、果断坚决和极强的自制力。相反，胆小怕事、优柔寡断、感情冲动则是危机决策者致命的性格缺陷。可见，危机决策者的素质和水平要求是很高的。

在人力资源方面，最紧缺的是高水平的决策者。在危机管理团队中，最容易出现所谓的"群体盲思"。"群体盲思"是指在危机情境下，某些特殊的决策环境组合，会使危机管理团队的压力升高，从而使他们的心智效能、检验真实的能力及道德判断受到破坏。

其次缺乏的是专业技术人才。在现代企业经营中，决策涉及面十分广泛，企业不可能对决策涉及的每个方面、每项技术要求都充分了解。对于有些技术性很强的企业危机（如核泄漏、有害化学物品泄漏、爆炸等），决策者个人以及危机管理团队由于受先天条件与环境的制约，只有在咨询特别专业的专家智囊团的意见后才能决策。

④ 技术支持稀缺。

危机状态下，决策者为控制事态蔓延，避免大规模的人身和财产损失，需要配置大量专业技术设备，如交通工具、通信设施、计算机辅助系统等，以作为实施快速决策的支持平台。但是在危机中，这些专业设备有可能失灵，从而给危机决策者带来更多的挑战。有些危机就与重要系统发生事故或计算机软件质量不佳直接有关。比如，1996年6月欧洲航天局发射的阿丽亚娜5号火箭的爆炸就是因软件错误而招来横祸的突出事例。

（3）决策程序不同

危机决策属于典型的非程序化决策，所以危机决策程序在不损害决策合理性的前提下必须适当简化。

（4）决策效果不同

总体上，常规决策方案执行以后的效果是可以预期的。危机决策实质上是一种模糊决策和非预期决策，决策方案实施的具体效果如何？决策方案在执行过程中是否会变形、走样？决策方案执行后影响如何？对于这些问题，决策者没有足够的时间去充分考虑，结果也很难预料。

常规决策和危机决策的具体区别可以参考表4.1。

表4.1 常规决策和危机决策的比较

决策类型	特点	决策制定技术	
		传统式	现代式
常规决策	常规性、程序化、反复性决策	根据组织或管理者的习惯进行决策；事务性常规工作，遵循组织制定的标准操作规程进行决策；受组织结构、信息通道规则影响较大	以现代管理科学的决策理论、方法、模型运用为主导技术
危机决策	非程序化、非常规性决策，危机决策面临的不确定性大、影响大、情况更复杂、时间非常紧迫，决策力求把握机遇、转危为机	依靠管理者个体直觉、创造能力和判断能力进行决策；管理者的素质、遴选及培训机制影响较大	借助计算机程序，运用探索式问题解决技术与方案；依据信息论，围绕风险信息进行重点监测和防控

资料来源：闪淳昌，薛澜，2020. 应急管理概论：理论与实践[M]. 2版. 北京：高等教育出版社.

（二）危机决策阶段划分

希斯按照危机决策阶段将危机管理决策划分为危机事前决策和危机事中决策。

1. 危机事前决策

危机事前决策需要多方参与。在时间允许、信息充分的情况下，应当通过集体决策、评估来做出最优的决策。危机事前决策主要有以下 8 个步骤。

(1) 确认决策面临的问题

决策开始时，决策者都会遇到这样的问题：预期情境和实际情况之间有差距，因此决策者就可能做出某一决策，或者不做这一决策。

是否要做出这一决策，在本质上可能是主观的，要看决策者是否认识到存在的问题。

(2) 确认决策标准和事实

决策者需要限定决策，在询问危机事件有关问题时一定要细心。这是因为语句、数据及重点的变化都会引发不同的选择。

在未充分理解实际情况，同时又面临紧急问题亟待决策的情况下，决策者经常倾向于选择替代方案。因此决策者需要了解他们用于定义决策的各种术语。

对决策的主张和约束的明确分析能够使决策者明晰决策的内容及标准，从而做出决策，所以决策者不仅要寻求各种可能的标准，还要对相应的结果进行评估。

在危机决策中，不能寻求过多的标准，使决策复杂化，而要选择有用的标准。所谓有用的标准是指那些明显有助于期望结果形成的标准。

(3) 决定评估标准、方式、权重

为保持系统性和连贯性，每个标准的权重和含义应通用于计划决策方案及其备选方案。在很多情况下，决策者使用一种标准对其权重进行评估，然后将其集合成单一权重。因此最优的决策就是对有着较大单一集成权重的选择。

权重值可以是任何数字，关键要看该标准在诸多标准中的相对地位。

(4) 发展备选方案

决策的下一步就是寻找尽可能多的备选方案。完成一项任务总有许多方法，因此决策者可以通过集思广益的头脑风暴方法，以及正式的、非正式的专业咨询，形成所有可能的备选方案，寻求更多的选择和方法，努力使"预料之外"变为"意料之中"。

以下三个问题有助于形成一个完整的备选方案系列。

① 我们需要考虑这种偶发因素吗？
② 我们现在需要根据这种偶发因素进行决策吗？
③ 我们是否有充分理由决定不进行此决策？

这三个问题可以避免为决策而决策，提供了否定、延期或放弃选择的依据。

(5) 分析备选方案

一旦备选方案基本形成，决策者就需要评估这些方案对有效解决问题的贡献。

(6) 选择一个备选方案

累积决策模式下获得最高分数的方案，便是最好的选择，因此在这一步决策者的工作就是从备选方案中挑选出最优方案。

如果时间允许，对标准及其计算方式进行回顾会更有效，累积或整合决策模式可帮助决策者判断出哪些备选方案是不恰当的。

在改变决策模式时要谨慎，决策者可能会凭直觉去选择方案，切记不要在分数较低时就断定权重或标准是错误的。

（7）执行备选方案

有些决策者认为一旦做出决策，他们的任务就结束了，这是不对的。决策者还要向那些受到影响及围绕决策采取行动的人们传达决策效果，同时检验并评估决策程序及决策的影响。

（8）评估决策程序及决策的影响

决策者需要回顾制定决策的过程和决策的影响，以提高决策水平。

具体可以通过考虑以下几个关键问题来进行评估。

① 发生了什么？
② 选择是否成功？
③ 决策对相关人员有何影响？
④ 决策不如预期时，其原因是什么？

2. 危机事中决策

上面介绍的危机事前决策的运作程序，类似于常规决策过程中一个完整的标准化的操作，这种决策模式是基于决策者的理性产生的。关于决策者的理性假设有以下几个。

① 决策或问题状况是清楚的。
② 可以寻找到限定明确的目标。
③ 所有的事实与结果都是已知的。
④ 偏好是清楚、一贯的。
⑤ 决策过程中的时间和成本限制不存在。
⑥ 最后的选择将使最终收益最大化。

基于这些假设的决策会趋向完美。

但是在危机情境下，时间有限，信息不充分或不确定，成本很可能上升或者不可预测，对资源的需求有可能超过现有储备，理性决策模式无法自然应用。即便能够正确应用，也会因过于复杂而耗费太多的时间。

基于此种情况，希斯提出了区别于危机事前决策的另一种决策模式——危机事中决策。在真实的决策环境中，理性非常有限，纷繁复杂的方案、层出不穷的问题、头绪杂乱的决策往往交织在一起，企业文化会扭曲决策者的看法，以至于出现盲点。因此现实中，决策更可能是跳跃式理性思维的集合，决策者更倾向于构建简单模式而非复杂模式。很多情况下，决策者会制定"满意的"或是"次优的"决策，也就是说，第一个符合标准的备选方案就会被采纳，这样节省了时间和精力，但是是以牺牲最优的选择和结果为代价的。

(三)其他危机决策方法

1. 自然决策环境

危机决策应考虑危机事件中的真实环境,进而形成自然决策(Naturalistic Decision-making,NDM)环境。自然决策环境考虑的因素主要有:持续变化的情境,对变化的即时反应,限定的错误目标和构建的错误任务,有知识的人们。

在自然决策环境中,决策除考虑以上4个因素以外,还需考虑:不确定性、模糊以及数据的缺乏;易变化的、相冲突的目标;时间压力;利害关系;参与人;组织文化与规范。

这些因素反映了多数决策环境,更能反映危机决策的情境。

2. 识别启动决策方法

识别启动决策(Recognition Primed Decision-making,RPD)方法着重于帮助决策者解决如何确定恰当的行动过程这一问题,其中的重点包括:情境评估;满意而不是乐观;连续决策与优化;心理模拟可操作性的最优选择;提升和改进决策;启动行动。

(四)危机决策过程中的失误

危机情境中的决策往往建立在信息不充分的基础上,并且决策者还要承受较大心理压力,这些都很容易造成危机决策过程中的错误。

危机情境下常见的三种决策错误分别是目标不确定、以点带面和拒绝。

所谓目标不确定,是指危机决策者从一个目标转向另一个目标,如同毫无目的、到处乱飞的蝴蝶。不确定隐藏在"以点带面"和"拒绝"之间,处于这种失误状态的决策者很不稳定,从一个事故转向另一事故,从一个"事实"转向另一个"事实"。

所谓以点带面,是指以牺牲其他目标为代价,从而集中于一个目标的决策失误。以点带面的决策失误可能造成危机恶化。例如,机组人员只关注某种事故而忽视其他潜在问题,导致许多其他飞行事故的发生。1972年12月的美国东方航空公司在迈阿密的飞机坠毁事件、1978年12月的美国联合航空公司在波特兰的飞机坠毁事件,都是因为机组人员过分关注飞机起落架是否放下,忘记使用自动驾驶系统或忽视了燃料耗尽问题,而造成了飞机坠毁。

所谓拒绝,是指不做任何决策。

还有一种危机情境下的决策失误源于团体心理定势引发的"团体思考式"危机决策失误。其特征是:缺乏搜寻所有数据与信息的努力;任一团体成员都不愿意反对某个行动;团体中的某个或某些高级成员对某个选择强烈支持;对情境和他人持一样的看法;存在全体一致的错觉;存在看似无懈可击的错觉。

对于这种"团体思考式"的失误,有下列解决策略:寻找基本假设与视角;鼓励异议,而不仅是反对;有意考虑每种可能的最坏结果;使用非正式组织,而不是正式组织去寻求解决方案,并分析各种方案的各种可能结果。

在危机决策过程中,应尽量避免与"团体思考式"错误有关的心理定势:传统智慧、教条主义、长期经验。这些心理定势往往会导致危机管理者忽视企业目前所处的特定环境，忽视各种不同类型的危机应有不同的处理方式。所以，在危机管理中，我们应该积累过去的经验、计划和训练，但是更要审时度势、因地制宜。

爱立信怎么不做手机了？

曾经的世界手机市场三巨头诺基亚、摩托罗拉和爱立信，其中两家位于北欧相邻的两个国家。手机市场的龙头老大诺基亚诞生于1865年的芬兰，当时是家造纸厂，一直到20世纪90年代才集中精力制造以手机为主的通信设备。在芬兰的邻国瑞典，爱立信先生早在1876年就开了一家修理电话的小店铺，因为修理电话的活干熟了，于是自己也造起了电话机。从那时算起，爱立信制造电话的历史有一百多年，相比之下，诺基亚就像是一个初出茅庐的后辈。

然而，一场发生在大西洋彼岸的美国的火灾，却在世界手机市场竞争的局势演变中起到了"导火索"的作用，使世界手机制造商的竞争格局发生了根本性的变化。

2001年3月17日，离芬兰和瑞典近三千公里的美国新墨西哥州上空风雨交加，晚上八点左右，一道闪电击中了一条电线，导致整个新墨西哥州电压剧烈波动，飞利浦公司在新墨西哥州首府的一座制造工厂发生了一场火灾，虽然火立刻被扑灭了，但是对于手机生产商诺基亚和爱立信来说，重大破坏已经造成。

被烧煳的塑料天花板变成碎末，撒了一地，大火引发的消防喷水将地面全部浸湿，足够制造几千部手机芯片的八大盘半导体晶片因为正好置放在火灾现场的中心而全部毁坏。大量的浓烟涌入位于工厂中心的无菌房，无菌房中存放着几百万块手机芯片，这些芯片非常小，但只要输入密码就可以接收无线电的信号。然而，滚滚的浓烟及其带来的小颗粒使所有芯片毁于一旦。

飞利浦的主管人员马上意识到，清理整修生产线并恢复生产可能需要至少一周时间，为了满足客户的芯片需求，恢复生产速度是关键。然而再怎么迅速，也不可能在短时间内为客户生产出半导体芯片，因此飞利浦的主管决定先满足大客户诺基亚和爱立信的需求（诺基亚和爱立信的芯片采购量占该工厂芯片总产量的40%）。而其他三十多家小客户，包括朗讯科技等，则必须等待一下了。

新墨西哥州的火灾发生后没几天，位于芬兰总部的诺基亚零件采购部的主管人员就注意到一些手机零件有交货延迟和数量不足等迹象，并意识到供应链上可能出现了问题。3月20日，诺基亚零件采购部主任马基在与飞利浦客户代表的通话中得知了生产手机芯片的工厂遭受火灾的消息，但是飞利浦的客户代表却告诉马基，只有部分半导体芯片受到损坏，工厂大约会在一周以后恢复正常。

有了飞利浦客户代表的保证，马基松了口气，但是他还是将飞利浦芯片工厂着火的消息报告了主管供应链管理的副总经理柯赫能。柯赫能同样不认为这是一个严重问题，但为了谨慎起见，他提出派两位诺基亚的工程师去飞利浦的工厂提供帮助，但遭到了飞利浦的拒绝。柯赫能随即把从飞利浦订购的5种配件列入特别观察单，诺基亚的员工每天都要与飞利浦的客户代表通话几次，询问芯片供应情况，并时刻通过电子邮件报告给柯赫能。诺基亚的高层主管在与飞利浦的几次会谈中也多次问起这家工厂的芯片生产情况，虽然这些芬兰的主管们总是彬彬有礼，从不提高声音，但是飞利浦的经理们意识到诺基亚对此事非常认真。

随着美国新墨西哥州运出的手机芯片数量迅速减少，柯赫能开始焦虑起来，终于，在火灾发生两周后的3月31日，当柯赫能正在位于赫尔辛基的总部开会时，马基冲进了会议室，告知柯赫能飞利浦工厂的生产恢复可能要远远不止两周时间，未来几个月的供应可能都将受到影响。几个月的芯片短缺对诺基亚来说意味着将近400万部手机将供应不上，诺基亚可能不得不减少5%的手机销售量。要知道2000年正是手机市场一片红火的时候，手机的订单像雪片一样飞进诺基亚，年终时，5%的销售量减少就会反映在企业的利润上。想到这一切，柯赫能非常焦虑，他马上中止正在进行的会议，并召集所有负责供应链管理的主管人员商讨对策，研究从其他地方获得芯片的可能。研究发现，在新墨西哥州生产的5种手机芯片，有两种是无法用其他芯片替代的，其中的一种能量放大芯片在世界上还有许多供应商可以提供，然而另一种被称为ASIC的半导体芯片（用于控制手机无线电波长），却只有飞利浦和另外一家供应商才能生产，这种ASIC芯片是手机中不可缺少的零件。

在柯赫能从马基那里接到坏消息后的几个小时之内，诺基亚就针对手机供货情况组建了危机处理小组，小组成员包括芯片设计工程师、供应链主管人员，以及诺基亚在中国、日本、芬兰和美国分公司的最高主管。

而在诺基亚的危机处理小组忙前忙后寻找各种解决途径的时候，在斯德哥尔摩的爱立信的经理人员尚没有理出任何头绪。虽然爱立信也在火灾三天后得到了飞利浦的汇报，但是所有与飞利浦之间的沟通一直停留在技术人员层面，即使有些不完整的信息也传到了行政主管人员那里，但是爱立信的主管人员不以为意，他们认为火灾这样的事情是经常发生的，对公司来说并不是什么灾难性的事件，因此也就没有上报到最高主管人员那里。直到3月底，爱立信主管手机和消费品的总经理才得知飞利浦工厂的火灾导致了手机零件供应短缺，即使这样，爱立信的主管们依然认为情况尚不明朗，必须谨慎行事。

另一边，诺基亚的柯赫能和马基飞到了位于阿姆斯特丹的飞利浦总部会见飞利浦公司的总裁，在美国开会的诺基亚董事长和总裁也专门赶到阿姆斯特丹参加会议。在会谈中，诺基亚方明确告诉飞利浦的总裁，他们无法接受目前的状况，要求飞利浦寻找任何可能的途径来提供解决方案。柯赫能事后回忆说，谈判时他们向飞利浦所提的要求是难以想象的苛刻。

为保证手机生产线的顺利运转，柯赫能和他的危机处理小组必须与时间赛跑。为了获得200万枚能量放大芯片，他们找到一家日本的供应商和一家美国的供应商，向每家各订购100万枚芯片，并要求5天内供货。从订货到供货只有5天的时间，一般来说供应商很难满足这样的要求。但是为了满足诺基亚这样的大客户，这两家供应商都接受了订单。

对于ASIC芯片，柯赫能要求飞利浦彻底检查其下属所有工厂的生产能力，并要求飞利浦重新调整生产计划，腾出一些生产线来满足诺基亚的要求。诺基亚穷追猛打般的执着终于取得了想要的结果。飞利浦腾出荷兰工厂的一条生产线来生产1000万枚ASIC芯片以满足诺基亚，飞利浦在上海的工厂也腾出一定的容量来为诺基亚提供ASIC芯片。同时，诺基亚的工程师们也没有闲着，他们重新设计芯片的结构，以便于其他供应商的生产线可以生产这些芯片。这些工程师们还设计出新的芯片生产方式，一旦位于新墨西哥州的工厂可以重新开工，使用这种新的生产方式就可以多生产很多枚芯片。

相比之下，随着飞利浦工厂发出的芯片数量越来越少，爱立信的主管们发现他们陷入一种无能为力的状态。当爱立信的高层领导意识到问题的严重性时，飞利浦已经答应诺基亚腾出所有可以腾出的生产容量为其生产 ASIC 芯片了，对于爱立信的要求，飞利浦的回答是实在找不到多余的生产容量，实在是无能为力。

在 20 世纪 90 年代中叶，爱立信为了增加供应链的效率，减少供应链上的成本，削减了许多预备供应商，将配件的购置集中到少数几家供应商那里。而当飞利浦的芯片一下子供应不上时，爱立信才意识到预备供应商的重要性。

4 月 1 日，爱立信宣布停止自己生产手机，将手机生产业务全部外包给一家位于新加坡的制造公司 Flextronics，并宣布这家公司即日起将接收爱立信位于巴西、马来西亚、瑞典、英国及位于美国的所有生产基地和设施，爱立信的大约 4200 名员工届时将投入 Flextronics 的旗下。消息传出，全世界为之震惊。一家生产了一百多年电话机的老牌企业，自己不再制造任何手机了。

资料来源：鲍勇剑，陈百助，2003. 危机管理：当最坏的情况发生时[M]. 上海：复旦大学出版社.

三、企业危机决策流程分析

（一）危机决策的流程

从科学决策程序来分析，决策流程主要包括：调查研究、提出问题；系统分析、确定目标；收集信息、科学决策；制定方案、选择对策；全面比较、评价方案；总体权衡、最后决策；执行决策、控制反馈。危机管理的独特之处在于特别重视"做最坏的打算"，因此，围绕危机决策的非常规性和"艺术性"，危机决策的目标定位可以是在危机事发前与事发后两个阶段，分别追求最高与最低境界，具体见图 4.1 中的四层 U 形境界。

境界	危机阶段	
	事发前	事发后
高	1. 完全避免危机	3. 善于利用危机
低	2. 充分准备危机	4. 有效应对危机

图 4.1　四层 U 形境界

资料来源：闪淳昌，薛澜，2020. 应急管理概论：理论与实践[M]. 2 版. 北京：高等教育出版社.

（二）危机决策流程的约束条件

按照科学决策流程，决策将会趋向完美，但是实际上，在危机情境下这种决策流程很难执行，因为危机情境下的决策要受到多种因素的制约。

关于危机决策的制约条件，主要有以下几个理论研究模型。

1. 认知式决策模型

该模型强调决策者认知危机情境的局限性，如可供决策者思考的时间有限、组织收集信息的渠道较少等，这类似于西蒙的"有限理性"决策模式。

2. 附属式决策模型

该模型强调危机情境下组织内外人际关系对决策者行为的影响,如维持或增强他们在组织内的权力、地位,获得更多的社会支持等。

3. 自我满足和激励模型

该模型强调个人的动机、需求、利益对决策者进行决策的影响,决策者进行决策时往往考虑个人的利益而不是组织的利益。

在总结以上各种决策模型的基础上,学者提出了重大决策的主要约束条件及其应对策略(具体见表4.2)。

表 4.2 重大决策的主要约束条件及其应对策略

约束类型	约束条件	应对策略	具体对策与措施
认知情境	时间有限;信息搜索和评估可用的资源短缺;多重任务;决策问题极其复杂;令人困惑;缺少可靠的知识;思维惯性	认知式决策	可得性;满足性;类推;综合聚焦;操作性编码
附属关系	决策者需要维持权力、地位、补偿和社会支持;决策者需要新政策在组织内获得认可	附属式决策	避免惩罚;人员配备的认可度;权力斗争中培养"高人一筹"的作风;保持组织协调性
自我满足	严重的个人动机(欲望、需求和名望);个人情绪的变化(发怒、高兴);决策冲突的情绪压力	利己主义式决策	强化个人(决策中我起什么作用);避免过度防御;避免问题蔓延至超高难度决策(迅速控制局势)

资料来源:薛澜,张强,钟开斌,2003.危机管理:转型期中国面临的挑战[M].北京:清华大学出版社.

拓展阅读 4-3

沈海高速浙江温岭段"6·13"液化石油气运输槽罐车重大爆炸事故

2020年6月13日16时41分许,浙江省台州市温岭市境内沈海高速公路温岭段温岭西出口下匝道发生一起液化石油气运输槽罐车重大爆炸事故,共造成20人死亡,175人受伤,直接经济损失9470余万元。发生原因是,事故车辆行驶至弯道路段时,未及时减速导致车辆发生侧翻,罐体前封头与跨线桥混凝土护栏端头猛烈撞击,形成破口并快速撕裂、解体,导致液化石油气迅速泄出、汽化、扩散,遇过往机动车火花产生爆燃,最后发生蒸汽云爆炸。

主要教训如下。一是企业安全生产主体责任严重不落实。瑞安市瑞阳危险品运输有限公司无视国家有关危化品运输的法律法规,未严格开展GPS动态监控、安全教育管理、如实上传电子路单等工作,存在车辆挂靠经营等违规行为,GPS监管平台运营服务商违规协助企业逃避监管。二是有关行业协会未如实开展安全生产标准化建设等级评定工作。未发现企业自评报告弄虚作假、监控人员配备不符合规定等问题，违规发放安全生产标准化建设等级证明，违规将年度核查评定为合格。三是事故路段匝道业主、施工、监理等单位在防撞护栏施工过程中未严格履行各自职责，防撞护栏搭接施工不符合标准规范和设计文件要求。四是有关地方政府安全发展理念树立不牢固，安全生产领导责任落实不到位。地方政府交通运输、公安、公路管理等部门，对危化品运输、公路建设养护、工程质量监督等方面安全风险管控和监管执法存在漏洞。

资料来源：https://www.gov.cn/xinwen/2021-01/04/content_5576955.htm(2021-01-04)[2023-11-05]。

本章实训实验

一、扫描二维码，观看、学习相关资料

学习资料 4.1

二、案例实训

阅读以下案例，回答案例思考题。

四川龙潭水电站险情处置

2019 年 8 月 20 日，四川省阿坝州普降大到暴雨，强降雨导致岷江支流渔子溪暴发特大山洪泥石流，灾害造成龙潭水电站大坝电源中断，泄洪闸未全部开启，发生漫坝险情。大坝上游 119 名群众一度被困，同时坝体面临失稳溃决风险，严重威胁下游约 5000 人生命安全。险情发生后，应急管理部启动应急响应，第一时间派出工作组赶赴现场，14 天全过程指导督导处置。当地政府立即转移下游受威胁群众，同时积极组织营救上游被困人员，一方面利用直升机转运伤员，另一方面全力打通救援道路，至 8 月 23 日全部被困人员获救。为彻底排除险情，现场指挥部科学制定 3 套提闸方案及爆破和开槽导流除险方案，组织做好险情处置。应急管理部门积极协调各方力量，开展抢险救援；安能集团克服困难迅速打通上坝道路；国家能源集团搭建 2 座应急交通桥，组织突击队伍上坝除险，先后组织 7 次提闸，细化闸门破拆准备；水利、气象部门全程提供监测预报信息；交通、通信部门全力确保道路、通信畅通；国资委、能源部门重点督导水电站业主除险进程。经多方共同努力，9 月 3 日，2 号闸门爆破破拆成功，水位迅速降至坝顶以下，龙潭水电站险情解除。

主要经验：龙潭水电站险情的成功处置，主要得益于统一领导、权责一致、权威高效、上下联动的国家应急能力体系的建立，各部门在统一的指挥体系下密切配合，克服安全风险巨大、施工环境复杂、救援条件恶劣等困难，全力做好抢险救援工作，整个抢险救援过程有力有序有效。

资料来源：https://www.mem.gov.cn/xw/bndt/202001/t20200111_343398.shtml(2020-01-11)[2023-11-05]。

案例思考:
危机管理者可以从四川龙潭水电站险情处置中学习哪些危机应对领导能力?

三、观看央视 3·15 晚会,提升企业危机管理能力

扫描二维码,观看央视网《2023 年 3·15 晚会》。

学习资料 4.2

1．分析该晚会揭露的部分企业侵害消费者权益案例。

2．运用本章的企业危机应对领导理论,分析如何预防、处理企业危机,保护消费者的权益。

本章思考与练习

1．企业危机管理者有哪些职责?
2．企业危机管理者应该具备哪些素质与能力?
3．企业危机决策与常规决策的主要区别是什么?
4．危机情境下企业为什么要集中领导权?
5．危机事前、事中决策分别应该采取哪些步骤?
6．企业危机决策的约束模型有哪些?对应的内容是什么?

第 5 章

企业危机应对控制

学习目标

知识要点	能力要求
企业危机应对控制概述	（1）了解企业危机应对控制过程 （2）理解企业危机应对控制的类型 （3）掌握企业危机应对控制活动的对象
有效的企业危机应对控制特征	掌握有效的企业危机应对控制应具备的特征
企业危机应对控制方法与策略	（1）了解企业危机应对控制方法 （2）掌握企业危机应对控制策略

控制是管理的重要职能，对企业危机管理活动来说也不例外。在企业危机管理中，尽管有了很好的应急预案，有了很好的危机应对组织，企业危机管理者的效率也很高，但是如果原来制定的应急预案不当或者危机情境的发展与原来的预测不同，应急预案局部或整体已经不符合当前的状况，那么在危机管理活动中就会出现各种偏差，使得危机管理者难以实现应急预案要求的目标，这就需要强化危机应对过程中的控制。也就是说，一个完整的危机管理过程必须包含危机应对控制活动。

第一节　企业危机应对控制概述

一、控制与企业危机应对控制

从管理职能来看，控制是指监视各项活动，保证它们按照计划进行并纠正各种重要偏差的活动。企业内部所有的管理者都承担着控制的职责。

企业危机应对控制是企业危机管理者通过监督、监察有关活动，保证危机应对活动按照应急预案进行、不断纠正各种偏差的过程。

二、企业危机应对控制过程

企业危机应对控制过程包含3个步骤。
① 衡量实际危机管理活动的绩效。
② 将实际绩效与应该达到的标准进行比较。
③ 采取行动来纠正偏差或不当。

其中，衡量主要有两件事情：衡量什么；如何衡量。衡量什么就是要确立评价标准，这主要决定于应急预案和企业危机管理活动审核系统。如何衡量则主要通过信息交流来解决，如个人的观察、统计报告、口头交流和书面交流等。

比较主要是确定实际危机管理工作绩效与标准的偏差，实际工作中管理者主要依据危机管理工作的偏差范围来进行相应的管理活动，即按照偏差的大小和发展趋势进行有针对性的危机管理活动。

采取行动意味着改善企业危机管理的工作绩效，如调整危机管理策略、改善危机管理组织结构、重新安排相关人员等；采取行动也意味着将不合理的应急预案进行调整，如将应急预案的要求调高或调低。

案例 5-1

湖南省郴州市列车脱轨侧翻事故救援

2020 年 3 月 30 日 11 时 40 分，受连日降雨影响，湖南省郴州市永兴县境内京广线马田墟至栖凤渡站下行 K1855+778 处发生塌方，T179 次（济南—广州）旅客列车行驶至该处时撞上滑塌体脱轨。机车及机后第 1 至 8 位车辆脱轨,其中机后第 1 位脱轨颠覆起火。事故发生后,交通运输部、国家铁路局、应急管理部、国铁集团等组成联合工作组赶赴现场,指导开展应急处置工作。当地迅速组织消防救援队伍（147 名指战员、28 辆消防车）和铁路救援力量到场处置。救援人员成立 2 个灭火攻坚组、4 个破拆救人组,迅速灭火,及时疏散抢救人员,对每节车厢进行三轮搜救。经过全力奋战,搜救和疏散 128 名人员,妥善转运 525 名旅客,明火于 3 月 30 日 13 时 50 分被扑灭,铁路于 3 月 31 日 9 时 48 分恢复运行。

主要经验：迅速启动应急响应机制,第一时间调集联动部门赶往现场处置。针对现场火势发展和人员被困情况,及时组织开展救人、破拆和灭火行动,全力营救被困人员,有效扑灭火灾。各救援力量按照救人控火、伤员救治、铁路排险等重点救援任务,各司其职、分工协作,提高了综合救援能力。

资料来源：https://www.gov.cn/xinwen/2021/01/04/content_5576955.htm(2021-01-04)[2023-11-05]。

三、企业危机应对控制的类型

从管理学讨论的一般控制类型来看,管理中的控制手段可以在行动之前、进行之中或结束之后进行。第一种称为前馈控制,第二种称为同期控制,第三种称为反馈控制。

企业危机管理的前馈控制能够避免预期出现的问题,它能够防止问题的产生,而不是当问题出现时再补救。

危机管理的同期控制是指在活动开始以后,对正在进行的管理活动进行检查监督,发现管理活动与计划标准不一致时,及时采取纠偏措施加以控制。当然,在这一过程中,越早发现问题,越早纠偏,就能越早纠正可能出现的重大问题。

同期控制的实质是企业危机管理活动开始以后,对正在进行的管理活动按预定的计划要求、程序或方法给予指导和监督,及时发现问题,及时纠正,避免发生重大损失,将问题消灭在萌芽状态。

当然,实际行动出现偏差与管理者做出反应之间肯定会有一段延迟时间,这就需要随时严密监控,不可大意、掉以轻心,要提高管理人员的素质,把这种延迟降到最低。

危机管理的反馈控制（事后控制）是指在危机管理过程结束以后,按应急预案要求检查各项危机处置的结果,进行总结评价。由于这种控制是在危机管理过程结束后进行的,因此,不论其分析如何中肯,结论如何正确,对于已经形成的危机管理结果来说都是无济于事的。人们无法改变已经存在的事实。反馈控制的主要作用,甚至可以说是唯一作用,就是通过总结过去的经验和教训,为未来应急预案的制定和活动的安排提供借鉴,同时偏差信息也能对未来危机管理活动的控制提供帮助。

四、企业危机应对控制活动的对象

企业危机应对控制活动的对象主要是企业的人员、财务活动、危机应对活动、信息资源和危机管理活动的绩效水平。

对危机活动中相关人员的控制,可以借助人员甄选、目标管理、职务设计、直接监督、培训、专业化、工作绩效考核、激励、企业文化等手段。

危机管理者对危机活动中财务活动的控制，主要借助于费用控制。相对来说，危机期间企业财力是非常紧张的，危机管理者应该保证危机处理所必需的资金要求，合理安排企业资金预算。

危机应对活动的控制重点，主要体现在企业的危机应对能力方面。常用的手段有：监督危机应对活动按照计划进行；不断改善危机应对活动内容和方式；通过内部管理体制创新，提高危机处理的质量和水平；等等。

对信息资源的控制，是提高企业危机管理者决策水平的基础和关键，也是危机应对控制的主要内容，可以广泛应用计算机信息系统、各种内部报告、外部资料来进行。

对于危机管理活动的绩效水平，我们参照罗宾斯的观点，提出以下评估方法。

1．企业目标法

企业目标法是指以企业最终要实现的目标和结果来衡量危机管理者在危机应对活动中的绩效。企业最终完成的目标至少包括以下几项内容：企业的获利能力、企业经营的持续性、企业的社会责任。

危机管理者在建立控制标准、控制体系时，应以实现企业的终极目标为准则，而不能局限在短期和战术的层次来考虑各项危机应对活动。比如，有些企业轻视消费者对产品的投诉，一味从短期利润考核角度计算企业的盈亏，而忽视企业最终的发展要求。"东芝笔记本电脑事件"和强生"泰诺胶囊中毒事件"的应对活动就体现出了不同控制标准的差异。

2．系统方法

企业是一个获得输入、从事转换过程、产生输出的实体系统。按照罗宾斯的观点，用系统方法进行评价的控制标准应该包括：企业市场份额的变化、收入的稳定性、用于研究和发展方面的费用的增长情况、员工的旷工率、资金周转状况、组织内部矛盾冲突状况、员工满意度以及内部信息交流的程度。特别是从长期来看，有些因素对企业长期生存和繁荣发展有重要的影响。例如，用于研究和发展方面的费用如果减少，虽然短期可以增加利润，但是一定会对企业今后的发展能力造成影响。在这方面，曾经全球著名的复印机生产制造商"施乐"公司因长期忽视研究和发展新产品，最终从行业老大位置退出并走向衰败就是例证。

3．战略伙伴方法

战略伙伴方法是假定一个有效的企业能够满足各种利益相关者群体的各种要求，并获得他们的支持，从而使企业持续地生存下去。作为一种评价企业经营活动绩效的方法，该方法的出发点是，企业管理活动的绩效取决于它识别关键性或战略性伙伴的能力，以及满足这些伙伴对企业所提要求的能力。

企业危机管理者的管理绩效体现在对受到损害的利益相关者的权益保障水平和实际弥补结果方面。在危机应对活动中，危机管理者要依据企业使命中对相关利益者的承诺，对危机中的利益受损者，采取积极主动的措施进行经济补偿和心理安慰，争取获得利益相关者的认同、支持。一切危机管理活动的最终目标都是保证利益相关者的权益，危机应对的控制措施、控制手段都必须遵循这一目标要求。只有这样，才能提高企业危机管理活动的绩效。

第二节 有效的企业危机应对控制特征

有效的企业危机应对控制应该具备以下特征。

一、信息准确

企业危机应对控制覆盖面很广，涉及执行应急预案、建立危机应对组织、开展危机应对领导活动等。要使这些活动达到危机应对的目的，就必须有准确的信息，否则容易导致危机管理者在应该进一步采取危机处理行动时没有采取行动，或者在没有出现危机征兆时采取了过度的行动。因此，危机应对控制活动必须保证危机管理者能够获得可靠、准确的信息。

在危机情境中，有两种信息策略可以用来加强危机应对控制，一种是"吸管式"策略，一种是实情调查策略。

所谓"吸管式"策略，是指像吸管系统能把水从容器中吸出来那样获取信息。这种策略简便易行，能够利用尽可能多的信息资源，强调持续进行信息收集活动，获得的信息需要直接传输到危机信息中心。具体有两种方法：分解方法和真空方法。分解方法是指通过电视节目、电台节目、新闻以及互联网，观察危机所影响的人员的感觉、忧虑及其他信息。通过媒体对危机事件的报道、反馈，危机管理者可以了解事情的发展趋势，对利益相关者的观点要重点观察。这为进一步了解和满足利益相关者的需求，解决他们遇到的问题，进而做出更有效的危机应对决策提供了重要的依据。真空方法是让有用的信息处于真空状态，就好像将其放入了一个真空容器中，在这样的真空状态下，信息相当于进入一个校勘和评估系统，该方法能为危机管理者提供真正有用的信息。

所谓实情调查策略，是指危机管理者直接从受害人和目击者那里获取信息，或者通过咨询那些与危机有牵连的人来获得信息，从而得到更具体的或者通过其他途径难以得到的信息。

拓展阅读5-1

山西临汾聚仙饭店"8·29"重大坍塌事故

2020年8月29日9时40分许，山西省临汾市襄汾县陶寺乡陈庄村聚仙饭店发生坍塌事故，造成29人死亡、28人受伤，直接经济损失1164.35万元。发生原因是，聚仙饭店建筑结构整体性差，经多次加建后，宴会厅东北角承重砖柱长期处于高应力状态；北楼二层部分屋面预制板长期处于超荷载状态，在其上部高炉水渣保温层的持续压力下，发生脆性断裂，形成对宴会厅顶板的猛烈冲击，导致东北角承重砖柱崩塌，最终造成北楼二层南半部分和宴会厅整体坍塌。

主要教训如下。一是聚仙饭店经营者长期违法占地，多次通过不正当手段取得未经审批的集体土地建设用地使用证，拒不接受原襄汾县国土资源等部门的行政处罚和执行人民法院的裁定。二是聚仙饭店经营者先后8次违规扩建，从未经过专业设计，无资质且不按规范施工，也从未经过竣工验收，仅依靠包工头和个人想法，建设全程无人管无人查，房屋质量安全无保障。三是聚仙饭店经营者擅自用自建农房从事经营活动，未对建筑安全隐患排查整治，安全生产主体责任不落实。四是襄汾县陶寺乡政府和陈庄村"两委"未认真履行属地管理职责，对农村自建房改为经营活动场所的管控缺失，未按要求对擅自改建扩建加层、野蛮装修和违法违规建房等进行重点排查整治。五是临汾市襄汾县政府及有关部门行政审批和监管执法不严，违规将加盖政府公章的空白集体土地建设用地使用证提前发给各乡镇，违规对过期证照办理延期；在政府开展的多轮打击违法占地、非农建设整治等行动中，监管执法人员均未对该饭店长期的违法违规行为予以有效制止查处。

资料来源：https://www.gov.cn/xinwen/2021-01/04/content_5576955.htm(2021-01-04)[2023-11-05]。

二、及时提供信息

危机应对控制应该能够及时影响危机管理者，使危机管理者能正确决策，修正危机处理措施。再好的信息，如果是"马后炮"或"雨后送伞"，对危机管理者也是毫无用处的。

三、有利于纠正偏差

有效的控制活动不仅能帮助危机管理者分辨出危机应对活动出现了什么偏差，还能为如何纠正偏差提供建议。也就是说，危机应对控制应该在指出问题的同时提出解决问题的办法。

四、经济合理

从经济角度来分析，控制活动在运行过程中必须是经济合理的。各种控制活动产生的收益都必须与其成本进行比较。这样一来，危机管理者就要在满足危机管理活动要求的前提下，使用最少的控制。这对危机管理者的具体要求就是，尽可能使物资少受危机的影响，储备和保护好用于危机处理的物资，在危机情境中合理安排各种资源，以帮助解决危机和消除危机的影响。

五、选择好关键控制点

危机管理者不可能控制企业中每个人做的每件事情，事实上这也没有必要。危机管理者应该控制关键性的活动或者危机应对中的关键环节，因为这些环节很容易出现偏差，而且一旦出现偏差就会对整个危机管理产生巨大影响。

第三节　企业危机应对控制方法与策略

一、企业危机应对控制方法

危机管理者要想保证危机管理活动能够按照应急预案进行,就必须认真研究危机应对中的控制方法和策略。

危机管理者可以利用多种控制方法,除危机预警系统方法、预控系统方法以外,实际工作中还可以采取现场巡视、监督、预算、审核等方法。

这些控制方法将用于针对以下问题点进行分析、评判。

① 预警系统如何改善?哪些工作做得好?哪些工作做得差?谁在负责维护预警系统?他们是否合适?预警是否有所改进?

② 企业有危机管理政策吗?现在要不要调整?这个政策是如何形成的?谁制定的政策?原因是什么?如何实现这些政策?这些政策是否更新了?如果更新了,那么为什么以及什么时候更新的?

③ 有危机管理策略吗?具体问题与(2)类似。

④ 危机应对组织有效吗?危机管理者的角色和义务定位是否清晰?危机应对团队如何组成,能力如何得到加强?危机管理者如何获得经验?如何训练?谁向危机管理者传递命令或信息?这些危机管理者对谁负责?为什么?谁管理这些危机管理者?为什么?如何能让他们做得更好?

⑤ 危机管理是独立核算的吗?为什么?谁管理预算?为什么?预算是多少?耗费项目是哪些?谁对预算最终负责?为什么?预算是如何形成并改善的?

⑥ 危机应对的信息管理过程是如何优化的?该过程的优势是什么?劣势是什么?这些过程是如何改善的?使用者是否掌握了有效的技能?如果没有掌握,那么为什么没有掌握?

⑦ 是否为应对危机准备了足够的资源?哪些资源还有待补充?目前谁在保存这些资源?这些人员是否做了有效的工作?

⑧ 企业每个员工都知道他们在危机应对中的权责划分吗?如果不知道,那么为什么不知道?应该如何、在何时、何地告知他们?他们要使用哪些资源?承担什么样的训练任务?为什么?在哪里训练?在危机情境中权责划分是如何完成或者加以改善的?

⑨ 有危机预案吗?这些预案是什么类型的?是否经常更新?谁在更新?如何更新?何时更新?谁在管理这些预案?由其管理是否合适?在预案中危机事件包括了哪些类型?这些预案是如何细化的?是否因过于细致而缺乏灵活性?预案样式是什么?是纸质版本、电子版本还是什么版本?可否做进一步的改善?如何改善?预案的内容是否清楚?

⑩ 危机管理每个阶段应完成的任务是什么?这些任务是否都已完成?如果没有,为什么没有完成?由谁规定这些任务?

⑪ 什么问题能够引发危机？如何做才能减少这类问题？在这些问题中，哪些因素增加了风险？为什么？如何做才能降低风险？如何做才能控制或抑制可能的危机情境？为什么？如何才能改善这方面的管理工作？

⑫ 对危机的影响如何评价？企业内外部会受到怎样的影响？如何做才能有效地减少这些影响？为什么？在处理危机影响时，哪些资源可以起到协助作用？

⑬ 谁最可能成为受害者？为什么？需要对他们做什么？现在做得如何？谁在做？为什么由他来做？企业的义务是什么？为什么？谁在管理这些工作？做得如何？如何才能更好地帮助受害者？为什么？

⑭ 哪些人是企业的利益相关者？需要对他们做什么？谁来做？为什么？谁在管理这些工作？如何改善对利益相关者的管理工作？为什么？

⑮ 企业使命是否支持危机管理？为什么支持或为什么不支持？在企业使命中是否有危机管理理念？为什么有或为什么没有？危机管理是否应当纳入企业的战略管理计划？为什么？目前企业是如何做这些工作的？

⑯ 在产品和工作安全防范上是否有重点安排？谁在强调安全事项？为什么？是否有过更新？如果更新过，那么是何时更新以及如何更新的？要改善哪些安全重点事项？如何改善？

⑰ 如何评价本企业的财务审计、法律审计以及相应的控制系统？审计和控制系统都涉及哪些方面？审计和控制系统是否更新过？如果更新过，那么更新的原因是什么？是如何更新的？谁管理审计和控制工作？该工作的参与者是否受过相应的训练，具备一定的技能和能力？审计和控制系统是如何工作的？应如何完善？

⑱ 企业要求的各种类型的危机的处理期限是什么？

危机管理者还可以运用预算方法来进行危机应对控制。预算是广泛使用的控制方法或工具。预算是一种以财务指标或数量指标表示的有关预期成果或要求的文件。预算一方面可以在企业内各个单位之间发挥资源分配的作用，另一方面也可以作为一种进行企业危机应对控制的简便方法。预算准备完成后，企业内部的会计部门就要保存各项开支记录，做出报表，标明预算、实际支出以及二者之间的差额。做好有关报表后，交给预算活动所涉及的危机管理者，由他们分析偏差产生的原因，并采取必要的纠正措施。

拓展阅读 5-2

重庆能投渝新能源有限公司松藻煤矿"9·27"重大火灾事故

2020年9月27日0时20分，重庆能投渝新能源有限公司松藻煤矿发生重大火灾事故，造成16人死亡、42人受伤，直接经济损失2501万元。发生原因是，松藻煤矿二号大倾角运煤上山胶带下方煤矸堆积，起火点63.3米标高处回程托辊被卡死、磨穿形成破口，内部沉积粉煤；磨损严重的胶带与起火点回程托辊滑动摩擦产生高温和火星，点燃回程托辊破口内积存粉煤；胶带输送机运转监护工发现胶带异常情况，电话通知地面集控中心停止胶带运行，紧急停机后静止的胶带被引燃，胶带阻燃性能不合格、巷道倾角大、上行通风，火势增强，引起胶带和煤混合燃烧；火灾烧毁设备，破坏通风设施，产生的有毒有害高温烟气快速蔓延至2324-1采煤工作面，造成重大人员伤亡。

主要教训如下。一是松藻煤矿重效益轻安全。该矿职工已经检查出二号大倾角胶带浮煤多、下托辊、上托架损坏变形严重等问题和隐患，并向煤矿矿长等管理人员做了报告，但该矿矿长毫无"红线"意识，为不影响矿井正常生产未立即停产，而是计划在国庆节停产检修期间更换，并要求整治工作不能影响胶带运煤，让胶带运输机"带病运行"。二是矿井安全管理混乱。二号大倾角运煤上山胶带防止煤矸洒落的挡矸棚维护不及时、变形损坏，皮带运行中洒煤严重，皮带下部煤矸堆积多、掩埋甚至卡死下托辊，少数下托辊被磨平、磨穿，已磨损严重的皮带与卡死的下托辊滑动摩擦起火；煤矿没有按规定统一管理、发放自救器，有的自救器压力不够。三是重庆能源集团督促煤矿安全生产管理责任落实不到位，对所属煤矿安全实行四级管理，职能交叉、职责不清，责任落实层层弱化。

资料来源：https://www.gov.cn/xinwen/2021-01/04/content_5576955.htm(2021-01-04)[2023-11-05]。

二、企业危机应对控制策略

危机管理者应该在企业危机管理活动中积累更多用于改善危机情境的控制技能和策略。下面将结合国外危机管理方面的研究，介绍一些企业危机应对控制策略。

1. 注意危机事件中的"黑洞"效应

"黑洞"常常吸引更多的注意力，就像宇宙空间中存在的黑洞能吸收它周围的能量一样。在危机中，这种"黑洞"往往会耗费大量的企业资源。大型危机至少会有一个"黑洞"，如新闻媒体的过分关注。如果危机管理者没有做好资金预算和控制，他们就可能在这些"黑洞"上花费过多的资源。

2. 尽量避免群体盲思

在危机管理过程中，可能会出现所有管理者用同一种方式思考，或者他们因害怕承担风险而只按照高层管理者的意见办事的情况。这种情况下危机管理中的重大事项和关键细节最容易被忽视。所以，在危机情境集权决策的条件下，危机管理者应该对照应急预案，多采取一些解决方案。

3. 注意把握全局

在危机情境中，由于要处理的危机活动复杂多变，危机管理者往往会过度关注危机管理活动的任务，而忽视企业全局管理，这就会降低其对企业全局的把控能力，从而增加了危机的破坏性。

4. 善于隔离控制

在危机情境中，危机管理者要善于将危机发生地点与其他地点隔离，善于将危机交流和控制的场所分开，善于将内部信息流和外部信息流分开。这样可以有效遏制危机范围扩大，为危机管理过程创造更安静、更有效的环境，危机管理者也更容易对整个危机事件保持清醒的认知。

案例 5-2

埃克森公司石油污染危机

1989年3月24日,埃克森公司的瓦尔迪兹号油轮在阿拉斯加的威廉王子湾触礁,上千万加仑的石油流入洁净的水域。很遗憾,该公司负责人未能及时认识到由此造成的环境污染有多么严重,他们面临的危机将是多么严峻。这场环境污染导致25万只海鸟、2000多只海獭和至少22只海鲸死亡。这次事故完全是人为因素造成的。船长黑兹尔伍德以前就有酗酒的劣迹。当埃克森公司的瓦尔迪兹号驶向布赖里夫群岛时,他喝醉了,而当他得知油轮撞到了悬崖上,船舱被撞碎时,他(后因玩忽职守罪被起诉)还讥讽地对他的三副说:"我想这是我结束职业生涯的一个办法。"

在瓦尔迪兹号刚出事的几个小时里无人对此负责。既没有埃克森公司的人承担责任,阿拉斯加政府也未承担责任,海岸巡警也没有出面指挥。只有一些环境保护主义者和其他一些关心此事的群众赶赴阿拉斯加,救助受伤的野生动物,清理被原油污染的海岸。在事件前期沟通中断,关于破坏程度的各种信息自相矛盾。直到电视播放出海鸟尸横现场的镜头后,响应当地政府求助请求的人才逐渐多了起来。而此时在埃克森公司另一场灾难正在悄悄地发生。

起初,埃克森公司派运输分公司的总经理亚罗西前往现场。随后又派埃克森公司的美国负责人史蒂文斯前往现场。尽管危机已显而易见,但《纽约时报》引述一位埃克森公司发言人的话称,损失"很小""不大"。

直到3个星期后,埃克森公司总裁罗尔才前往现场,亲自调查损失情况。由于埃克森公司反应迟缓、表现不佳,罗尔受到了媒体、美国国会议员和股东的抨击。成千上万的埃克森公司的顾客将信用卡撕碎寄回公司总部,埃克森公司的形象受到了永久的损害。

事发多年后,埃克森公司在此事件中的行为仍受到批评,尽管埃克森公司花费了20亿美元的清理费,并被处以50亿美元的罚款。《商业周刊》这样评论:"如果埃克森公司以一种更为得体的姿态来处理这件事,那么公司的形象是可以大大提升的。"《时代》杂志批评说:"由于埃克森公司近年来故步自封,它没有为公众的敌对情绪做好充分的准备工作。"罗尔先生过分强调节省成本,将决策推给下层实施,很少与媒体、安全分析师或商业机构沟通。此次埃克森公司的危机处理失败带给企业管理者的经验是很多的,最重要的一条是企业危机一旦发生,必须在第一时间积极行动起来。

资料来源:巴顿,2002. 组织危机管理:第2版[M]. 符彩霞,译. 北京:清华大学出版社.

5. 高度关注信息控制

在危机情境中,危机信息中心要监控和记录所有危机管理团队的最新位置和最新进展,及时提供可信、权威、有效、实用的信息。在危机管理各个环节中,信息是首要因素。如果缺乏有效的信息交流,危机管理团队将陷入各种谣言和不断升级的危机冲突、不断增加的危机损害之中,危机管理活动的绩效也就很难保证。另外,危机管理者要随时监控危机管理中的成本、物资匹配、人员匹配等具体情况,做到心中有数。

6. 高度明确危机管理团队职责和分工

在危机情境中，各级管理者的权责和地位要高度明确，以便不断提高他们的工作绩效。

巴顿曾对120个危机案例做过统计，并分析在危机管理过程中，由于危机管理者职责、权限和工作绩效不佳而出现的失误，统计结果为：未经过企业高层领导授权向外界就危机事件发表看法、横加评论（这种情况下的言论往往不符合企业的危机应对控制标准和处理程序）的案例，约占案例总数的43%；出现各种错误数据或者传递错误信息的案例，约占27%；采取了使危机升级、复杂化错误行动的案例，约占22%。

7. 注重运用二八定律

无论是在危机刚爆发的3~6个小时内或者前几天（这期间需要管理者付出巨大努力），还是在危机应对的几个关键环节，抑或是危机管理团队中的关键决策者、执行者，都体现着二八定律特征，即关键少数原理。所以，危机管理者要想在错综复杂的危机局面中提高工作绩效，就要抓住"西瓜"，兼顾"芝麻"，而不能反过来。

8. 确保企业形象

企业形象由企业的"软件"（企业使命、企业管理制度、企业文化、产品品牌形象）、企业员工和企业的"硬件"（可见的各种要素，如企业的设备、建筑、商品）等组成。在危机情境中，利益相关者对企业整体形象的认识、判断主要看企业和危机管理者采取了哪些有效的实际行动，他们会对心目中原来的企业形象进行相应的调整。在纠正企业危机管理活动偏差的过程中，危机管理者要牢记，企业良好的形象与危机管理绩效相匹配。就如本章第一节所讨论的那样，企业危机管理者应该结合企业战略目标有效地进行危机管理各项活动。

本章实训实验

一、扫描二维码，观看、学习相关资料

学习资料5.1

二、案例实训

阅读以下案例，回答案例思考题。

不仅仅是软件，波音737 Max客机又发现新致命缺陷

美国《纽约时报》2019年1月5日报道，就在波音公司努力让波音737 Max型号客机重新飞向蓝天之际，该型客机上又发现了新问题。波音公司和监管机构仔细检查了该型客机的各个方面，发现了新的潜在设计缺陷。

据波音公司一名高级工程师透露，应美国联邦航空管理局的要求，波音公司 2019 年 12 月进行了一次内部审计，发现的最紧迫问题是波音 737 Max 尾部的电线问题，这是一个新发现的问题。波音公司正在研究飞机尾部的两束关键线路是否靠得太近，因为这可能会导致电线短路。

波音公司发现，如果飞机尾部的两束电线发生短路，可能会导致飞机坠毁。这两束电线被连接至控制稳定器的电机上，也就是飞机尾部的水平鳍片，通过飞行控制计算机发出信号，可以将机头向下推或向上提。波音公司高级工程师说，一旦电线短路，如果飞行员没有意识到问题所在并迅速采取措施，飞机可能会俯冲并坠毁，就像 737 Max 客机机动特性增强系统所导致的两次坠机事故那样。

据报道，波音公司已向美国联邦航空管理局通报了潜在漏洞。除 737 Max 系列外，还需要调查 737 NG 是否存在相同的问题。目前大约有 6800 架这些型号的飞机正在服役。知情人士说，波音公司仍在研究电线短路的可能性，以及是否需要将已经制造的约 800 架 737 Max 客机上的线路分开。波音不希望在不必要的情况下改变飞机的电路，担心在维修过程中造成额外的损害。

波音公司还向美国联邦航空管理局通报了他们发现的另外一个质量问题，这个问题使 737 Max 客机引擎容易遭受雷击。在组装 737 Max 客机时，波音公司位于华盛顿州的工厂为了方便安装，将发动机外壳上的面板磨平，但这无意中去掉了保护面板免受雷击的涂层。美国联邦航空管理局正在制定一项指令，要求波音公司恢复对发动机面板的防雷击涂层，波音公司正在解决这一问题。

新问题的层出不穷给波音公司带来了多重挑战。737 Max 客机是波音公司最重要的飞机型号，当时全球订单数约为 5000 架。但是随着问题的加剧，波音公司表示将暂时关闭其 737 工厂，这将影响数千家供应商。有报道说，波音 737 Max 可能会在 2020 年 1 月获准进行认证测试飞行，这将是监管机构对该型客机进行的"期末考试"，也是监管机构解除对 737 Max 客机禁飞令的最后几个障碍之一。美国航空和西南航空计划于 2020 年 4 月恢复 737 Max 客机的商业飞行，美国联合航空公司计划于 2020 年 6 月恢复使用 737 Max 客机。

资料来源：https://www.chinanews.com.cn/gj/2020/01-06/9052043.shtml(2020-01-06)[2023-11-05]。

案例思考：
从企业危机应对控制角度，分析波音 737 Max 客机新致命缺陷的发现有哪些启示？

三、观看央视 3·15 晚会，提升企业危机管理能力

扫描二维码，观看央视网《2017 年 3·15 晚会》。

学习资料 5.2

1. 分析该晚会揭露的部分企业侵害消费者权益案例。
2. 运用本章的企业危机应对控制理论，分析如何预防、处理企业危机，保护消费者的权益。

本章思考与练习

1. 为什么要对企业危机应对活动进行控制？
2. 如何有效地进行企业危机应对控制？
3. 结合实例，分析企业危机应对控制的要点。

第3篇

企业危机管理技能

第6章

企业危机沟通

学习目标

知识要点	能力要求
企业危机沟通基础知识	（1）理解企业危机沟通的基本过程及企业危机沟通的类型 （2）掌握信息沟通中的障碍及克服策略
企业危机沟通准备与计划	（1）理解企业危机沟通的准备事项 （2）掌握企业危机沟通计划的内容
与员工的危机沟通	（1）理解与员工进行危机沟通的原因 （2）理解与员工的危机沟通计划、时机、注意事项
与顾客的危机沟通	（1）理解与顾客的危机沟通过程 （2）掌握如何处理顾客投诉
与其他利益相关者的危机沟通	（1）了解与其他利益相关者的危机沟通原则 （2）掌握与其他利益相关者的危机沟通方法 （3）掌握与社会公益组织的危机沟通策略

巴纳德曾经说过，管理者的最基本功能是建立与维系一个畅通的沟通渠道。在企业危机管理中，沟通贯穿整个管理过程。无论是危机的早期诊断、识别，还是危机爆发时的各项处理与决策活动，乃至危机善后与评估等环节，都要在企业内、外部进行有效的沟通。正如希斯所说，在危机管理中，沟通是最重要的工具。大量实践活动表明，在时间紧迫、信息不充分的危机情境下，沟通往往事关危机管理成败。所以企业危机管理者必须充分掌握危机沟通理论，在实践中不断提高危机沟通技能，进而不断提高危机管理水平。

第一节 企业危机沟通基础知识

沟通就在身边。每个企业都在社会中与各方进行着物质、能量和信息的交流。如果没有沟通，企业就不可能存在。

现实情况是，尽管沟通如此普遍，但常被冷落，以至于无数企业家在企业失败后才发现缺乏沟通是失败的一个重要原因。很多企业在经历危机后，才惊讶于危机是忽视沟通所致。

一、企业危机沟通

（一）企业危机沟通的含义

简单来讲，沟通是指人与人之间的信息交流。完整地讲，沟通是指可理解的信息、思想和情感在两个或两个以上人群中传递或交换的过程。企业危机管理者的所有管理职能、工作都和沟通有关。比如在企业内部，有员工之间的交流、部门之间的交流，而在企业外部，则有企业与顾客之间的交流、企业与企业之间的交流、企业与政府之间的交流、企业与社会公众之间的交流等。

企业危机沟通是指以沟通为手段，通过与企业各个利益相关者进行信息、思想、情感交流活动，以解决危机为目的的过程。简单地讲，企业危机沟通可以降低危机的冲击，可能化危机为转机。事实上，企业在内部、外部的危机沟通中出现的失误很可能使普通事件变为危机事件，使一般危机变为严重危机，使局部危机变为整体企业危机，从而给企业造成巨大的损失，甚至使企业一蹶不振。在企业危急关头，沟通往往起着关键性作用。

（二）危机沟通的意义

1. 对管理者个人来说，良好的沟通能力可以带来诸多益处

良好的沟通能力意味着能理解别人的思想、情感与需求，同时也能获得别人对自己的理解，从而有良好的人际关系。

良好的沟通能力是个人能力的重要组成部分。

良好的沟通能力是管理者获得成功的基石，尤其是现代企业管理对沟通水平和规模的要求日益提高，只有成为有效的沟通者，才能取得良好的管理效果。

良好的沟通能力有助于化解管理者与企业其他具有不同文化、社会、经济背景的员工之间的冲突，为良好的、和谐的人际关系环境创造条件。企业在发生危机时，以很少的时间、精力就能进行默契交流。

良好的沟通能力意味着能与同行较好地沟通，可以获得其他企业防范危机的经验、决策技能和应对危机的智慧。

良好的沟通能力意味着能够通过较多的沟通获取准确信息，与他人良好地交流意见、看法，进而产生新的思想。

良好的沟通能力可以避免无谓的争执，有助于在危机中对他人的回应和批评做出正确的反应，能使自己的观念、建议和判断更具建设性。

良好的沟通能力有助于管理者培养良好的心理状态，克服有害情绪，比如急躁、愤怒、恐惧等。

2．从企业内部分析危机沟通的益处

对企业来讲，沟通在危机管理中的益处主要表现在以下几个方面。

在危机管理中，沟通能协调企业各个个体、各个要素和环节的关系，是促进企业成为整体的凝聚剂。由于成员的地位、利益、知识、能力以及对组织目标的理解和所掌握信息的不同，个体对危机的反应和需要也会不同。要使企业危机控制目标顺利实现，企业内部需要交流意见，统一思想。也就是说，没有沟通，就无法协调，就难以形成危机管理的战略性观念，难以进行危机管理体制建设，难以实现部门相互配合的目的。

沟通是危机管理者激励下属、进行危机预警和扭转危机局势的基本途径和重要工具。面对危机，员工士气受到打击，对企业信心不足，这就需要管理者与员工充分交流信息，树立必胜信念，克服暂时困难，而这些离不开高水平的沟通技能。

沟通是企业与外部环境之间建立联系的桥梁。在危机应对过程中，企业越了解外部利益相关者的要求与反应，就越容易正确决策，越能满足顾客、合作伙伴、公众、政府部门的要求，利益相关者反过来也才能支持企业的工作。

在企业并购和重组等发展战略实施的过程中，良好的沟通可以更有效地解决企业文化整合危机。这是因为随着企业规模扩大，组织结构日趋复杂，来自不同地域、具有不同文化背景的员工聚集在一起，因生活方式、习惯、理念和价值准则等差异而造成的人际冲突会急剧增加，这时候良好的沟通就显得更加重要。

沟通有助于企业内部员工理解管理模式的变化，理解企业的重大政策，从而主动参与危机事件处理活动，有助于企业上下统一意志的形成。

3．从企业外部看危机沟通的益处

与外界及时沟通有以下益处。

① 能使利益相关者知晓企业危机的来龙去脉，消除利益相关者的顾虑。

② 能让社会公众知道企业在积极应对危机事件，能够营造理解企业、同情企业、支持企业的社会舆论氛围。

③ 能获得新闻媒体的支持。

④ 有利于辟谣。谣言是在沟通渠道不畅、正确信息不能有效传递、接收者不能接收正确信息等情形下产生的。加强正式渠道的沟通，可以减少各类谣言。

⑤ 有利于重塑、恢复和维护企业形象。

二、企业危机沟通过程

（一）一般信息的沟通过程

简单地说，所谓信息沟通，是指某一信息的发送者通过特定的渠道，将信息传递给接收者的过程，如图 6.1 所示。

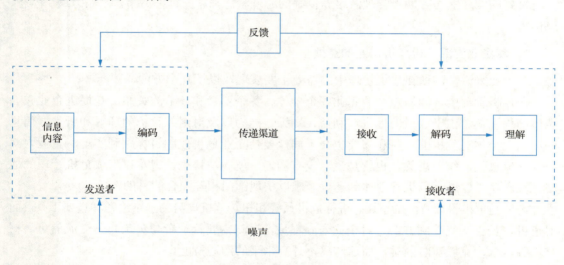

图 6.1　一般信息的沟通过程

完整的信息沟通包括七要素，即发送者、接收者、传递渠道、信息内容、编码与解码、噪声、反馈等。整个过程中至少存在一个发送者和一个接收者，也就是信息发出方和信息接收方，其中的沟通载体为传递渠道，编码和解码分别是指对信息进行信号加工和将信号还原为信息。

1. 发送者

信息沟通是从某一信息（思想、情感）的发送者开始的。

2. 传递渠道

信息通过连接发送者和接收者的渠道进行传递。信息可以通过口头或书面形式传递，也可以通过备忘录、计算机、电话、电报或电视进行传递，还可以通过手势、表情等直观提示式的方式进行传递。因为有许多渠道可供选择，每种渠道各有利弊，所以选择恰当的渠道对实现有效的信息沟通是极为重要的。

3. 接收者

接收者接收到信号后，要将信号解码，还原成信息。只有当发送者和接收者对信息符号的意思抱有相同的理解，至少是类似的理解时，才会有有效的信息沟通。"理解"是指发送者和接收者心心相通。

4. 噪声

噪声是指在信息沟通中，妨碍沟通的各种形式的干扰因素。比如日常生活中，电话中的杂音、收音机的失真、电视机荧屏上的"雪花"等，都是噪声。它们有的源于外界信号的窜入，有的则产生于沟通过程本身。"噪声"的概念已被扩大，它指任何被接收到的但又不是信息发送者想传送的信号、信息，或者任何会使所要传达的信息难以精确编码、解码的因素，如口头交流中的错误发音、停顿，书面交流中的错别字等，接收者固有的成见、身体的不适，甚至对发送者的反感情绪也可以成为噪声。

5. 反馈

要检验信息沟通的效果，就需要反馈，即发送者想知道他所传递的信息是否被对方准确无误地接收。

6. 信息内容

信息内容是指沟通的对象，即发送者和接收者要沟通什么。

7. 编码与解码

编码是指将信息以某种形式传出。与之对应的是解码，解码是将所接收的信号，依照一定的码规，解译、还原为信息。在编码时要注意发送者的表达习惯与能力、接收者的习惯与能力、信息内容的性质、传递的渠道类型、所处的环境等。

（二）沟通过程七要素的意义

① 了解沟通过程中的七个要素，能够帮助我们完整了解沟通的全过程，因为任何一个沟通过程，无论是复杂的还是简单的，都必然存在这七个要素。
② 每个要素都有可能对沟通的有效性造成严重影响。
③ 要理解这七个要素，就要在沟通过程中有意识地注意它们各自造成的影响。
④ 有助于警惕沟通中的自以为是。
⑤ 能帮助我们认识到，没有自信心和健全的人格，就不可能有开放的胸怀，也不会有积极的沟通。
⑥ 能帮助我们认识到，要重视沟通过程中的信息反馈。
⑦ 能帮助我们认识到，要想表达清楚，不让对方误解，就需要慎重考虑用什么形式表达。
⑧ 有助于充分重视沟通中可能遇到的噪声并采取规避措施。

（三）企业危机沟通过程

总体来讲，企业危机沟通也属于信息沟通的一种，所以一般信息的沟通过程也适用于企业危机沟通过程，只是需要对上述 7 个要素进行以下定位。

在危机沟通过程中，信息发送者为危机管理者；信息接收者应为各利益相关者，具体包括员工、顾客、合作伙伴、股东、新闻媒体（以下简称媒体）、竞争者、社区、政府部门及其他社会公众；危机信息的传递渠道主要是适合危机信息沟通的各类媒体（将在第 7 章讨论）和企业内部沟通渠道；危机沟通中的噪声，主要是指各类干扰危机信息传递的因素；危机沟通中的反馈，主要是各利益相关者对危机管理者的言行的意见反映；危机信息内容，主要是危机管理者要向各利益相关者传递的危机处理言行信息；危机信息的编码与解码，是指危机管理者和利益相关者对危机信息的传递方法和接收、理解方法，危机管理者要用准确的方式传递真实的危机信息。

三、企业危机沟通类型

1. 按照功能分类

按照功能不同，危机沟通可分为工具式沟通和感情式沟通。工具式沟通是指发送者将信息传递给接收者，其目的是影响和改变接收者的行为，最终达到企业的目的。而感情式沟通是指与对方沟通感情，获得对方精神上的同情和谅解，最终改善相互之间的人际关系。

2. 按照方式分类

按照方式不同，危机沟通可分为书面沟通、口头沟通、非语言沟通和电子媒介沟通。

一般来讲，书面沟通是指以文字为媒体的信息传递，它主要包括报告、备忘录、信件、文件、书面合同等；口头沟通是指以语言为媒体的信息传递，它主要包括交谈、讲座、讨论会、电话等；非语言沟通是指用面部表情、手势或身体姿势来加强或否定要传递的信息；电子媒介沟通是指运用电子信号载体（传真、闭路电视、网络等）进行信息传递。各种沟通方式的比较如表 6.1 所示。

表 6.1　各种沟通方式的比较

沟通方式	举例	优点	缺点
口头	交谈、讲座、讨论会、电话等	快速传递、快速反馈、信息量大	传递中经过层次越多，信息失真越严重，核实越困难
书面	报告、备忘录、信件、文件、书面合同等	持久、有形、可以核实	效率低、缺乏反馈
非语言	面部表情、手势、身体姿势等	信息意义十分明确，内涵丰富、含义隐含灵活	传递距离有限，界限模糊，只能意会，不能言传
电子媒介	传真、闭路电视、网络等	快速传递、信息量大、一份信息可同时传递给多人、廉价	单向传递，虽然通过电子邮件可以交流，但看不见表情

在企业危机沟通中,危机管理者应根据危机情境,综合利用各类沟通方式,最大限度地实现企业内外部沟通。

3. 按照信息传递的方向分类

按照信息传递的方向不同,危机沟通可分为企业内部危机沟通和企业外部危机沟通。

(1) 企业内部危机沟通

企业内部危机沟通又可分为自上而下沟通、自下而上沟通和横向交叉沟通。

自上而下沟通是指在企业组织结构中,信息从企业高层管理者向低层成员流动,这种沟通在具有独裁主义气氛的企业组织中尤为突出。这种方式加强了组织管理,但是不利于下级员工参与管理。这种沟通方式可以通过多种方法实现,如指示、谈话、会议、电话、备忘录、信函、企业政策文件、工作程序等。在企业内部危机沟通中,这种沟通具有传递快速、权威性强的优势。这种沟通主要适用于结构不复杂、规模小的企业的信息沟通。

自下而上沟通是指从下属到上级管理者,按照职权和管理层次逐步往上的信息流动。主要方法有报告、汇报、提意见、申诉、请求及控告等。这种沟通充分体现了员工参与企业管理的积极性。这种沟通适用于以下情况:企业民主气氛浓厚,下级有较大的授权,企业正常沟通渠道畅通。

横向交叉沟通是指同层级或相似层级成员之间,或处于不同层级且无直接隶属关系的成员之间的信息沟通。这种沟通主要包括通过企业内部期刊和布告等形式进行的书面沟通,或者通过委员会、社团、非正式聚会等形式进行的口头沟通。在企业危机沟通中,这种沟通可以有效地协调不同部门之间的关系,加强跨部门合作,避免危机反应环节中断或失调。

上述三种沟通类型在企业内部危机沟通中应合理搭配,综合使用。总体上讲,在危机初期应以自下而上沟通为主,使上级管理者能及时了解情况,判断危机走向;在危机爆发和发展阶段,应强化自上而下沟通和横向交叉沟通,这可以加强对危机局面的整体控制和应对,可以综合协调各个部门的信息,加强企业上下级之间、各个部门之间的信息共享;在危机后期可以结合自上而下沟通及自下而上沟通,充分认识、总结和评估危机管理经验,提升企业对危机的学习和反应能力。

(2) 企业外部危机沟通

企业外部危机沟通主要是指面向企业外部利益相关者进行危机信息沟通,具体包括顾客沟通、媒体沟通、政府部门沟通、同行业者沟通、投资者沟通等。

4. 按照信息沟通方向的可逆性质分类

按照信息沟通方向的可逆性质,危机沟通可分为单向沟通和双向沟通。

单向沟通是指没有反馈的信息传递,适合以下情况:问题较简单,但时间紧急;接收者容易接受问题解决方案;存在信息不对称,接收者不完全了解解决问题的信息,此时的反馈无助于解决问题,反而容易造成误解;发送者缺乏处理负反馈的能力,容易感情用事。

双向沟通是指有反馈的信息传递,是发送者和接收者之间进行信息交流的沟通,这种沟通适用于以下情况:时间充裕,但是问题比较棘手;接收者对解决方案的接受程度至关重要;接收者能对问题的解决提供有价值的信息和建议;发送者习惯于双向沟通,并且能够有建设性地处理负反馈。

在企业危机沟通中，危机管理者要注重信息的双向沟通，以便制定更灵活的危机应对决策。

5. 按照组织系统分类

按照组织系统不同，危机沟通可分为正式沟通和非正式沟通。

正式沟通是指以企业正式组织系统为渠道的信息传递。正式沟通在企业危机情境中，能够权威地、正式地、负责任地表明企业的正式态度、危机处理行动，会影响利益相关者对企业的态度。企业在危机情境中要始终保持正式沟通渠道畅通。

非正式沟通是指以企业非正式组织系统或个人为渠道的信息传递。企业中的非正式沟通具有信息交流速度快、信息准确性较高、沟通效率高和满足个体需要的特点，但也存在片面、人为夸大与缩小、曲解、来源复杂等缺点。对于非正式渠道的信息沟通，有人戏称，"如果有了充足的小道消息，危机可能就不会发生。"这表明在危机管理中，危机管理者应正确对待非正式沟通，将其作为重要的沟通方式。那种试图否定、阻碍和排斥非正式沟通的观念、做法都可能适得其反。危机管理者可以充分利用非正式沟通为自己服务，从而获得许多正式渠道无法得到的信息。当然，危机管理者也要充分利用非正式沟通来传递有关信息。

6. 按照接收者分类

按照接收者不同，危机沟通可分为媒体沟通和特定群体沟通。

一般说来，危机沟通的接收者主要是指企业的利益相关者，具体包括员工、股东、顾客、合作伙伴、社区、政府部门、竞争者、各类社会公益机构和其他社会公众。

媒体沟通是指危机管理者通过各类新闻媒体向社会传递企业对危机处理情况的沟通。这种沟通的目的是使广大社会公众及时了解企业对危机的态度、决策和处理措施，消除社会公众对企业不好的心理反应，恢复其对企业的信心，促使其支持企业。媒体沟通是危机管理中的重要环节，将在第 7 章专门讨论。

特定群体沟通是指危机管理者依据应急预案和行动方案，应用非大众化媒介，如会议、内部刊物、报告、各种公共关系活动等手段，围绕企业危机的相关信息，与特定利益相关者进行直接沟通。此类沟通按照利益相关者不同，又可以细分为员工沟通、顾客沟通和其他利益相关者沟通。我们将在本章重点讨论这几种沟通类型。

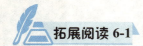
拓展阅读 6-1

国家铁路局就"10·15"北黑线旅客列车脱轨事故约谈中铁二十三局

2023 年 10 月 30 日，国家铁路局相关负责人约谈中铁二十三局集团有限公司主要负责人和黑河市人民政府负责人，中国铁建集团公司负责人参加约谈。

2023 年 10 月 15 日，黑龙江省黑河铁路公司所辖北黑线发生一起旅客列车脱轨事故。K5133 次旅客列车在运行中与北黑铁路升级改造项目施工溜逸脱轨并侵入线路的工程车辆发生相撞，造成机车和机后 1 至 4 辆脱轨，无人员伤亡。

约谈指出,"10·15"事故是近年来铁路行业发生的一起涉及旅客列车的严重事故,影响恶劣、教训深刻,暴露出企业和相关地方人民政府在树牢安全发展理念、统筹发展和安全、落实安全生产责任方面存在问题,特别是旅客列车安全风险防范措施落实不到位、重大事故隐患专项排查整治不深入、营业线施工管理弱化等问题突出。

约谈强调,中铁二十三局集团有限公司和黑河市人民政府要深入吸取事故教训,增强做好安全生产工作的责任感、使命感、紧迫感,统筹好发展和安全,强化全链条各环节安全管理,压紧压实安全责任,采取果断有力措施,防范化解旅客列车重大安全风险。

约谈要求,要依法对事故责任单位和责任人员进行严肃处理。责令事故责任单位中铁二十三局二公司所有涉及既有线的铁路建设施工全部停工整改,向铁路监管部门提交整改报告,经复查同意后方可恢复施工。要求中国铁建集团公司组织对中铁二十三局集团有限公司重点帮扶监督,加强对其他所属企业的安全管理。

国家铁路局发出通报,要求各省级人民政府铁路主管部门、国铁集团所属各铁路局集团有限公司对涉及既有线的工程施工开展一次全面排查,重点检查工程线与既有线间设置物理隔断措施、工程车辆防溜及值守等安全措施落实情况,坚决防范此类事故再次发生。

资料来源:https://www.nra.gov.cn/xwzx/xwxx/xwlb/202310/t20231031_343497.shtml(2023-10-31)[2023-11-05]。

四、信息沟通中的障碍与克服

(一)信息沟通的障碍

信息沟通在危机沟通中占据极其重要的地位,所以许多企业投入巨大力量以完善信息沟通。但是现实中,仍然存在着不尽如人意的沟通失灵或沟通障碍问题,许多企业都因沟通失误而发生了危机。

要解决沟通障碍问题,首先就要寻找危机沟通中存在障碍的原因,然后对症下药。只有这样,才能解决沟通障碍。下面将讨论危机沟通中存在障碍的主要原因。

1. 来自发送者的障碍

信息沟通开始于信息的发送者。在危机沟通中,如果发送者没有认真制订传送危机信息的计划,就将危机信息公之于众,就会造成信息传递障碍。哪怕发送者自己思路清晰,但是如果用词不当、语义不清,也会令接收者难以理解。

在危机沟通中,由于发送者往往所处地位较高,与接收者之间有地位差距,因此也会造成沟通障碍。

2. 来自接收者的障碍

在沟通理论中,存在着接收者选择性注意和接收现象,即接收者拒绝接收或者部分接收与他们期望不一致的信息。研究表明,人们往往有意听或看他们思想上、情感上接受的东西,甚至只愿意接受中听而拒绝不中听的东西。不能耐心倾听别人的意见,主观臆断下结论,都会造成沟通障碍。这种情况往往在上级听取下级申诉意见及厂商听取顾客投诉时发生。

3. 来自传递渠道的障碍

信息在各个层次传递的过程中，由于存在沟通环节多、信息内容损失、人们的遗忘与曲解、环境噪声等干扰因素，信息往往会失真。尤其是在大型企业组织中，由于传递环节多，涉及人员多，分支机构分散，传递时间长，因此更容易造成接收者对信息的误解。

4. 人际关系造成的障碍

信息传递是在发送者和接收者之间发生的，也就是说沟通是双方的：一方"给"信息，另一方"收"信息。因此，沟通双方的相互信任程度、沟通时的气氛等都会对信息沟通效果造成影响。沟通双方的诚意和相互信任至关重要，彼此之间若相互猜疑，就会增加抵触情绪，减少坦诚交流的机会，也就难以达成有效沟通。许多研究表明，很多企业管理者自动地认为他们听到的信息是有偏见的，为了防止"偏听偏信"，他们往往会根据自己的想象对"偏见"进行"纠偏"。这种情况下，再准确的信息也无济于事。

另外，自我概念、自我理解不够完善，或者对他人的理解不够充分，都可能产生感觉失真。

5. 信息内容过量造成的障碍

有些人认为较多且不受限制的信息有助于人们克服信息沟通中的问题，但是事实恰恰相反，过量的信息会将真正有价值的信息淹没，使接收者无所适从。超负荷的信息也会对信息沟通形成障碍。比如，人们可能无视某些信息，如果要处理的信件过多，干脆把某些信件搁置不理；人们可能对信息进行过滤，先处理容易解决的问题，但可能把难度较大、也许是关键性的问题忽视了；人们可能会采用逃避的方法，不与当事人进行沟通。

6. 各种噪声的干扰

第一，由于人们文化背景、思维习惯、生活方式、价值观念不同，对相同的信息会有不同的反应和理解，因此会出现误解等沟通障碍。

第二，各种混乱环境也可能造成沟通障碍，如在隔音不好的房间工作，旁边办公室传出键盘的敲击声音，本办公室内的人员频繁走动，其他工作的干扰等。

7. 来自反馈的障碍

信息沟通中的反馈障碍主要是指无反馈，即单向交流。虽然单向交流快捷，但是双向交流的信息更加准确。这是因为，在复杂的交流环境中，双向交流既有利于发送者判断接收者的理解是否有误，也可促使沟通双方全身心地沉浸于沟通情境，从而有利于沟通双方觉察并消除误会。

由上述内容可知，危机管理者在危机沟通中要正确识别各类沟通障碍，积极采取相应措施，以实现高效率的沟通。

（二）克服信息沟通障碍的策略

要克服信息沟通中的障碍，应先确定障碍是什么，是什么原因造成的，然后采用相应的办法来改善信息沟通。

1. 做好准备和计划

发送者必须对他想要传递的信息有清晰的计划和方案，要认真准备，有明确的目的性。在进行重要沟通时，发送者还应事先征求他人的意见，同他人协调并鼓励他人参与信息收集、分享。

发送者要根据信息内容、目标接收者等要素，做好媒体选择。

既然沟通是为了统一思想，那么在沟通之前发送者还应对问题的背景、解决问题的方案，以及依据的资料、决策的理由、对接收者的要求等做到心中有数。

沟通的内容要确切，语言要简明、准确、通俗化和具体化。

2. 做好沟通渠道工作

在选择信息沟通渠道时，要尽量避免重复，缩短信息传递链条、减少传递环节，以减少信息传递中的失真情况。

在利用正式沟通渠道时，还要开辟企业内、外部各种非正式的直接沟通渠道，加强直接沟通、口头沟通，以便直接了解现场实际情况。

要加强横向沟通，拓宽信息沟通渠道，保证信息的畅通无阻和完整性。

在对内信息沟通中，通过建立特别委员会，定期召开会议等方式，形成常规沟通渠道，加强企业内部上下级之间、同级之间信息沟通。在对外信息沟通中，通过综合的、专业的部门和机构，建立与企业外部各个利益相关者之间的良好沟通渠道。比如，有条件的公司可以组建公共关系部门，由其承担日常的企业内外沟通与企业形象建设职责；不具备条件的中、小型公司，则应指定专人或者由企业最高决策者来承担对内、对外的公共关系工作，使企业与外界的信息沟通制度化、经常化，避免临时抱佛脚。

3. 学习和改善倾听能力

信息沟通，不仅要求信息的发送者尽职尽责，对接收者也有相应的要求。信息的接收者，尤其是企业的高层管理者必须学会"聆听"。有效沟通的关键之一是接收者能正确理解发送者的信息，而做到这一点的先决条件是接收者要对发送者的信息投入时间和精力，如管理者应该认真倾听下属、顾客的意见，避免各种人为环境干扰，要创造出和谐的沟通气氛，表现出诚意、信任或同情，打消人们的防范心理，以得到真实的信息反馈。

4. 利用现代沟通手段克服信息沟通障碍

现代计算机技术和通信技术的飞速发展，给人们之间的信息沟通创造了更多的便利条件。通过开发和建立计算机管理信息系统和专家支持决策系统等，企业可以有效地利用计算机技术处理大量数据，并把有用的信息提供给决策者使用。这样，决策者可以更经济地、及时地得到必要的信息，用以辅助决策。计算机还可以通过图表等直观的形式显示出企业的重要信息。

现代通信技术可以大大消除距离上的障碍，身处各地的决策者可以通过远程会议，"面对面"地进行沟通，及时做出决策，当然也可以广泛地利用电子通信及时了解各地情况。

第二节 企业危机沟通准备与计划

一、企业危机沟通准备

在危机管理理论中有一个著名的"墨菲定律"：只要存在危机发生的概率，危机终究会发生。既然危机有可能发生，那就要做好应对危机的各项准备，其中，危机沟通准备与计划就是重要内容之一。

在危机爆发前，企业通过危机沟通可以有效地避开危机的威胁；危机爆发以后，企业可以借助危机沟通来减小危机冲击，减少危机对企业的影响，弥补企业形象受到的损害，加强企业内部团结、鼓舞士气，在危机混乱情境中建立秩序；在危机过后，运用危机沟通则可以快速调整企业运作秩序，使企业重新获得各个利益相关者的认可。可见，危机沟通的运作绝不仅仅是对外召开记者招待会，或者在各个新闻媒体刊登事实澄清报告，或者应用一些公共关系手段。做好危机沟通的各项准备工作以及危机沟通计划格外重要。

（一）希斯的观点

希斯认为，就沟通而言，企业危机管理者要对以下 9 个要点进行精心准备。

1. 考虑危机环境对沟通的影响

要认真研究各种危机环境是如何影响沟通系统和使用者的。如果在危机环境中存在很多噪声，就需要准备相应的隔音设备（建立隔音室或者耳机）和设施。

2. 考虑与危机无关的通信使用者的影响因素

大部分危机管理中使用的沟通系统都不是专门系统，这就可能产生因同时传递那些与危机无关的信息而造成过载的风险，出现危机沟通瓶颈现象。例如，在大型危机情境中，手机发挥的作用有限，因为普通消费者使用的大众化移动通信资源是有限的。同样，危机当事人以及各个利益相关者也都可能阻碍危机管理所需要的信息沟通。因此，需要限制外部人员进入沟通系统，或者开发危机专用沟通系统。

3. 危机沟通系统必须方便使用

只有方便、容易使用的危机沟通系统才能有效发挥沟通作用，所以危机管理者在设计危机沟通系统的时候应当注意以下问题：整个沟通系统的需求是什么样的；危机环境可能对其产生怎样的影响；使用者的技术水平和能力；信息发送者、接收者和相关管理者事先确定的危机类型是什么。最简单的办法就是在沟通设施、设备上贴上简明的操作规程，告知使用者怎样使用这些设备。

4. 培养信息收集等技能

危机管理者最重要的职责之一是培养自己以及下级的信息收集、发送及评估技能。在危机管理中，信息发送、接收的速度和准确性关系到企业处置危机的反应速度。所以这些技能极为重要。

5. 使信息真实可靠

危机管理者尤其需要消除信息过滤和失真等沟通障碍，但在危机情境下危机管理者几乎没有时间做这项工作，这就要求危机管理者必须加强相关技巧和能力的学习、培训。具体来说，在危机之前（日常预防准备阶段）检查信息接收的准确性，比如让发送者发送信息，让接收者重述发送者发送的信息。此外，危机管理者还应训练自己和员工，提高以下能力：保持镇静，用清楚明了的语言沟通，检查信息传递的准确性和理解能力。

6. 尽量简化沟通渠道

最佳沟通渠道的特征应是迅捷和直接，也就是说，最有效的沟通系统和沟通渠道应使信息发送者与接收者之间的路径最短。

7. 要保证沟通所需的通信设施足够

沟通失灵的根本原因之一是沟通系统中缺乏通信设施及关键语言使用不当，所以必须保证危机沟通系统有足够的通信设备、设施。

关键语言要多重复，要能让接收者确实明白这些重要的信息是什么，因此至少要用两种方法重复同一信息。具体可以采用重复要点、进行总结和让接收者重述收到的信息等方法。

8. 确认并且克服瓶颈

具体来说，有3个方法可以克服沟通中的瓶颈：通过重新设计和扩展系统来消除瓶颈；绕过瓶颈（如使用专用沟通系统或并行系统）；扩大导致瓶颈现象的节点的信息通过量。

9. 运用非正式沟通系统

通过运用非正式沟通系统，危机管理者能够建立绕过瓶颈的通信频道，并且减少沟通中的谣言和错误信息数量。正确运用非正式沟通系统，有助于在企业内部员工之间营造开放、实用和真实的信息沟通气氛。

（二）马克尼的观点

马克尼认为，对于危机沟通，企业应在以下方面做好准备。
① 挑选一位发言人。
② 不要透支信用，应诚实可信。
③ 率先公开承认问题，并以诚相待。
④ 告知公众已经采取了哪些危机处理措施。

⑤ 预料最坏的情况，并且事先做好计划。
⑥ 通过媒体宣传企业的立场、态度，公布发言人时间，供媒体采访。
⑦ 发言人知名度高固然好，但传递给公众的信息更重要。
⑧ 居安思危，积极努力，防患于未然，不断提高和巩固企业信誉。
⑨ 与企业外部专家广泛接触，接受他们的合理意见。

（三）墨菲的观点

墨菲提出 5 项有效沟通的准备。
① 确认沟通的目的。
② 分析沟通的对象。
③ 根据传递的信息类别、情境、文化，选择沟通的核心思想。
④ 搜集资料来论证沟通的核心思想。
⑤ 组织所要沟通的信息。

（四）拉宾格的观点

拉宾格提出危机沟通的 10 个重要步骤。
① 查明和面对危机事实。
② 危机管理小组应保持积极与警惕。
③ 成立危机新闻中心。
④ 找出事实真相。
⑤ 对外口径一致。
⑥ 尽快召开记者会，以公开、坦诚的态度，准确地告诉媒体事实。
⑦ 与政府官员、员工、顾客以及其他利益相关者直接进行沟通。
⑧ 采取适当补救措施，把危机损害降到最低。
⑨ 认真做好危机处理档案，为将来评估危机管理绩效，进一步学习、总结和人员更迭做好准备。
⑩ 尽快弥补企业受损的形象。

虽然以上学者提出的危机沟通准备的侧重点不同，但是其共同点可以总结为：都强调了事先要做好沟通的准备工作，构建沟通反应机制和做好人员安排，加强与新闻媒体的合作，真实、诚恳、公开地与利益相关者沟通危机信息，做好危机沟通系统的各项工作，尤其是通信设施要完备。

以上各项准备工作要具体落实到责任人身上。在危机情境下，要充分结合危机事态进展，达到以理服人、以情感人的沟通境界，这就需要相关管理者和人员加强沟通演习，将各项危机沟通准备工作做到位。

二、企业危机沟通计划

危机沟通计划是应急预案的一部分，其宗旨是针对可能发生的危机，做好危机预防和危机化解中的各项沟通应对准备。

危机沟通计划应当结合企业使命要求，适合本企业文化，与企业经营运作条件、企业规模、行业习惯及社会文化背景相适应，在结构上应简明扼要、易于读懂、便于操作。尤其是在危机情境下，危机管理者时间紧迫、压力巨大，所要处理的事情很多，这就要求危机沟通计划具有较强的应对性并且包含解决危机沟通关键问题的内容，否则危机管理者就可能花费大量宝贵时间却抓不住沟通要点，从而贻误扭转危机局面的良机。

各个企业由于性质、所处的生命周期阶段、规模、所处环境不同，可能发生的危机类型也不同，所以危机沟通计划的格式不可能也没有必要完全统一。但是危机沟通计划都应该包括以下基本内容。

（一）确定危机沟通的对象

企业危机沟通计划的首要任务是确定沟通对象与目标。只有充分掌握信息接收者的立场、思想、实力、条件、优劣势、接收者的信息解码层次和经验等情况，才能把握沟通对象的心理与需求，将要传递的信息转变为沟通对象容易理解，能降低其敌意、提高相互之间信任度，从而实现沟通目的的信息（也就是信息编码）。

倘若沟通对象和目标不明确，沟通的内容和方式做得再好，也是无的之矢，难以发挥沟通功能。因为危机种类不同，所要沟通对象不同，沟通内容和方法自然也不同。例如，企业的人力资源危机、财务危机、公共关系危机等各有特定的沟通对象，因而要有针对各个对象的危机沟通计划，不能用一个危机沟通计划或方案来应对不同性质的危机事件。

（二）建立企业内外沟通渠道

在企业危机沟通计划中，要结合危机种类和沟通目标、对象，明确建立哪些信息沟通渠道、环节，以便应对巨大的危机信息流量。

企业的危机沟通渠道实质上是指危机信息借以在发送者和接收者之间流动的途径。危机沟通渠道越短、越直接，效果越好。

企业内部常见、常用的直接沟通渠道主要有各种通信设施、内部电视频道、内部文件、定期会议、面对面交谈、远程通信系统、内部公共关系活动等。

企业外部直接沟通渠道主要有记者招待会、演讲、各种行业论坛、外部公共关系活动。

除了这些直接、短渠道的危机沟通渠道，企业还要适当应用长渠道来沟通危机信息，比较常用的就是大众新闻媒体。

在企业危机中，与顾客的沟通是一种常见的、重要的危机沟通方式，因为企业最终要在市场竞争中获得顾客满意才能长久生存，而没有忠诚的顾客与持续提高的市场占有率，企业是难以长久立足的。很多企业危机都是和企业产品服务质量有关的危机，因此建立各种顾客投诉及处理顾客投诉的沟通渠道是极其重要的渠道建设任务。具有良好市场营销能力、高警惕性和远见的企业会建立以下沟通渠道。

1. 顾客投诉和建议渠道

通过设置意见簿、建议卡、企业网站、电子信箱、免费电话，增加顾客反馈意见的途径，鼓励顾客提意见。该类渠道主要是记录、分析和答复来自顾客的信函、口头抱怨等，为化解危机、消除危机建立日常信息沟通渠道。

2. 典型顾客调查系统

该渠道主要是企业在现有的顾客中随机抽取样本,向其发送问卷或打电话询问,了解顾客对企业各方面的印象及对其他竞争者的看法等,在危机期间,该系统可以帮助企业以主动、积极的态度赢得顾客谅解。

3. 现场调查与沟通机制

有些企业在调查产品或服务危机信息时,通过建立现场调查、咨询和沟通制度来直接与顾客沟通,这也是较好的信息沟通渠道。有些企业为了了解危机真相,甚至会雇一些人当顾客,报告他们在购买企业产品或其他竞争者产品过程中遇到的问题,从而为危机管理者提供最直接的信息。

4. 市场营销信息系统

企业一般会通过建立市场营销信息系统来获取市场信息及与外部沟通企业的状况,这种系统也是危机沟通中的一种重要渠道。

(三)平日积累、夯实企业沟通基础

企业在重视自身可信度、美誉度的同时,平日也要注重与当地社区、公众的良好沟通,在力所能及的情况下,积极参与社会公益事业,以获得公众、政府部门的高度认可。这样企业一旦爆发危机,需要对外驳斥谣言或澄清事实时,就比较容易获得外在的信任与支持。比如,企业及其高层管理者积极参与抗洪救灾和抚慰弱势群体、积极响应环境保护号召、积极采取吸收就业行动等,都为企业获取危机情境下社会的同情、消除公众敌意做好了基础性公共关系工作。"三株"危机事件的根源之一就是企业过度竞争,缺乏社会公众的认同,与消费者打官司只是危机的导火索而已。

(四)与媒体建立合作关系,做好媒体管理

危机情境下,企业与媒体之间的关系是极为重要的,这主要体现在:信息不对称客观上会造成媒体报道与企业危机实际情况有所背离,甚至小危机常被媒体渲染成大危机,这些状况给企业造成巨大压力,往往会促使企业采取"家丑不外扬"的态度。而对媒体记者来说,总是希望将危机事件的来龙去脉见诸文字。在这种心理压力下,双方之间就可能存在冲突。

事实上,就危机管理者而言,危机爆发时,他们在时间压力、决策风险较大的情形下,往往处于高度精神紧张状态。紧张程度越高,危机管理者越难以有效听取各个利益相关者所要传递的信息。不能有效倾听,就难以了解各个利益相关者的真正意图。沟通意图不明确,又会造成更多的误解。这种信息的发送者和接收者之间的不良互动,只能造成企业危机管理者与各利益相关者的对立,使企业危机更难以处理。因此,为建立和谐的媒体关系、化解信任矛盾,企业危机管理者应在危机未发生时,就注重日常和媒体建立良好关系。

(五)沟通方式与手段

沟通方式主要包括书面沟通、口头沟通、形象沟通、活动沟通。

书面沟通包括信件、报告、手册、内部刊物等。

口头沟通包括个人交谈、小组意见交流、大型团体讨论及演讲、记者招待会等。

形象沟通包括情境要素、办公室设计、企业各种建筑物、设施展示、生产加工流程展示、员工形象展示等。

活动沟通主要是配合企业公共关系活动，通过开展针对危机化解、赢得公众心理支持的社会公益活动，表明企业的态度和责任。

（六）召开记者招待会

记者招待会具有隆重、高规格的特点，记者可以在招待会上就自己感兴趣的问题或从自认为最佳的角度进行采访，记者招待会可以促使企业与媒体更紧密、更默契地进行合作。在企业危机引起社会较多关注等情形下，企业应该考虑召开记者招待会。

我们将在后续章节详细讨论记者招待会有关内容，此处不赘述。

（七）掌握危机沟通环节

沟通成败往往与细节有关，这是因为大的环节不容易疏忽，而细节常被忽视。需要注意的细节有以下几个。

① 谁负责通知员工？
② 负责人不在，由谁代替？
③ 谁负责通知媒体？
④ 谁是公司新闻发言人？
⑤ 向哪些地方政府部门或中央政府部门汇报？谁来负责此类工作？
⑥ 谁负责处理各种信息，向谁报告这些信息？
⑦ 当媒体记者或社会公众打电话询问时，电话值班人员应如何回答他们的问题？
⑧ 公司有辟谣的专用电话吗？
⑨ 接听顾客抱怨或者辟谣专用电话的人员，能否用多种语言与公众沟通？
⑩ 许多大型企业使用电子邮件作为企业内部快速沟通的工具，那么，谁来负责处理此类邮件？网络和电视中与本企业相关的信息内容由谁来编写或录制？对于报纸等媒体，由谁来负责撰写针对公众的信息沟通稿件？

（八）执行危机沟通计划的行动准则

危机沟通计划是建立危机沟通的必要条件，但不是充分条件。企业平时要借助公共关系、媒体宣传、营销活动等，创造有利的外部舆论环境，树立良好的企业形象，不断提高企业的知名度、认可度和美誉度，这样才能在企业爆发危机时，有效发挥危机沟通计划的功能。

危机爆发后，企业应按照以下 7 项行动准则执行危机沟通计划。

① 率先提出危机的相关说明。
② 对危机爆发的严重性表达关切。
③ 保证在政府有关部门和其他社会权威机构监督下解决危机。
④ 承担责任，树立解决危机的诚恳形象。
⑤ 对公众说明企业处理危机的主要措施。

⑥ 在危机情境中，提出危机处理方案，并在适当时机用适当方式展现出企业曾为社会做出的贡献，以获得公众的理解和同情。

⑦ 如果的确是企业的错误，就勇于认错。

案例 6-1

当事者回忆韩国首尔踩踏事故

2022 年 10 月 29 日晚，韩国首尔市龙山区梨泰院洞一带发生踩踏事故。首尔消防部门通报，截至 10 月 30 日 9 时，事故已造成 153 人死亡、103 人受伤，伤亡人员多为年轻人，不排除死亡人数继续增加的可能性。

据当事者回忆，29 日 22 时 22 分许，梨泰院汉密尔顿酒店旁边一条宽约 4 米的狭窄坡路上突然传来尖叫声，随后呼救声和哀号声此起彼伏，现场陷入一片混乱。

当晚，首尔约 10 万人聚集在梨泰院一带，他们身着角色扮演服装参加万圣节狂欢派对。以往，遇万圣节的周末在梨泰院一带举行狂欢派对已成惯例。这次万圣节狂欢派对是韩国政府不再强制要求户外佩戴口罩后举办的一场大型狂欢活动，因此吸引了很多年轻人参加，人流密度超出预期。

事发时，密集的人流涌入这条狭窄的街道，并沿斜坡往下走，前方突然有人不慎跌倒，后面避闪不及的人群跟着倒下，一层一层压下去，造成严重踩踏。

"在这条狭窄的下坡路上，事故刚发生时，坡路下面一段有人跌倒，但后面的人全然不知，依然推着前面的人往前走……"一名亲历者在社交平台上这样描述当晚踩踏事故现场的情形。

29 日晚在梨泰院与家人相伴逛街的韩国人黄先生目睹了事故经过。他说，当天 20 时许，梨泰院一带人已经非常多，他和家人 22 时许来到汉密尔顿酒店后方的街上，"人群越来越拥挤，连站的地方都没有，只能被人潮推着向前移动"。就在沿这条坡路向下走时，黄先生突然听到有人喊"向后退，向后退"，呼喊声、呼救声交织在一起，后面的人纷纷找地方躲避。"这时我隐约觉得可能遇到踩踏，不禁感到恐惧，自己及时躲进路边一家服装店才躲过一劫。"混乱中，黄先生与家人走散。由于短时间内人流大量聚集，手机通信中断，半个多小时后黄先生才找到家人。

"事发时我就在梨泰院一家酒吧，距事故现场不远。我一直在室内，当 29 日 24 时离开酒吧时现场已被警方封锁。" 30 日早，在韩国留学的中国人小李心有余悸地告诉记者。

据韩国媒体报道，2022 年 10 月 29 日 22 时 24 分，当地消防部门接到首个报警电话。据当地媒体和现场目击者描述，消防部门接到报警后，位于首尔龙山区的消防署立即出动人员和车辆赶赴现场，但由于现场道路狭窄且人流密集，急救人员接警后 40 分钟才抵达事发现场。事故发生后，消防部门向事故现场派出 140 余辆急救车，韩国保健福祉部向现场派出 15 支救援队。

资料来源：http://www.xinhuanet.com/world/2022-10/30/c_1129088495.htm(2022-10-30)[2023-11-05]。

第三节 与员工的危机沟通

一、与员工进行危机沟通的原因

(一) 能够形成众志成城的心理氛围

沟通可以使员工了解企业具体危机情境,从而激发员工团结一致、克服困难的信念,激发员工对企业处境的同情心和责任心,塑造众志成城的心理氛围。

比如,在 PPA 事件中,中美史克公司及时向员工传递了正确的信息,通报了企业举措和进展。企业的推心置腹、坦诚相见和诚挚果断打动了员工,在企业内部赢得了积极响应。员工空前团结一致,与企业同患难共命运。若企业没有事先与员工进行深入沟通,可能不会有如此效果。事实上,很多企业在面临危机、最需要员工支持的时候,却找不到合适的、足够的员工,这往往是因为危机管理者忽视了与员工的沟通。

(二) 有利于员工保持积极的态度

危机爆发期间,企业内部很容易出现人心涣散、士气消沉的情况。平常积累的小矛盾往往也会在此期间爆发,各种问题可能接踵而来,从而加大危机的破坏力。危机管理者应通过内部沟通,让员工及时、充分了解危机情况和企业整体状况,从而安定军心,使员工不被危机情境分散注意力,保持乐观积极、坚决支持管理者解决危机的态度。

(三) 员工是重要的利益相关者

员工是企业最重要的财富之一,他们是企业重要的利益相关者。如果没有他们饱满的工作热情、高度的忠诚和持续的责任心,就等于为竞争对手创造了机遇。

出于下列因素的考虑,在企业危机爆发时,企业危机管理者更需要花费大量时间和精力来与员工沟通。

1. 员工是企业的看得见的代表

危机爆发后,员工的亲朋好友、邻居极有可能向他们打听对负面新闻报道的想法。如果能早一点告诉员工有关危机的准确情况,他们就能更好地回答此类问题。

2. 员工可能对事件本身有正确的意见和方法

因为员工往往接近事件现场,他们对事件的来龙去脉更了解,他们对本企业的情况也最熟悉,所以在危机期间和员工进行充分交流,有助于危机管理者发现关键问题和解决办法。

3. 有利于企业用一个声音说话

危机期间,由于信息不对称,不可避免会出现各种各样的信息,甚至谣言四起。为了统一信息内容,澄清事实真相,危机管理者要与员工深度沟通,可以提醒员工哪些事情他们可以告诉媒体记者、顾客甚至家人,哪些则不能向外透露。

二、与员工的危机沟通计划

(一)危机情境中的员工沟通内容

巴顿将成功的员工危机沟通计划的内容概括如下。

1. 关心员工切身利益

要了解员工的需要。如果员工关心危机发生后他们的福利是否会受影响,危机管理者就要将发生的事情向员工做客观简要的介绍,注意一定不能带有明显的防范色彩。

2. 提醒员工

告诉员工事情很复杂,今后几天还会发生变化;要求员工继续安心做好本职工作,不要随意猜测事情的进展;提醒他们公司的有关政策,比如强调除指定的发言人外,任何人都不得与媒体接触。

3. 对员工的精神与物质补偿

如果出现人身伤亡或是发生环境破坏,要向员工表达真诚的歉意,并向员工明确表示,公司会采取所有可能的措施弥补损失。如果当场或通过电话就能联系到心理咨询人员,那就应当告诉员工,他们能在哪里获得帮助。如有必要还应配备翻译人员。按照理想的战略计划,危机管理者应兑现所有承诺。

4. 听取员工意见

即便会带来伤害,也应征求员工对事情的反馈。如果所反馈的信息很重要,并且与危机相关,那就要做好快速反应的准备。员工之间存在紧密的网状关系,他们常常在高层管理人员察觉前就已经意识到事态正在恶化。

(二)危机情境中的员工沟通途径与渠道

在危机爆发时,企业要尽量选择效果最好的沟通渠道来传递危机信息,使员工明白事件真相,清楚企业准备采取的措施。

1. 员工大会与部门会议

召开员工大会与部门会议是企业说明重要问题的常规渠道,也是最权威、最正式的内部沟通方式之一。当企业员工人数比较多,或者员工分散在许多地方但是可以实现电视、电话会议时,或者需要一个人同时向所有人传达同一个信息时,员工大会是很实用的沟通方式,其效果通常也最好。但要注意留出时间来回答员工的问题,倾听他们的评论和建议。当所宣布的事并不是很紧急,或者企业太庞大以至于无法召开员工大会时,部门会议就是最合适和有效的了。在企业高层管理者简要传达信息后,各部门的经理可以在各自的部门发言,表达他们对企业所采取行动的支持和信任,但是也要注意留出足够的时间来回答员工的问题或者听取员工的意见和评论。

2. 企业简报、公告牌或企业内部刊物

在危机中，企业简报、公告牌或者企业内部刊物是强化关键信息和提醒员工有关企业的信息和行为的便利工具，可以承担起内部沟通的渠道作用，能真实反映危机事件的实际情况以及危机管理的措施。但是，企业内部刊物出版周期长，不利于及时沟通。企业多利用简报、公告牌，在企业内部随时发布信息，及时向员工传递企业危机处理动态。

3. 单独会见

单独会见是企业管理者经常采用的内部沟通措施，可以很直接地与员工交流看法。当所传递的危机信息只会影响少数员工，需要他们理解企业危机决策以及危机对他们产生的特定影响，或者传达的信息特别敏感时，单独会见是很有效的，可以减轻危机的冲击。

4. 电话与电话会议

电话是最常见的通信工具，在企业内部被作为沟通工具广泛应用。在危机管理中，大量的信息传递都离不开电话。当企业需要快速传递危机信息时，可以考虑通过打电话来进行沟通。此外，当员工人数很少，不需要同时与众多员工联系时，电话是很有效的沟通方式。当需要快速向身处不同地方的员工传递信息并及时得到反馈时，可以用电话会议的方式进行交流。

5. 互联网

互联网是现代社会沟通的便捷工具。很多企业通过建设内部局域网，构筑了企业的网上沟通世界。企业可以采用电子邮件、电子公告等方式，随时向员工发布最新的消息，提供最新的管理策略，以获得员工的支持和理解。

6. 非正式沟通渠道

员工在工作中形成的人际关系，往往也可以作为企业内部危机信息沟通渠道。这种沟通渠道传递信息速度快，不受时空限制，信息的可信性和员工的情感交流性强，反馈速度也很快，往往能获得正式沟通渠道达不到的效果。但是危机管理者要认识到其不足之处（如具有片面性、权威性差），所以要加强引导，与正式沟通渠道互相补充。

三、与员工的危机沟通时机选择

巴顿认为员工危机沟通的时机选择与危机类型、沟通情境有密切关系，具体分析如下。

在与员工沟通前，要先认真分析，哪些危机类型适合与小范围的员工沟通，哪些危机类型适合与大范围的员工沟通？

适合小范围、个性化危机沟通方式的危机类型主要有：员工工作场所意外人身伤害、指控同事、局限于少数人的且未被大多数人看见的工作场合暴力。对于这些类型的危机，用一对一、小范围的沟通显然要好得多，否则容易将小危机激化为大危机。

而对于有些危机类型，必须与全体员工进行危机沟通，在全公司内对全体员工发动大规模的沟通行动。这些危机类型主要有：犯罪活动（如起诉、诈骗）；产品缺陷或产品召回；公司主要负责人发生意外人身伤害；在工作场合员工人身被故意伤害；企业大规

模重组或大量裁员；意外的恶意收购企图；公司发生重大工业事故或环境事故；不友好的出版物，其中有恶意散布的谣言；媒体报道公司有重大欺骗行为。

四、与员工的危机沟通注意事项

1. 尽快沟通

对于危机中的内部沟通，学者们都强调一个"快"字。在危机发生后，员工应该有比其他人员更快了解危机真相的权利，即企业要与员工尽快沟通。如果危机比较严重，发生了员工伤亡事故，企业要尽快通知员工家属，做好慰问及善后处理工作，并把这些坏消息毫不隐瞒地告诉其他员工。

2. 全面沟通

在危机情境中，员工迫切想知道尽可能多的危机情况，尤其是涉及自身利益的信息和核心信息，谁也不愿意被隐瞒真相。如果员工觉得自己获得了真实的信息，他们就可能支持企业的行动。如果涉及企业秘密，则企业应向员工解释为什么不能告诉他们。当然，企业可根据需要对不同层次、级别的员工，采用不同的沟通方式，传递不同的核心信息。

案例 6-2

稳岗留工需用心

2023 年年初，一些地方针对部分行业和企业阶段性用工紧缺等问题，纷纷出台政策，鼓励企业一线员工返岗复工，以实现稳岗留工。

虽然各地举措各有侧重，但目标是相同的，即以"强政策留岗、稳生产留工、送温暖留心、优服务留人"为目标，重点支持与城市运行紧密相关的产业链、重大项目等稳产增效，在春节前后保障经济持续发展、城市有序运行。从这个意义上讲，稳岗留工既要拿出真金白银，也要做出温暖人心的安排，让留下来的人能稳得好、留得住。

各级政府要拿出务实举措。比如，可以发挥大数据作用，建立企业用工调度平台，实时掌握本地企业用工情况，以共享用工余缺的方式帮助用工需求较大的企业，提前对接富余员工较多的企业；还可以建立劳务"派出-接收"联络机制，推动用工数量大的地区提前赴劳务输出集中地，以人社部门对接、校企对接、人力资源机构对接等方式集中开展用工对接活动；对于积极协助外来务工人员"点对点"返岗的企业，所在地政府可给予合理补贴。

企业是稳岗留工的责任主体，要充分发挥主体作用。比如，不折不扣地发放留岗补贴，仔细研判用工形势并制定预案，及时化解可能的人员短缺问题；要配合政府落实相关政策，准确提供台账，确保相关补贴第一时间直达一线人员；有条件的电商、物流企业还可以增加佣金比例，为一线员工提供必要的餐饮、防寒保暖工装等基本保障；业务范围相近的企业还可以采取线上培训等方式，帮助留岗人员提升技能。

对于很多人来讲，工作地既是谋生之地，也是第二故乡。因此，在"用力稳"的同时，还要"用心留"，通过人性化的暖心举措将关爱带给留岗人员。比如，可以改善住宿条件、提高就餐标准、提供必备防疫物资等，让留岗员工感受温馨关怀；还可以开展内部联欢、免费参观景区、观看文化表演等活动，让留岗不仅有钱赚还有人情味。

稳岗留工不是权宜之计，而是事关经济社会发展的重要举措。只有在拿出务实举措"用力稳"的同时，真情实意地"用心留"，才能让外来建设者既获得实惠，又体会到城市温情，"此心安处是吾乡"。

资料来源：http://www.xinhuanet.com/comments/20230201/cf03b5348b20477996125d80df4c5ec4/c.html (2023-02-01)[2023-11-12]。

第四节　与顾客的危机沟通

在市场经济浪潮中，没有一个企业不知道消费者的重要性。美国希尔顿酒店创始人希尔顿有句名言："第一，顾客永远是对的；第二，即使是顾客错了，请参看第一条。"在市场经济条件下，消费者的作用会日益凸显。谁失去了消费者，谁就失去了市场。

一、与顾客的危机沟通过程

（一）首先要确定顾客关注的问题

在危机中，顾客会关注企业的一举一动，无论他们是不是危机的受害者，他们都需要判断自己以前对企业的选择是否正确，以后是否还能信赖企业。所以企业要发现顾客关注的问题，并把顾客关注的核心内容告诉顾客。顾客主要关注以下问题。

① 企业已经发生的问题是什么？危害性有多大？对顾客的影响如何？
② 问题是如何发生的？有多严重？
③ 危机会对企业产生多大影响？是否会影响企业对顾客的服务承诺？能否采取措施避免事态恶化？
④ 企业是否愿意坦诚地告诉顾客危机真相，是否愿意接受顾客的质疑，并提供可能的帮助？顾客如何与企业的有关人士沟通？

（二）建立与顾客的危机沟通渠道

在合适的时候，把对顾客关注问题的回答通过合适的渠道传递出去，是与顾客沟通的重要环节。在危机中，企业可以有效利用的与顾客进行危机沟通的渠道包括以下几个。

1. 个别会谈

在危机中，对于一些重要的顾客，特别是危机的受害者，个别会谈是一种最直接有效的方式，企业可以安排合适的危机管理人员主动上门回答顾客的问题，听取他们的意见，消除他们的疑虑。

2. 电话与信件

对于不能直接交流的重要顾客，当企业需要快速传递所要沟通的消息时，可以考虑利用电话、信件或者电子邮件等方式与其沟通，把企业的信息及时传递给对方。

3. 问题和回答（Q&A）文件

重视顾客危机沟通的大企业往往会有一套严密的 Q&A 文件，在企业陷入危机之前，预测一下顾客可能提出的问题，做出标准答案，将其作为顾客危机沟通指南。Q&A 文件为企业提供了一个重新表述关键信息的机会，提出了在向顾客传递信息时如何回答相似问题的建议，应该作为企业危机管理的常备项目。开展危机管理工作时，企业可以让员工熟悉这些关键信息，利用员工在生活中形成的人际关系（即构成的非正式传播网络）进行传播，从而达到理想的传播效果。

4. 企业声明、公告与新闻稿

在危机影响范围很广的情况下，企业需要大范围地发布信息，这时需要考虑在那些消费者可能关注的、有权威性的新闻媒体上发布企业声明、公告与新闻稿，要注意声明、公告本身的权威客观和说服力，足以抵挡可能影响企业形象的坏消息。

5. 消费者热线

消费者热线是接受顾客投诉、沟通信息和对外树立企业形象的重要渠道，是顾客危机沟通的第一道门户，处理得当的话，往往会把由投诉引起的危机消灭在萌芽状态。在危机初期，公众会对企业有种种猜疑和批评，投诉与咨询的电话会骤然增多，企业的消费者热线就成为协助危机管理者答复电话问询的一个渠道。企业必须有足够的训练有素的人员来接听公众的电话，危急时刻还要根据形势随时增加人手，让这条渠道真正发挥出自己的作用。需要注意的是，不要让公众和新闻媒体产生企业有不负责任和怠慢态度的想法，如果处理不当，消费者热线也有可能成为导致事态恶化的信息源。

6. 记者采访

对于记者采访，企业往往容易忽视其与顾客的联系，其实记者的报道是顾客获得信息的最主要来源。企业要迅速开放信息渠道，通过记者把最需要告诉顾客的核心信息及时传递出去，把必要的信息公之于众，填补公众的信息空白，让公众及时了解危机事态及企业正在尽职尽责处理危机。企业永远不要试图隐瞒什么，前后信息的口径要一致，不要随意改变对问题的解释。

（三）对待顾客与受害者的策略

危机管理者要以同情的态度，谨慎地处理好与顾客、受害者的关系，这是关系到危机能否顺利化解的大问题。

1. 对顾客采取的策略

（1）疏通销售渠道

通过销售渠道向顾客发布说明事件梗概的书面材料或者口头解释，利用企业自身的能量消除顾客的疑虑。

（2）疏通媒体渠道

通过记者采访，把信息发布出去，如有必要，还应通过报刊登载企业声明、公告或者通过广告的形式公布事件经过及企业对策。

（3）热情接待消费者团体组织

消费者团体组织作为消费者利益的代表，在新闻界很有发言权，往往起到舆论领袖的作用。因此，对于消费者协会等组织的拜访，企业应该有清醒的认识，不要吵架，要合作，要妥善接待，积极争取他们对企业的谅解与支持。

（4）安抚顾客

如果顾客对企业的产品或服务有异议，企业可以在力所能及的范围内予以解决；不能解决的话也应给予说明，争取其谅解。

2. 对受害者采取的策略

（1）了解情况，承担起责任

企业应直接与受害者接触，认真了解受害者的情况，冷静地倾听受害者的意见，并表示歉意；实事求是地承担相应的责任，受害者即使有一定责任，一般也不应去追究，更不宜立即追究，避免在事故现场与受害者发生口角。

（2）赔偿损失，表现风格

了解和确认受害者的有关赔偿要求，向受害者及其家属公布企业的赔偿办法与标准，并尽快落实赔偿。如果受害者及其家属提出过分要求，企业要大度、忍让，尽量避免在事故现场与受害者及其家属发生口角，应努力做好解释工作。危机管理者要站在受害者和企业双方的立场上进行协调，争取受害者的理解。企业可以在合适的场合单独与受害者进行沟通，有分寸地让步，即使拒绝受害者要求也要注意方式和方法。

（3）提供善后服务

给受害者以安慰和同情，安排企业领导人慰问看望，并尽可能提供其所需的服务与帮助，尽最大努力做好善后工作。如无特殊情况，在危机处理过程中不要更换工作人员，由专人与受害者接触。

二、如何处理顾客投诉

在市场竞争激烈的当今社会，企业所处的地位越来越微妙。来自消费终端、流通渠道、新闻媒体的压力越来越大，他们对企业产品、服务的要求越来越高，监督力量越来越强，企业的任何一点纰漏都可能引发一场地震。曾出现过不少因为消费者投诉引发危机蔓延，导致企业走向衰落的案例，一场官司就可以打垮一个曾无比辉煌的企业，企业应正视顾客投诉问题。

投诉，是顾客与企业之间矛盾关系的一种外在形式。表面上看，投诉是顾客对企业产品或服务表示不满的一种行为，但从另一个角度来看，顾客向企业投诉，诉说自己遭受的不公正待遇，是对企业的一种信任。企业处理好顾客投诉，能给顾客留下难以忘却的印象，同样有助于树立企业形象；相反，如果处理不当，就等于为自己树立了一个敌人，而且顾客极有可能将心中的不满传播到其交际圈,这种一传十、十传百的"滚雪球效应"毫无疑问会给企业带来不小的影响和损失。无数实践证明,企业只有将自身工作做好,才会有满意的顾客。

(一)顾客投诉类型

1. 默默无闻的投诉

一些顾客购买或接受了企业的产品或服务后,本身是很不满意的,但他们不会向企业说,可能是因为他们认为不值得或麻烦,当然也可能是因为企业自身缺乏反馈机制。这些顾客会向周围的人宣传,"损失一个顾客意味着失去十个顾客",这是一个普遍规律。默默无闻的投诉者比比皆是,这就增加了企业了解顾客心理的难度。他们应该成为企业关注的重点,要注意关注这些不向企业反馈的投诉者,尽量给他们创造向企业投诉的机会与可能。

2. 正式的投诉

也有一些顾客采取了进一步行动,向消费者协会、媒体或企业反映,要企业给个说法。他们说出了对产品或服务的不满,尤其是指出了存在的问题。尽管这可能造成不良的影响,但对企业来说是花钱买教训,这类投诉者应该成为企业欢迎的人。

3. 过激行动

对于企业的问题或顾客的误解,一些顾客会采取不利于企业形象的过激行为,甚至是恶意的敲诈勒索,如夸大其词、造谣生事、恶意索赔等。对于这类顾客,企业应该果断采取措施,查清真相,用事实说话,不能有任何拖延,以免问题复杂化。

(二)顾客投诉的动因

一般说来,顾客投诉的理由大致有以下几个。

1. 企业的产品质量与服务质量低下

很多时候,顾客对企业的不满来源于企业产品与服务的实际水平低于顾客的期望,这是投诉的重要理由。这种情况常发生在产品供不应求的情况下,此时企业往往重视产品产量而忽视产品质量,导致顾客不满意。

2. 出售的商品过期、变质

由于企业或商家的无意或者有意行为,过期、变质的商品被出售给顾客,这自然会引起顾客的不满。

3. 夸大宣传,产品标识不全,某些重要说明或指标遗漏

这种情况也较为常见,其引发投诉的关键为是否对顾客有重要影响或伤害。比如,某些新产品缺乏功能说明,引起顾客的误操作,从而引发事故,或者产品效果没有宣传清楚,从而引发顾客不满。

4．营销活动的服务、品质不到位

营销活动本身无可厚非，但企业要注意活动策划的可行性，注意其是否脱离实际或超出企业能力范围，是否会产生不好影响。

（三）处理顾客投诉的基本理念与基本原则

企业要坚持正确的理念，即有顾客投诉并不可怕，他们的意见能反映出企业亟须改进的管理欠缺之处，投诉者不仅不是对手，反而是帮助企业找出问题的人，是企业的朋友。因此，企业要珍惜这种得之不易的检讨机会，视投诉者为企业的朋友和参谋，与他们切实建立良好关系。

对于顾客投诉，要在正视问题的基础上，判断问题的根源所在。虽然顾客是上帝，但也应该看到并非所有的顾客投诉都是值得支持的，有时可能是顾客将自身的问题转移到企业身上，某些顾客还会借机向企业提出一些无理要求，企业也需要寻求对自身的法律保护。如果是顾客自身问题或其他外部因素导致的问题，企业应该向顾客解释清楚，争取其谅解，并适当做出让步以弥补其损失。但如果是企业自身的问题，就应该果断采取措施，道歉、赔偿以弥补顾客损失。这是应对顾客投诉的正招。唯有如此，才有可能赢得这些投诉者的忠诚。怕的就是企业没有正确的态度，消极对待，最后把事情搞糟，这方面的案例不胜枚举。

企业应清楚认识到，正确处理顾客投诉是为了保持稳定的市场占有率，不给对手可乘之机，维护与顾客的关系，不致因投诉而使顾客失去对企业的信赖。正因为顾客和企业的利益永远息息相关，企业界才有这么一句名言：保护你的顾客就是保护你自己。

鉴于此，正确处理顾客投诉的基本原则如下。

1．让顾客满意

这是企业立身的根本准则。顾客利益至上，是企业应牢记的，应切实贯彻在经营活动中。

2．勇于向顾客道歉

对于投诉不避讳、不推诿，勇于承担责任，在合适的时候要向顾客道歉，并积极查明真相，给顾客以圆满解释，履行企业的社会责任与承诺。

3．建立有效沟通渠道

重视与顾客的沟通，同时与新闻媒体建立融洽的合作关系。有效沟通的速度与效率在一定程度上决定着投诉处理效果。

4．尽量按照顾客希望的方式处理

对于企业自身的过失，企业应在能够接受的范围内，尽量满足顾客的合理要求。

5．互利的原则

处理结果对双方有利，尤其是令顾客满意，是投诉的最好结局。很多大企业都设立了顾客服务部作为处理投诉的专门机构，并为该机构配备适当的人员与一定的管理权限，以简化顾客投诉的处理过程，提高办事效率。

（四）顾客投诉处理流程

顾客投诉的处理效果如何，业务流程是否合理也非常关键。处理顾客投诉尽量不要随意行事，应该形成一套严格规范的程序，从而获得良好的效果。

1. 调查研究，查明真相

处理顾客投诉的第一步是鼓励不满意的顾客说出自己的意见，便于企业直接方便地了解到顾客的投诉。顾客投诉具有极强的时效性，企业最好在一开始就予以化解，把问题消灭在萌芽状态，尤其是要注意防止新闻媒体的人为炒作。企业要想摆脱投诉的负面效应，就应该在一开始把问题考虑全面，设立便于顾客与企业沟通的机制，让问题在企业内部公开化而不是在社会上公开化。因而，企业应该注意建立顾客信息反馈系统，降低顾客投诉的"门槛"，倾听顾客的委屈和意见，全面了解其不满的原因，这是成功处理投诉的先决条件。

调查研究，查明真相是处理投诉的基础环节，企业应着重向顾客了解以下问题（5W1H）：发生了什么问题（What）？什么时候发生的（When）？在何地购买，在何地出现问题的（Where）？投诉者是谁，是否为老顾客（Who）？投诉的理由是什么（Why）？希望如何解决（How）？这样企业就对问题有了一个清晰的认识，可以更好地做出相应决策。

2. 研究对策和改进

有些顾客投诉在开始时并不容易解决，这就需要企业针对调查情况，做相应对策调整，以顾客满意为准绳，尽快使企业行为与公众的期望保持一致。争取让顾客满意是企业处理顾客投诉的不二法则，因此企业制定对策时，要尽量站在顾客的角度考虑问题并结合企业实际，使解决方案与顾客期望值相一致。顾客在投诉时一般会在意：企业是否与其真正沟通；企业是否诚恳认错，勇于对自己的失误承担责任；企业是否可靠，而不是流于表面文章；企业是否以顾客权益为上；企业产品是否名实相符。企业站在顾客的角度考虑问题，有助于解决投诉危机。

企业要以体谅之心接待顾客，向其表示真心同情和慰问，表达出企业将依法赔偿，努力使顾客满意的态度。让消费者觉得企业是在按照自己的程序做事，并没有因人而异，这点也是很重要的。企业在做出赔偿时，应注意不要太快露出赔偿底线，一般而言，赔偿的上限应低于由于不赔偿而带来的商业风险。企业应小心探询并了解顾客希望的解决办法，委婉表达任何人都不希望法庭上见面，尽量争取私下解决问题。企业可以逐步提出解决办法，并征求顾客意见；如果顾客不同意，请他提出自己希望的方式，尽量在企业界定的限度内解决。当谈判进展成效不大时，可通过各种方式请出顾客的上司、朋友，从内部做其工作。针对方案中顾客不满意的地方，企业应做适当改进，并配合第三者对顾客做工作，双管齐下，力争早日解决问题。

要注意，如果投诉处理不及时，顾客在长久等待却毫无结果的情况下，必然会失去对企业的信任，转而寻找别的途径表达不满。有关调查表明，若投诉反应时间超过 4 周或更长，顾客的满意度将降低一半以上。企业可以依据问题的严重程度、顾客的关键性和顾客可能会采取的不利于企业的行为 3 个方面来决定处理投诉的先后次序，同时注意缩短反应时间，具体可以从以下 3 个方面加以考虑。

① 通过市场调查等主动性做法，预先获知顾客的想法。这样企业不仅可以及时做出反应，也可以让那些受到委屈后"一声不吭"的顾客得到应有的补偿。

② 通过对"投诉"出现的频率进行跟踪，评估可以对哪类问题采取标准化的措施。例如，航空运输业经常遇到行李损坏或丢失的问题，为此制定了行业公认的标准化赔偿率。

③ 赋予一线工作人员一定的权力。这些权力使他们在处理一些无法预见的、随机的问题时有相对灵活的自主权。

3．吸取教训

"吃一堑，长一智。"危机过后，企业应该把投诉处理的全面情况形成书面资料，为以后的工作提供参考。如果企业尚未重视顾客投诉问题，则应该立即建立处理顾客投诉的专门机构，制定相应政策，培训顾客投诉专案员工，提高应对投诉的能力。企业应针对出现的问题，对生产、销售、服务工作做出相应调整，加强产品质量监督，提升品质，这才是企业生存的根本。

拓展阅读6-2

全国 12315 消费投诉信息公示平台上线

为加快建设全国统一大市场、构建新发展格局、优化消费环境，市场监管总局 2023 年 9 月印发《市场监督管理投诉信息公示暂行规则》，上线全国 12315 消费投诉信息公示平台，部署全国市场监管部门开展消费投诉公示。

信息不对称一直是制约居民消费扩大的痛点之一，消费者购物前都希望查一查商家以往被投诉和解决消费纠纷的情况。为此，市场监管部门主动公开处理消费者投诉的相关政府信息，让消费者明明白白消费，让经营者诚信守法经营。公示平台网址为 tsgs.12315.cn，小程序、公众号名称为"12315 投诉公示"，公众可以查询特定商家投诉情况、掌握投诉热点、浏览本地最新投诉等。

通过晒出消费者评价、汇聚实时大数据，可以一体推进法治监管、信用监管和智慧监管，以公开促公正、化压力为动力。2022 年 11 月以来，市场监管总局在吉林、上海、浙江、广东、四川、新疆 6 省区市开展了消费投诉信息公示的试点，试点地区的消费环境透明度、经营者诚信度、消费者满意度得到了提升，更多消费纠纷被化解在源头和萌芽阶段。

同时，公示平台专门创设"企业服务"功能，为企业提供以往被投诉情况。通过 12315 数据赋能，帮助企业有针对性地改进经营行为、减轻合规成本，企业通过电子营业执照即可登录平台。

资料来源：http://www.xinhuanet.com/2023-10-23/c_1129931485.htm(2023-10-23)[2023-11-06]。

第五节 与其他利益相关者的危机沟通

一、与其他利益相关者的危机沟通原则

企业在与其他利益相关者沟通时应坚持以下原则。

1. 维持企业形象

若某企业在危机发生前社会形象就处于不良状态，那么，多数人会对其形象的突然提升、改善持怀疑态度。人们会认为危机前的形象才是企业真实形象。这种怀疑很可能会阻碍危机管理的努力。

因此，危机管理者应当密切注意公众和利益相关者的现有看法。一旦当前的企业形象受损，就应努力去改善企业形象。

2. 真实展现企业态度和行为

危机管理者在危机事件处置过程中，必须通过大众媒体，及时、如实表明企业的危机应对态度和处置行为，公布企业当下及后续的危机处置安排，设身处地顾及当事人的正当权益。在整个危机事件处理过程中，企业危机管理团队要言行一致，实事求是，争取利益相关者的支持。历史上，埃克森石油公司在发生石油污染事件后，对该污染事件处置不力，而其管理团队却对外宣称石油污染形势已得到控制，结果导致公司形象受损。

3. 关注焦点

在危机中，企业危机管理者如果只关心企业自身利益或管理者的职位问题，甚至指责危机受害者，将会加深危机受害者对企业的消极认识，在公众心目中形成负面形象。

当企业危机发生时，人们通常的反应是退缩。如果企业不积极与利益相关者沟通，而仅依赖一纸声明，那么企业给利益相关者的印象就可能是"漠不关心，无人情味"。因此，企业危机管理者要把注意力放在积极行动上，尽快帮助危机受害者。危机管理者要旗帜鲜明地表明，哪些当事人受到了哪些不利影响，并积极采取行动减轻危机事件对利益相关者的伤害。

4. 言行一致

企业在危机处置过程中，对利益相关者的权益保障要始终言行如一，明确企业的担当和责任，增强公众对企业的信心，在公众心目中塑造良好形象。企业应当明确承诺，危机结束后企业的承诺和态度仍将延续，以保持企业的可信度。

二、与其他利益相关者的危机沟通方法

1. 提供恰当沟通人选

在沟通场合，企业应邀请适当的专家、证人和辩护人出席，这有助于展现企业的诚意

和积极态度,增强公众对企业的信心。相反,如果企业拒绝这些人员出席,公众会认为企业有所隐瞒,对利益相关者不负责任,轻视利益相关者的权益。

2. 加强联系并发表声明

大多数危机沟通中的冲突都会导致不良情绪的持续积累。只有保持文明的态度、避免对抗,采取公开、诚实的行为准则,当事人才可能将注意力集中在危机事件本身上。在危机处置过程中,公众迫切需要了解当事企业采取了哪些有效的危机处置策略,取得了什么样的进展。这时危机管理者需要处理以下棘手问题:集中面对媒体采访的压力;危机事件后续发展尚不确定;个人言行可能会对企业后续经营影响巨大,导致危机管理者有较大的思想压力。面对这些问题,危机管理者要加强与公众的联系,通过适当方式发表有关声明,获得公众理解、支持。

3. 邀请社会大众参与

在解决问题的过程中,企业危机管理者可以主动邀请社会大众参与,从而为改善企业社会形象提供更多的机会。社会大众会从以下几个方面来评价企业形象是否良好:企业是否抓紧时机寻找有效的危机解决方案;企业管理者是否平静、理智、公开、诚实地处置危机事件;企业是否正在积极努力实施解决方案。

案例 6-3

印度博帕尔毒气泄漏事件

1980 年,联合碳化物公司作为美国一家跨国公司,其印度子公司在博帕尔建立了一座生产胺甲萘剂的化工厂,这是一种用于印度农场的杀虫剂。该工厂为当地提供了数百个就业机会,尽管有一些公众团体曾经对在博帕尔建立这个工厂提出了疑问和反对。

1984 年 12 月 2 日午夜,该工厂的地下贮藏室装了 42 吨甲基异氰酸酯。几天前,工程师将水注满贮藏室的管子,但至少有两个阀门没关上,之后大量的水流出。责任工程师告诉操作工重新注满这个系统。未关上的阀门使水流入贮藏甲基异氰酸酯的桶。

1984 年 12 月 2 日早晨,甲基异氰酸酯毒气开始形成,黄白色的毒云笼罩了大约 64 平方公里的地区。毒气已让许多人窒息,1200 多人死亡。早晨 7 点,当地医院接收了 20000 名受害民众。

2 日零时,工人就注意到了甲基异氰酸酯设施周围的污水,在 0 时 15 分,控制室确认了泄漏并采取了第一道措施,用苛性碱中和气体,采取技术来处理裂缝,但当时处置裂缝的力度不够。第二道措施是通过燃烧塔点燃泄漏气体,但是由于燃烧塔被永久封闭而无法使用。

2 日 1 时,工人们试图通过向设施洒水来减少气体,但水没有超过气体泄漏设施的顶部,毒云继续形成。从午夜到凌晨 3 时,由于泄漏形成的笼罩大地的毒云,像冷空气一样凝结成蒸汽。

事故发生后,联合碳化物公司的总经理立即要求停止生产和运输甲基异氰酸酯。该公司迅速派出一名治疗毒气的专家和四名技术人员赶往博帕尔。在当地宾馆召开的记者招待会上，联合碳化物公司指出他们已运送了医疗用具、防毒面具，已有专家和技术人员赶到博帕尔。

事故过后几天，工厂重新开工。出于对再次发生毒气泄漏事件的恐惧，当地 200000 人从博帕尔地区迁走。

此次毒气泄漏事件，造成死亡 3000 人，伤 40000 人。

资料来源：希斯，2001. 危机管理[M]. 王成，宋炳辉，金瑛，译. 北京：中信出版社.

三、与其他利益相关者的危机沟通步骤

1. 确认危机事件

这一步并不像想象中的那么简单。事实上，经常会出现危机事件不明确的情况。这对危机中的企业来说更具挑战性。比如，正在调查相关产品质量问题，如果危机管理者草率行事，应付社会大众，就很容易使矛盾焦点从产品危机转移到企业全局上来。所以，在开展与公众沟通的第一步时，危机管理者就必须仔细分析，明确危机事件是什么，企业错在何处，如何评估危机所蕴藏的风险及危机事件处理效果。

2. 现场处理危机

企业在确认问题并评估问题风险后，就进入了解决问题阶段。解决问题阶段需要完成以下任务：首先，处置危机事件，不让危机事件继续扩大；其次，评估危机事件发展态势，进一步处置危机事件；然后，控制危机事件的影响范围；最终，解决危机事件。

3. 重新审视危机事件

危机管理者可使用 SWOT（优势，Strengths；劣势，Weaknesses；机会，Opportunities；威胁，Threats）管理分析工具，辨别外部环境中哪些事件具有明显的威胁，并确认企业存在哪些劣势。进一步地，要分析企业的内部劣势和外部威胁是否可以转化为优势或者机会。例如，强生公司在处理泰诺胶囊中毒事件时，就利用了他们的产品解决方案（片状药和防水包装），从而把劣势转化为优势，其公司形象也由"一个潜在的毒药生产厂商"转变为"能够自觉安检、生产最安全产品的药品生产厂商"。

4. 强调积极因素和解决方案

在危机沟通中，危机管理者要向公众强调危机事件的积极因素，以及企业对事件所做的反应，从而将公众的注意力引导到积极的方面上来，如企业正在做什么，已经做了什么，为消除或减轻危机的影响采取了哪些措施。

5. 与利益相关者沟通

对企业来说，重要的利益相关者包括顾客、员工、股东、供应商、公众。危机管理者要及时将准确的信息反馈给利益相关者，这样做有助于消除他们的不信任感、恐慌心理。发布的信息应当清楚，并尽可能地诚实、直截了当。高层危机管理者应与利益相关者代表积极保持联系。

四、与社会公益组织的危机沟通策略

（一）确认社会公益组织关注的焦点

社会公益组织会给危机中的企业施加压力，因此，危机管理者需与社会公益组织进行有效的沟通。人们最容易记住和接受的是通过大众媒体发布的声明，所以危机管理者应当积极与社会公益组织沟通。此类危机沟通的关键是确认社会公益组织关注的焦点是什么。

以下 6 个问题有助于揭示社会公益组织关注哪些焦点。

① 谁在进行这项审查？
② 这些人或组织为什么要进行这项审查？
③ 他们的态度或目标是什么？
④ 他们在何时进行这项审查？
⑤ 他们在何地进行这项审查？
⑥ 对审查者与被审查者来说，结果分别是什么？

对这些问题的回答有助于危机管理者了解社会公益组织的意图。

社会公益组织一般是专业组织。他们可能关注环保、交通安全、反武器交易、反种族歧视、反对利用动物做实验等。

案例 6-4

河北邢台特大环境污染案追踪：这家企业为何能顶风作案？

1. 每吨 230 元处理费，"附近的草都被烧死了"

2020 年 3 月下旬，邢台警方接到群众举报，称有人在当地村庄周边倾倒不明液体。专案组于 3 月 30 日下午将犯罪嫌疑人吕某飞、王某飞抓获，并在吕某飞的半挂货车和小型厢式货车上查获未倾倒的废液共 31 吨。最终锁定污染源为位于邢台市威县经济开发区的润敏生物科技公司。

经查，企业实际控制人李某承指使总经理刘某，将废液以每吨 230 元的价格交由吕某飞处理。自 2019 年 3 月 29 日至案发，吕某飞组织多人，在邢台市的 13 个地点非法倾倒废液共计 230 车、3414.5 吨。

当地有关部门对废液进行鉴定发现，该废液主要成分为亚磷酸和二乙胺，属于有毒有害危险废物。废液会对土壤和水造成严重污染，后续处置代价非常高昂。

倾倒点紧邻邢汾高速，高速外坡地往下可清晰看到废液流过的黑色印记，下方干涸的河道内仍残存不少废液痕迹。村民说，那几天气味特别呛，附近的草都被烧死了。

2. 相关部门称"执法人员化学知识水平有限"

调查发现，污染源头——润敏生物科技公司根本不具备生产农药的资质。

根据国家相关法规，企业不得随意倾倒危害环境的废液。这家企业为何顶风作案？一名从事危废处置的企业负责人说，除该企业属于非法生产、没有正规手续外，非法倾倒比规范处置费用低很多是重要原因。"正规处置每吨大概需要 5000 元到 10000 元，与案件中每吨 230 元的处置费用相差几十倍。"

企业非法生产和倾倒已一年多，当地监管部门为何一直没能发现？

威县相关部门回应称，2018年以来，威县环境监管人员曾多次对企业生产情况进行现场检查，检查环保手续是否齐全、治污设施是否正常运转等，但因执法人员化学知识水平有限，对原料和产品认识多限于企业介绍，未能及时发现其违法行为。在近两年全县"双随机、一公开"检查中，该公司未被抽中。威县市场监管局在企业违法扩大经营范围、违法生产危险有害物质方面存在监管失职，威县高新区管委会存在被动配合相关职能部门进行检查、履行属地监管责任不到位问题。

3. 亟须加强对企业全链条监管

此案件27名犯罪嫌疑人已全部被抓获，相关调查取证工作全面进行。公安部门对该公司车间、设备进行查封，威县县委对相关部门负责人予以党内严重警告、停职检查等问责处理。

案件发生后，倾倒地环境监测及前期的环境修复工作迅速展开。生态环境部专家对所有倾倒点进行实地调查，后续还将根据土壤、地下水等检测结果开展生态修复。13个倾倒点及周边被污染土壤已清理完毕，在倾倒点周边选取26个地下水水井进行监测，暂未发现地下水受废液影响。

此案件所揭示的监管缺位问题值得关注。一些业内人士表示，企业环境治理、安全生产监管需多部门协作，需要建立切实可行的信息沟通、联合监管办法。"在此案件中，监管部门仅关注生产设备，而没有关注原材料等变化，这是不够的。"一名业内人士说。如果对企业原料进购、物料消耗、产品销售等全链条进行监管，应该能及早发现问题。

资料来源：https://www.chinanews.com.cn/gn/2020/06-22/9219312.shtml(2020-06-22)[2023-11-06]。

（二）与社会公益组织的危机沟通步骤

企业需要回应社会公益诉求，不能违背环境保护法律法规政策要求。企业危机管理者需要制定恰当的策略来获得、保持社会大众的支持。具体来说，企业只有通过积极参加社区活动，事先采取对社区有利的活动，才可能树立起"社会希望保有的有益组织"的形象。为此，企业应以诚实、公开、积极并富有同情心的态度，向社会公众展示自己愿意听取意见和寻求解决方案。

危机管理者应认识到，有效的解决方案应是企业改变自己的行动与经营方式，也就是说，企业应当进行公开、积极的改变而不是反对改变，应采取切实可见的为了社会大众利益的行动，以促使社会公益组织支持本企业。具体可以考虑采取如下步骤。

① 危机管理者应根据社会公众的态度，鼓励本企业员工参加社区组织。

② 企业的危机管理者应经常与社会公众代表沟通。

③ 企业要进行独立、细致的相关事件影响研究，并向社会公众免费公开所有数据。

④ 通过信件、文章、当地广播电台及电视台，及时告知社会公众关于现在发生了什么及将来会发生什么等信息。

⑤ 在做决定和行动方案时，吸收当地社区领导与社会公众参加。

⑥ 通过环境监测系统，监测目标社会公众的态度，包括收集当地新闻媒体提到的关于本企业事件的相关内容。

⑦ 尽可能雇用当地人，支持企业所在社区的发展。

⑧ 积极参加所在社区的事务，成为所在社区的一部分。

（三）与社会公益组织的危机沟通注意事项

1. 避免消极声明

危机管理者应避免可能引起指责的用语、演讲及声明等，如"无可奉告！""我无法忍受！""我们需要更多的时间！""你错了！"

2. 发表积极声明

危机管理者应发表那些能够传达聆听意愿及合作解决问题意愿的声明，如"我理解您所指的意思。""我可以重复您的看法吗？""我们在这里听您讲。""我们关心所在社区！""请与我们一起解决这些问题！"

本章实训实验

一、扫描二维码，观看、学习相关资料

学习资料 6.1

二、案例实训

阅读以下案例，回答案例思考题。

上海市消保委约谈加拿大鹅 退换货政策涉嫌"内外有别"

继因虚假宣传等被处 45 万元罚款后，加拿大鹅品牌"不得退换"的条款再次引发舆论热议。2021 年 12 月 1 日，上海市消费者权益保护委员会（以下简称上海市消保委）就加拿大鹅退换货条款的公平性和合理性问题约谈企业。

有消费者投诉反映，其在上海一家加拿大鹅门店花一万多元买了一件羽绒服，却被要求签署"除非相关法律另有规定，所有中国地区专门店售卖的货品均不得退货"的"霸王条款"，以至于这件有明显质量问题的羽绒服经过多次沟通仍无法退换。

在约谈中，上海市消保委发现，加拿大鹅所表述的公司退换货流程与消费者反映的实际情况有出入。同时，加拿大鹅方面对要求消费者签署的更换条款的具体含义也是支支吾吾。

上海市消保委负责人指出，在约谈会前，加拿大鹅发表声明称"在符合相关法律规定的情况下，所有中国地区专门店售卖的产品可以退货退款"，但就"哪些法律""怎样界定符合"等问题加拿大鹅方面却表示并不清楚。

"仅仅发出这样似是而非的声明显然并不能让消费者满意，对此，我们要求加拿大鹅在 2 日中午前提交更换条款的正式说明"，上海市消保委负责人说。

值得注意的是，加拿大鹅在其全球官网上表述退换货政策为"30日无理由退货"，但参与约谈的相关负责人却表示，加拿大鹅并不在中国执行这一条款，该品牌涉嫌"内外有别"。

此前，加拿大鹅因宣称其 Hutterite 羽绒"最保暖"而被上海市场监管部门处罚，市场监管部门多方调查发现，羽绒保暖性能与产地并无关联，加拿大鹅违反《中华人民共和国广告法》第四条第一款。

资料来源：http://www.xinhuanet.com/local/2021-12/01/c_1128121444.htm(2021-12-01)[2023-11-13]。

案例思考：
1. 加拿大鹅如何引发信任危机？
2. 加拿大鹅应当汲取哪些教训？

三、观看央视3·15晚会，提升企业危机管理能力

扫描二维码，观看央视网《2018年3·15晚会》。

学习资料6.2

1. 分析该晚会揭露的部分企业侵害消费者权益案例。
2. 运用本章的企业危机沟通理论，分析如何预防、化解企业危机，保护消费者权益。

本章思考与练习

1. 结合实例讨论企业危机沟通的作用。
2. 企业危机沟通有哪些类型？
3. 企业危机沟通的准备工作包括哪些内容？
4. 企业危机沟通计划的主要内容有哪些？执行危机沟通计划应该遵循哪些行动准则？
5. 为什么要加强与员工的危机沟通？如何把握与员工的危机沟通时机？
6. 如何与顾客进行危机沟通？企业应建立哪些与顾客的危机沟通渠道？
7. 企业应如何与其他利益相关者进行危机沟通？

第 7 章

企业危机情境中的媒体沟通

学习目标

知识要点	能力要求
企业危机情境中的媒体沟通意义	（1）理解企业危机情境中媒体的不利影响 （2）掌握企业危机情境中媒体的积极贡献
企业危机情境中的媒体沟通原则	理解危机情境中企业与媒体沟通的原则
企业危机情境中的媒体沟通工具	（1）了解常规媒体沟通工具 （2）掌握新闻发布会注意事项 （3）掌握新闻发言人应遵守的规则
企业与媒体建立良好的关系	（1）了解企业与媒体的关系 （2）掌握与媒体合作的技巧 （3）掌握应对媒体失实报道的策略

在危机情境中，企业危机管理者必然要和媒体打交道。本章我们将讨论在危机情境中，企业为什么要和新闻媒体沟通？沟通的基本原则是什么？有哪些沟通工具？如何成功召开新闻发布会？发言人应该掌握哪些规则？如何与媒体合作？

第一节 企业危机情境中的媒体沟通意义

在危机情境中，企业与媒体沟通的意义主要体现在以下两个方面。

一、企业危机情境中媒体的不利影响

媒体往往会对企业危机产生强烈的兴趣并竞相抢发独家新闻。企业最终可能会因这些负面报道而名誉扫地、一蹶不振。企业危机情境中媒体的不利影响体现在以下几个方面。

1. 媒体的报道增加危机处理的难度

危机一旦经由媒体发布即成为大众关注的焦点，尤其是电子媒体动辄以现场直播方式报道危机事件，对企业和组织的应变能力提出了更大的挑战，使原本不起眼的议题迅速增加热度。

媒体的报道，无形之中增加了企业处理危机的难度。

2. 媒体的报道影响大众对企业形象的认知与评价

危机真相未明确之前的新闻报道，常常会直接冲击企业的形象。以东芝笔记本电脑风波为例，从 2000 年 5 月 8 日媒体报道该事件到 5 月 22 日东芝公司召开记者招待会的这段时间里，几乎所有的报道都是针对东芝公司的消极作为。比如，2000 年 5 月 22 日中新社报道了"成都最大笔记本电脑超市拒卖'东芝'"；2000 年 5 月 19 日《成都商报》报道了"吴津：国内向东芝索赔第一人"；2000 年 5 月 19 日《中国经济时报》报道了"东芝如何收场"；2000 年 5 月 18 日《金融时报》报道了"日本'东芝'两张丑脸"；2000 年 5 月 15 日中新社报道了"'东芝'笔记本电脑只赔美国人不赔中国人"；2000 年 5 月 15 日《中国青年报》报道了"两国法律不同还是赔偿歧视？"；2000 年 5 月 8 日千龙网报道了"TOSHIBA 还要蒙中国消费者多久"，2000 年 5 月 11 日千龙网报道"看来，东芝真是拿中国人开涮"。众多媒体的集中报道，对东芝在大众心目中的形象会产生什么样的影响可想而知。

3. 各方利益角逐，与媒体沟通更加困难

各利益团体在处理危机时都想利用媒体争取解释权，媒体成为各方利益角逐的焦点，这使得企业与媒体的沟通更加困难。在企业危机事件中，会涉及方方面面的利益团体，如消费者、媒体、经销商、消费者协会、政府部门、法律专家等，每一方都会站在自己的立场发表看法，由此就形成了多种声音，使得沟通更加艰难。

二、企业危机情境中媒体的积极贡献

部分企业因惧怕媒体对其的负面报道而形成封闭意识，但实际上有效的媒体管理策略是能够消除冲突的。虽然与媒体沟通不能保证企业在危机中获得全胜，但是能一定程度上帮助企业挽回名声。因此，在危机情境中企业应重视媒体的积极贡献。这些积极贡献体现在以下几个方面。

① 提供信息，指导公众在不同危机情境中的行动。
② 增强公众的危机意识。
③ 在危机发生时提醒公众。
④ 提醒企业留意利益相关者的心情和情境。
⑤ 提供有关做什么、去哪里、联系谁及采取什么措施的信息，以帮助企业控制并解决危机。
⑥ 为危机管理者提供信息（借助于媒体的传播设备和先进的录像设备），帮助企业对危机进行理解和分析。

案例 7-1

土坑酸菜被连夜查封，涉事企业回应

2022 年的央视 3·15 晚会上，湖南插旗菜业有限公司（以下简称插旗菜业）加工生产的老坛酸菜被曝存在食品安全问题。康师傅、统一等众多知名企业都因是插旗官网显示的合作客户而卷入这场风波。

1. 土坑里腌制出来的"老坛酸菜"

据 2022 年央视 3·15 晚会报道，插旗菜业是湖南省华容县较大的蔬菜再加工企业，为多家知名企业代加工酸菜制品，也为一些方便面企业代加工老坛酸菜包，号称"老坛工艺，足时发酵"。然而记者实地探访时发现，该企业标准化腌制池腌出来的酸菜是用来加工出口的，而老坛酸菜包里的酸菜则是从地头收购来的"土坑酸菜"。视频显示，工人在农田收购"土坑酸菜"时，有的穿着拖鞋，有的光着脚，踩在酸菜上，有的甚至一边抽烟一边干活，抽完的烟头直接扔到酸菜上。插旗菜业相关负责人表示，在这些酸菜被收购进厂时，并不对卫生指标进行检测。插旗菜业宣称，其与康师傅、统一等一大批知名企业建立了产品代加工和原料直供等方面的战略合作关系。

2. "中枪"企业纷纷发表声明

2022 年 3 月 16 日凌晨，康师傅发布声明称，插旗菜业是我司酸菜供应商之一，已立即中止其供应商资格，取消一切合作，封存其酸菜包产品，积极配合监管部门调查和检测。对于其他几家被曝光的酸菜生产商，康师傅表示，公司从未使用过湖南锦瑞食品有限公司（以下简称锦瑞食品）、雅园酱菜食品厂（以下简称雅园酱菜）、坛坛俏食品有限公司（以下简称坛坛俏食品）的酸菜，也从未使用过以上 3 家公司的任何产品。

同时，康师傅在声明中致歉称，"此次事件是公司管理的失误，辜负了消费者的信任，深表歉意并将引以为戒！后续公司将在政府有关部门指导与监督下开展积极整改，感谢媒体和社会各界的监督。"

随后，五谷渔粉也发表声明称，插旗菜业确是我司酸菜原料供应商之一，已第一时间约谈该企业负责人，并对相关酸菜原料进行下架处理，全面停止使用并封存，等待相关部门进一步的检查。同时五谷渔粉表示，"此次事件是我司对原材料供应商监管与管理的失误，辜负了广大消费者的信任，对此表示深深的歉意！"

统一（中国）投资有限公司在官网发布声明称，已于3月15日当天在长沙市市场监督管理局的现场排查下，对采用的酸菜包原料及相关留档记录进行了彻底检查。经查询公司的交易记录，最近五年内，插旗菜业已不再是统一酸菜包原料的供应商。

同时，统一称，已于第一时间约谈了锦瑞食品的负责人，对相关的酸菜包产品已全部进行了封存，并在市场监督管理局的参与下一起进行质量检测。"此次事件是公司管理的失误，辜负了广大消费者的信任，对此表示深深的歉意，公司将全力配合政府管理部门的调查和处理。"

3. 湖南岳阳处置被曝光问题酸菜

央视3·15晚会曝光岳阳市插旗菜业、锦瑞食品、雅园酱菜、海霞酱菜、坛坛俏食品5家企业的食品安全问题后，岳阳市组建联合执法组，连夜赶赴涉事企业，对所有产品全部就地封存，对外销产品立即启动追溯召回措施。同时，自2022年3月16日起，组织由市场监管、农业、公安等部门组成的联合执法队伍，对全市腌制酸菜生产企业进行全面排查，对市场上的腌制酸菜产品开展全面溯源调查，防止不合格产品流入市场。

4. 央广网评：土坑酸菜"坑"了谁？

食品安全大如天。为什么铁腕治理食品安全这么多年，还出现遍地土坑酸菜无人监管的现象？在没有任何食品资质证明的情况下，这些酸菜为何能堂而皇之流入市场，被摆上消费者的餐桌？食品安全法明确规定的强制食品安全检测、进货台账记录、食品溯源等制度，为何在土坑酸菜面前统统失灵？康师傅等食品巨头，为何对土坑酸菜来者不拒，是真不知情，还是揣着明白装糊涂？

亡羊补牢是必需的，但相关的溯源、倒查、追责乃至启动刑事调查更是必需的。在食品安全的红线面前，没有灰色地带，必须竖起高压线，让无良商家付出不可承受的代价，让食品安全法成为守护舌尖上安全的铜墙铁壁。

资料来源：https://m.gmw.cn/baijia/2022-03/16/1302848593.html(2022-03-16)[2023-11-07]。

第二节　企业危机情境中的媒体沟通原则

媒体沟通是进行企业危机管理的基本要素。成功的媒体沟通可以弱化公众及媒体因企业危机管理中暴露的失误而产生的消极影响，减轻来自社会公益组织的压力，抑制消费下滑，防止企业股价下跌等不利事项。

很多企业危机管理者会漠视甚至否定新闻记者及其报道的作用，原因之一在于众多危机管理者缺乏同媒体打交道的技巧，或者即使拥有这些技巧，也没有付诸实践。

企业在危机情境中与媒体进行互动沟通，应该坚持以下几个原则。

一、控制媒体的活动范围

企业需要尽可能地明确禁止媒体涉及的范围。通常危机情境不严重的话，媒体的反应范围应限于当地。而大规模且可预测的危机情境一般会引起当地和外界媒体的关注，如果没有做好媒体控制的准备，就会引发混乱。

二、维护企业利益

被采访人应知道访谈内容，并拟定好维护企业利益的答复。

三、简明、坦率表达

被采访人在接受口头采访时，要在10～30秒时间内坦率、诚恳、简短明了地阐明重要的立场，要谈论具体事实而非想当然的看法。

四、对问题保持冷静

被采访人要在保证与企业目标和危机管理目标不相违背的前提下，心平气和、开诚布公地回答问题，避免情绪化表达和离题万里的回答。被采访人应表现出对危机情境及对当事人的关心。

五、避免与媒体冲突

采访过程中，要避免与媒体发生冲突，应采取乐于助人、实事求是、不予谴责的态度。

① 不要说"无可奉告"。因为这种回答隐藏了信息。

② 不做失实宣传。要展现目前所知的事实，即企业明确掌握的事实。

③ 不要夸大或缩小危机的情形。被采访人要表现得诚恳，可以承认当前信息和以前报道的不一致，只要这种变化有利于改善危机情境。

④ 不要臆测。不要对问题的回答含糊其词，"假如……"或"我认为……"等语句都会带来恶劣影响。

⑤ 不做主观臆断。概括一下其他假设的情况，然后告诉采访人主观臆断是毫无用处的；承认这些推想有趣，值得投入时间、资源等进行研究，但是目前没有可利用的时间和资源。

⑥ 不要责备其他单位和人员。把错误归结于他人、群体或企业的做法都会招致他们的敌意。这会破坏团结，引起诉讼，还可能抵消企业在危机管理中做出的努力。

⑦ 不要指控媒体。任何指控媒体有报道倾向或公报私仇的行为都会促使所有媒体团结一致，捍卫集体利益。这种集体防卫的结果总是使指控方落败。因此，那些同媒体代表打交道的人应当牢记，媒体的使命是向公众传递准确、全面、公正的信息。

案例 7-2

人民网三评"知网高收费"之一：频惹众怒，该重视

2022 年，一则"中国科学院因近千万的续订费用不堪重负，停用中国知网数据库"的消息引发网络热议。据媒体报道，中国科学院相关工作人员确认这一消息属实，称原因在于知网的订阅费用连年上涨，已经突破千万元人民币的大关。

一边是国内具有较强科研实力的科研机构，一边是国内知名学术服务网站，这样的结果显然是大家不想看到的。有网友评价："这不是知网的损失，不是中国科学院的损失，这是对中国科研力量的无限打击。"有媒体发出这样的感慨："中国科学院都用不起，学术机构还要吃知网多少'苦'？"然而面对汹涌的舆论，中国知网最初的回应只是简单的"不属实"三个字。虽然事件发酵后，中国知网称其对中国科学院的服务未出现停止或中断的情况，2022 年的订购工作正在有序推进中，但这显然不足以解除公众的困惑。

事实上，中国知网因为收费过高、不合理涨价问题深陷舆论风波，早已经不是一次两次。2016 年 1 月武汉理工大学发布停用中国知网的通知，同年 3 月北京大学也曾贴出即将停用中国知网的通知。有媒体统计至少有 6 所高校发布公告暂停使用中国知网，原因均为费用涨幅过高。如今中国科学院也加入这一行列，再次凸显中国知网涨价早已成为众矢之的。

中国知网因为价格问题屡受消费方诟病，频惹众怒，甚至引发涉嫌行业垄断的质疑，按理早该深刻反思自身行为的合理性。然而令人遗憾的是，在一次次舆论风波之中，我们看到的不是中国知网的实际行动，而是其利用一家独大的市场优势地位，不断提高价格，令各单位难堪重负。

收取高额费用、连年涨价，表面上是经营方式问题，但从深层次上看是相关企业缺乏对市场的尊重、对作者和用户的尊重、对科学事业的尊重。

作为"中国知识基础设施工程"的运作实体，中国知网及其关联公司曾获得有关政府部门专项支持资金，理应履行更多公共属性所赋予的义务，把实现全社会知识资源传播共享当成自己的主要目标。当企业的逐利冲动与公共利益发生冲突时，理应坚持把公共利益放在第一位，而中国知网恰恰是在这一点上走偏了。

令人无奈的是，此前宣布与中国知网停止合作的多家高校，在停用一段时间之后又迫于各种压力继续与中国知网合作，根源在于中国知网提供的服务无可替代。但对企业而言，店大欺客不道德，优势地位也不意味着可以有恃无恐。须知：企业之上除了法律与监管，更有道义！

资料来源：http://opinion.people.com.cn/n1/2022/0426/c1003-32408696.html(2022-04-26)[2023-11-06]。

第三节　企业危机情境中的媒体沟通工具

一、企业危机情境中的常规媒体沟通工具

危机情境中有 6 种常规的媒体沟通工具：现场访谈、随机或秘密采访、当面采访、新闻公告、新闻发布会、新闻稿。

（一）现场访谈

如本章第二节所述，大型的可预见的危机情境会吸引大量的媒体到场。

新闻记者往往关心重大危机事件的现场情况，他们会积极采取办法进行现场采访和报道，这是媒体的舆论监督职责和社会公益责任，新闻记者会尽量通过采访达到身临其境的效果。危机管理者要特别注意细节，例如衣着要得体，不要站在风大的地方以防头发被风吹过脸庞，忽略这些细节都会加剧危机情境的不利效应。

（二）随机或秘密采访

电子采访设备的可移动性，使得新闻记者可以迅速地出现在危机现场或危机场所的外围。企业员工一出现场可能就会撞上记者，也可能会被秘密采访。新闻记者喜欢进行随机或秘密采访的原因有以下 3 个。

① 他们对该事件的兴趣强烈，愿意积极追踪报道。
② 与毫无准备的被采访人之间的交谈可增强新闻的真实性。
③ 他们可以获得独家新闻。

遭遇随机采访的人容易口吐真言，因为他们的叙述没有经过排练，比在新闻发布会等正式场合的叙述往往更受关注。因此，企业员工应接受针对性训练，以便在遇到类似采访时能够恰如其分地回答。

当被采访者选择接受秘密采访或现场采访时，可以使用以下技巧。

① 保持镇静。对不同的问题和形势采取对应的体态语，当问题涉及企业的损失时，不要用笑容来遮掩，而要做出不即不离的体态语。
② 语音、语速分别要比平常更低、更慢。
③ 表现出自己正在倾听这个问题。
④ 调整问题的排序以便于记者提问。尽量保证所回答的内容是经过一定思考和整理的，让记者感觉到他受到了重视，给记者留下好的印象，注意赞扬记者提出的问题。
⑤ 学会在回答完足够多的问题后脱身。可以这样说："感谢您给我时间帮助观众了解情况。正如您所知，我现在需要……""我认为针对这个问题我已说完了……""为什么不采访某地方的某某呢？他们或许能帮助您了解这方面的信息……"

（三）当面采访

当面采访一般是指由专题节目主持人运作的采访。节目主持人想尽量获取最真实的第

一手资料，而不是被采访者预先准备好的回答，因为这更能引起人们的兴趣。

对当面采访的建议是，被采访者要清楚知晓所谈论的内容，并且要把采访引导到双方共同的话题上。另外，可以从劣势应答转向优势应答，可以这样说："尽管要详细回答，但是我还需要更多的信息，不过我可以指出现在应做的工作是……"。

（四）新闻公告

企业可以通过主动发布新闻公告来进行危机沟通。有效的新闻公告应包含以下4个方面。

① 要有关于发布新闻的动机和简明清晰的大纲。
② 表明人们兴趣所在和对事件影响的评论。
③ 言简意赅地陈述企业已做的努力、当前在做的工作和未来的计划。
④ 清楚陈述如何获得更详细的消息，以及将在何地、何时举行新闻发布会。

（五）新闻发布会

新闻发布会是危机管理者与媒体相互沟通的最重要途径。如果能够正确运作，新闻发布会就可以提供令媒体和危机管理者都认同的信息，成为对任何媒体都不偏不倚的消息来源。

从企业和危机管理者的角度来看，新闻发布会能从以下方面帮助危机管理者与媒体和公众沟通。

① 新闻发布会应该成为处理危机和恢复工作的信息主渠道。
② 叙述企业是如何处理过去、现在和将来的危机情境的。
③ 对受危机伤害的人要更为关切。

新闻发布会需注意的事项如下。

① 把会议定位成权威信息的主要来源。
② 请一位较高水平的专业主持人。
③ 对媒体介入程度实施控制。
④ 请相关专家、目击者或相关当事人出场。他们可以提供媒体或公众感兴趣的事实。
⑤ 新闻发布会应发布充分的信息以削弱非主流媒体报道的影响。

案例 7-3

国家应急处置指挥部举行新闻发布会　东航 MU5735 第二部黑匣子已找到

2022年3月28日记者从"3·21"东航航班飞行事故国家应急处置指挥部举行的新闻发布会上获悉：27日上午9点20分左右，消防救援人员在技术组指定的重点区域深度搜寻，人工挖掘出一个橙色圆柱状物体，经确认为飞行数据记录器存储单元。

中国民航局航空安全监察专员、航空安全办公室主任介绍，技术调查组根据近几天现场勘查结果反复论证，更加精准地确定了飞行数据记录器（第二部黑匣子）的重点搜寻区域。搜救组根据相关建议对现场工作方案进行了调整。发现位置在主要撞击点以东约40米的坡面、地表下深约 1.5 米处。经检查，记录器其他部分损毁严重，数据存储单元外观较为完好。目前，已送往专业实验室进行译码工作。

"截至 27 日 12 点，现场共搜寻到飞机残骸及碎片累计 33777 件，并通过走访寻找目击证人，在事发地以北 8 公里左右找到新的事故相关视频。"

民航局事故调查中心主任介绍，飞行数据记录器记录的是飞机在飞行过程中的高度、速度、俯仰角、滚转角、航向、垂直速度等状态参数，驾驶员操纵飞机的驾驶杆、驾驶盘、脚蹬位置和通话按钮等参数，以及自动驾驶仪、自动油门等机载系统状态参数。这些数据能够为事故原因分析提供真实、客观的证据。后期，调查人员需要把两部记录器的数据，以及现场勘查的证据、空管雷达数据、机组和空管单位的陆空通话、飞机与地面的数据链传输信息、证人访谈等信息结合起来综合分析研判，才能更加客观准确地分析事故的原因。

广西壮族自治区消防救援总队总队长介绍，事故核心区为山区，飞机撞击、连续降雨、挖掘作业对现场地质状况有一定影响。为此，现场指挥部组织专家进行了勘查研判，认为事故现场周边的山体存在小范围滑坡的风险。为防止山体滑坡带来次生灾害，保障事故现场人员安全，现场指挥部在事故现场周边山区布置了 3 个边坡雷达监测点，对周围山体进行监测，当发现有较大面积、较快速度变形的时候，可以发出预警，提前警示人员撤离。

心理救援专家介绍，对失事飞机乘客家属进行心理安抚，是事故发生后的重点工作之一。心理援助队共有 99 名心理专业人员，其中国家级专家 5 名、省级 7 名、地市级 72 名，共分为 12 个工作队，按 2 人一个小组对接一个家庭提供全程心理援助服务。

"救援人员也是心理受创伤的人员。目前，心理援助队已对 432 位工作人员开展心理辅导，累计开展心理辅导 736 人次。"

东航宣传部部长介绍，东航已正式启动理赔工作，将依据国家的相关法律法规，充分尊重家属的合理诉求，与家属具体沟通理赔方案的细节，制定理赔方案，确定统一的赔付标准。公司已组建专职团队负责此次理赔工作，面向家属开通了理赔专线，并按照家属就近就便的原则，与家属进行线上或线下的沟通协商。

3 月 27 日是 "3·21" 东航航班飞行事故发生的第七天，应急处置指挥部在事发地搜救现场举行了哀悼活动，同时，地方政府和工作组协助遇难者家属在搜救现场、殡仪馆等地以多种形式分散开展哀悼活动。截至 27 日中午 12 点，已累计分批接送遇难者家属 632 人次到现场吊唁，开展家属心理辅导 1286 人次、心理评估 3947 人次。

资料来源：http://society.people.com.cn/n1/2022/0328/c1008-32385294.html(2022-03-28)[2023-11-30].

（六）新闻稿

新闻稿是由企业自己拟定、用来宣布有关企业信息和立场的新闻报道，是传递关于危机情况最明确信息的新闻报道。新闻稿可以是企业声明，可以是企业新闻，也可以根据情况和需要决定具体形式。通常，新闻稿篇幅应短小精悍。当危机具有新闻价值时，企业可以及时分发给有关新闻媒体。实际上，许多大企业都备有新闻稿，以便紧急情况下派发。在危机情境中，新闻稿虽然不是企业的唯一声明，但它有助于说清事实真相，提供详细的背景信息。

二、企业危机情境中的新闻发布会注意事项

与其他常规的媒体沟通工具相比，在危机情境中，企业通过新闻发布会，能够在更短时间内，准确、权威、有效地传递信息，使利益相关者能够及时了解危机事件的发展情况，从而采取必要的应对措施。因此，危机期间的新闻发布会作为媒体沟通工具之一，相对于其他常规的媒体沟通工具来说，影响范围更广，影响力度更大，传播速度更快。新闻发布会的成功与否取决于很多因素，主要包括设施安排、议程安排、介绍方法、举办时机、现场服务人员等。

（一）设施安排

设施安排到位是新闻发布会成功举行的基本保证。设施安排主要包括：场所空间足以容纳可能与会的所有人员；机器设备齐全；照明充足；服务设施到位。有条件的话，可以专门为媒体安排独立的会议场所。总之，设施安排应能让与会的媒体人员、新闻发言人及观众感到舒适。

（二）议程安排

1. 议程安排内容

议程安排包括以下内容。
① 介绍的顺序。
② 如何阐述要点。
③ 提问时间安排。
④ 背景或支撑材料。

2. 主持人应做的准备

为了达到目的，主持人应平衡各方的要求。主持人应准备以下内容。
① 需要传递给媒体的具体信息。
② 会议需限制的方面。
③ 调控信息流和细节。
④ 保护新闻发言人，避免其面对居心叵测的提问。

3. 议程安排应注意的相关事项

第一，要确定主办单位举行这次会议所要产生的影响和氛围。也就是说，危机管理者应确定会议的基调和态度。

第二，根据会议的基调和态度，精心选择一位主持人。主持人的任务是协调各方的情况介绍，控制新闻发言人的谈话时间。主持人必须欢迎到场媒体人员，勾画会议要点和日程，为会议流程提出建议。

另外，在新闻发布会上，最高级别的危机管理者或企业最高决策者出席时要给人们留下一种印象，即处理危机的人是认真对待这场危机和这次会议的，他们无意敷衍了事。他

们要表现出对当前危机的管理了如指掌，向危机中受影响的人们表达关爱，对参与危机处理的人员表示感谢，从而使这种认真和公开的形象得以强化。他们做完介绍后应立即合理有序离席，因为他们需要回去参与危机处理工作。

（三）介绍方法

在介绍内容时，发言人应基于公认的事实来讲述。在新闻发布会上任何弄虚作假的信息都会露出马脚。一旦败露，所有的信息和介绍都会受到怀疑。因此，发言人应当集中介绍那些正确的、真实的情况。

（四）举办时机

新闻发布会召开的时机很重要。在危机情境中，如果新闻发布会开得太早，企业所能提供的可靠信息可能较少，或者根本就无法提供相关信息，宣传效果也就无法实现；太晚则会丧失转化舆论的先机，面临谣言四起的尴尬局面，增加企业危机公关的难度。企业一般应在调查得到足够多的信息，充分了解了企业的处境与所采取的措施之后，再主动召开新闻发布会，对于持续时间较长的危机，可能还要多次召开新闻发布会。

需要特别强调的是，记者往往善于判断新闻的真实性。因此，除非企业能提供一个重要的、合乎时宜的声明，否则就不要轻易召开新闻发布会。

新闻发布会的时间安排应避免与一些社会上重大的活动和纪念日冲突，开始时间最好选在上午 10 点或下午 3 点，这样既可以让危机管理小组成员在早上或中午有时间进一步对所要发布的消息进行精心处理，也可以给媒体留有足够的到会时间与会后编辑加工新闻内容的时间。

对于一般的新闻发布会，正式发言时间不超过 1 小时，其余时间留给记者提问。

发布会结束后，主办单位一般会为记者提供自助工作餐，并安排记者对企业领导人进行深入采访。

确定好具体时间后，企业应提前向记者发出书面邀请，给记者留出充分的准备时间。

（五）现场服务人员

要严格挑选现场服务人员，要从外表到自身修养均应能体现出企业的风采与水平。现场服务人员的主要工作如下。

① 安排与会者签到。
② 引导与会者入座。
③ 准备好必要的视听设备。
④ 分发宣传材料和礼品。
⑤ 安排好餐饮工作。
⑥ 安排一名摄影师专门拍摄会场情况，以备将来宣传之用。

（六）开展新闻发布会的建议

① 发言人不要独自接受采访。
② 用主动积极的声音进行陈述。
③ 安排权威机构出面以提高信任度。

④ 现场应清晰展示公司的商标和标识。
⑤ 监控新闻报道。
⑥ 直面企业危机事件的现实状况。
⑦ 顾及各方利益。
⑧ 一旦事实清楚确切，有了确定的计划，就应公之于众，哪怕还有不足或失误。
⑨ 反复强调公司为了解决问题或危机所采取的积极措施。
⑩ 如果遭到无端指责，应证实那是假的。
⑪ 提前让员工了解情况，使员工众口一词。
⑫ 要让人们相信企业仍在努力做出改变，将来仍会继续更新相关消息。

三、新闻发言人

（一）选择新闻发言人

危机沟通中的新闻发言人究竟由谁来担任较为合适呢？有些学者认为，危机处理的第一步应该是与媒体直接对谈，以表达诚意，故应以最高管理层作为发言人。由最高管理层在新闻发布会上说明情况有以下优点：可以给公众留下有责任感和诚意的企业姿态；对于记者的质询，能及时做出负责任且能稳定大局的权威性回答；能使记者获得事件的整体背景及其他相关信息。

也有学者认为，最高管理层最好留到最后再发言，因为万一他们出错，易失去权威性。特别是在调查初期，最高管理层也暂未获取足够的信息，无法提出强有力的处理方案来安抚人心。而一般新闻发言人则不然，他们不会被认为是无所不知的。

实际上，危机沟通的重点并不在于由谁出面解释，而是要对危机事件做出具体合理的说明，提出相关的处理对策。因此，由最高管理层亲自出面，反而会缩小企业回旋的空间。他们若是出错，可能会使企业陷入更大的危机。

选择新闻发言人时必须注意以下3点。

① 发言人固然重要，但其职责更重要。
② 新闻发言人必须熟悉企业业务并深入了解危机议题等相关问题，这是选择新闻发言人的基本条件。新闻发言人要掌握企业的历史、规模、生产流程、营业额、获利情况、产品发展、财务数据等信息。
③ 新闻发言人应具备较高的综合素质。这些素质包括：诚恳；头脑清晰、反应机敏；态度从容；掌握新闻媒体的规律和特点；能精确、快速、清楚地沟通；语言流畅；面部表情、仪容仪表要与信息内容一致。

（二）新闻发言人应遵守的规则

企业必须充分授权新闻发言人，使新闻发言人充分发挥，从而达到准确沟通的目的。同时，新闻发言人也必须遵守以下规则。

① 掌握企业所要传达的信息。
② 驳斥不实谣言。
③ 勇于面对记者提出的问题，即使不知道答案，也要强调会努力尽快得到答案。

④ 尽量减轻危机引发的不良反应，消除顾虑。
⑤ 强调企业的应对措施。
⑥ 定期举行记者会。
⑦ 及时取得危机信息的相关档案记录。
⑧ 决定可供媒体采访及开会的场地。
⑨ 若危机时间延长，可指派代理人代劳。
⑩ 要确认采访记者的身份。
⑪ 尽量不要让媒体和其他企业成员接触。
⑫ 避免用煽动性语言和语气来回答问题。
⑬ 沟通内容必须简单扼要，避免模糊沟通的要点。

（三）新闻发言人的应对策略

应对策略是指新闻发言人针对媒体记者可能提出的各种问题以及社会大众的心理变化所采取的应对措施。

1. 预期媒体可能提出的问题并提前准备好答案

通常媒体会提出以下问题。
① 发生了什么危机？是什么原因导致的危机？
② 有多少人伤亡？
③ 对财产与周围环境造成多大伤害？
④ 是否对公众健康造成影响？
⑤ 如何进行救援或采取弥补行动？
⑥ 在法律及经济上会造成什么后果？
⑦ 谁是危机中的英雄与始作俑者？
⑧ 还有哪些目击者、专家、受害者会接受访问？

2. 避免使用学术术语及否定性言辞

避免使用学术性语言或专业性过强的词汇，避免使用"不可能""没有""不知道"等否定性言辞。

3. 表现谦卑心态和姿态

不管新闻发布会现场的情形有多么混乱，要注意，在言辞以及脸部表情或音调上，都不要表现得高亢。

4. 感谢相关人员的协助

不要忘记感谢媒体记者、工作人员及政府有关部门等的大力协助。

5. 表达企业对造成社会或消费者不安的歉意

如果错在企业，道歉并不会使企业降低威信，反而会赢得尊敬。企业不要等到有不可抗拒的压力后，才开口认错。在危机沟通中，企业立即道歉，自身所受的伤害往往最少，付出的代价往往最低。

6. 控制时间，迅速结束

在危机沟通的记者会（或说明会）上，新闻发言人最好能够在抓住要点、恳切说明危机事件之后立即结束记者会，不要拖延，以免给大众造成问题越来越多的感觉。因此，记者会应该采取快刀斩乱麻的方式，速战速决，让社会公众或利益相关者感觉到企业是为了赶紧解决危机而不得不结束，以免浪费宝贵时间。至于结束语，可以说："我知道各位跟我一样对此次事件感到痛心，也同意现在最重要的是抓紧时间、尽快处理，如果有新的消息我们将以最快的速度通知各位，今天的记者会到此结束。"

7. 再次致谢

对相关媒体记者、社会大众及政府有关部门的协助，再次表达感谢，以减少敌意。多用正面肯定的语言，如"我们一定……""我们尽最大的努力……"要避免使用负面语言，如"那是不可能的……""请不要乱加揣测……"。

案例 7-4

人民网舆情数据中心"突发事件舆情处置应急演练体系"全面升级

人民网舆情数据中心全面升级"突发事件舆情处置应急演练体系"，旨在帮助各级领导干部、企事业单位管理者进一步读懂新形势下舆论生态，科学研判网络事件，提升舆情回应与应急处置能力。"突发事件舆情处置应急演练体系"可针对不同需求，模拟某一舆情事件或某个具体场景，通过多角色、多维度的模拟设计，打造多人协同的实景演练。该体系通过以"演"带"练"的方式，把书面应急预案进行实际模拟预演，检验应急预案的合理性与实效性；通过逼真的模拟设计，真实还原舆论冲突处置过程，提高演练针对性和实战性；通过复盘与总结，对演练效果进行科学评估和点评，持续提升参训人员突发事件舆情处置经验、处置能力，优化舆情处置预案、处置环节。

全媒体时代治理网络舆情、防范和化解重大风险、建立突发事件舆情处置的应急演练机制，已成为提升地方政府应急管理水平、推动社会治理现代化的重要抓手。在纷繁复杂的网络舆论环境下，企业由于各类原因引发网络舆情的概率有所上升。如何在新形势下防范和化解重大风险，也成为企业经营管理和品牌声誉管理必须面对的新课题。

人民网舆情数据中心目前已累计为上千家党政机关、企事业单位和社会团体提供包括事前机制建设和风险评估、事中监测研判和应对处置、事后总结复盘和形象修复等环节在内的全流程舆情管理支持。后续，人民网舆情数据中心将紧跟时代步伐，充分发挥信息化驱动的引领作用和专业人才队伍的核心优势，帮助各级党政机关和企事业单位及时有效应对突发事件网络舆情，助力经济社会高质量发展。

资料来源：http://politics.people.com.cn/n1/2023/0720/c1001-40039674.html (2023-07-20)[2023-11-06]。

第四节　企业与媒体建立良好的关系

从企业危机管理角度来看，媒体是企业重要的利益相关者，因此与媒体建立良好的合作关系是企业开展危机沟通的基础。尤其是在现代信息社会里，媒体的影响力达到前所未有的高度，传播更加迅捷，没有一个企业可以忽视这些影响企业未来发展的重要利益相关者。与媒体建立良好的关系，是一家企业取得社会舆论支持、树立良好社会形象的首要任务。

要想处理好与媒体的关系，危机管理者必须了解大众传播的规律，与媒体工作人员经常保持接触，建立良好的工作关系和融洽的人际关系；同时，为媒体工作人员提供工作方便，如安排记者与企业负责人见面，经常向媒体提供企业的各类资料或新闻线索等。

通常情况下，企业与媒体发生关系有两种情况：一是企业主动寻找媒体，希望媒体为企业传播服务；二是企业发生的一些情况引起媒体的注意和兴趣，媒体要求企业提供事实或给予协助，以便进行宣传、推广或解释、澄清。无论是哪种情况，企业都要摆正位置，认真对待与媒体之间的关系。

一、危机管理者与媒体

（一）危机管理者必须主动了解媒体

媒体在我国有着重要的舆论监督作用。企业危机管理者必须掌握我国媒体的性质，熟悉各种媒体的具体特征。一方面，我国的电视、广播、报刊、网络等媒体多具有官方或半官方的性质，大多把社会效益放在首位，其舆论导向具有真实性和权威性，在公众心目中有较强的影响力。另一方面，我国媒体又处于不断发展之中，在公正传播、传播渠道、制作水平、服务质量等方面仍需提高和完善。

目前，我国的媒体主要包括以下几种。

1. 电视

电视是影响最大的媒体之一，尤其是中央电视台。一些地方电视台也在本地域内发挥着重要作用，成为重要的舆论监督力量。

2. 报纸

报纸在公众生活中的地位一直居高不下，尤其是都市报，其对危机等敏感事件的关注度非常高。

3. 杂志

通常来说，杂志对企业的影响是比较小的。一般只有一些专业杂志或经营管理类杂志会对企业经营行为给予评价，不过有时也可能会产生较大的影响。

4. 互联网

互联网在现代社会中的地位逐步提高,成为重要的媒体形式。网络的即时性、互动性、匿名性、快速传播性等都决定着其对企业有重要的影响力。

5. 广播

广播的作用在下降,但是依然不能忽视,尤其是中央级广播媒体所发挥的作用。

6. 通讯社

通讯社是专业的新闻传播机构,会 24 小时不断地就最新情况对外发布消息,对于一些社会影响大的企业危机来说,更要关注新华社等通讯社的作用。

掌握各种媒体的特点,有利于危机管理者灵活主动地增强与媒体的日常联系,取得媒体对企业的理解和支持。在危机情境中,良好的媒体关系能够支持企业有效地开展各项沟通活动。

(二)危机管理者要积极参加媒体活动

企业在与社会环境不断进行的信息交流中发展壮大,而信息交流的主要渠道是大众传播媒体。企业参与媒体相关活动是企业处理与媒体关系的常用手段。企业不仅要与媒体保持经常性的联系,还应力争使本企业相关员工成为某家媒体的通讯员,利用这家媒体发达的信息网,更有效地开展企业信息传播工作。企业形象传播是科学,也是艺术。企业危机管理者要善于学习,善于钻研,通过实践积累经验。

案例 7-5

标王秦池败走麦城

山东省潍坊市秦池酒厂(以下简称秦池)成立于 1990 年 3 月,白酒年产量在 1 万吨左右,产品销售从来没有走出过潍坊,经济效益也不景气。1994 年,秦池在沈阳以独特的飞艇投放广告形式迅速攻占了沈阳市场。之后,秦池借助媒体大造声势,其白酒迅速热销东北、华北、西北市场,1994 年的销售额一举突破 1 亿元,秦池开始实现其快速成长的梦想。

1995 年,秦池以 6666 万元的报价夺得中央电视台"新闻联播"节目后 5 秒钟的黄金时段的独家广告播放权,成为中央电视台的广告标王。在声势浩大的广告宣传与新闻媒体炒作下,秦池当年实现销售额 2.3 亿元。

1996 年,秦池以"永远的绿色,永远的秦池"为主题进行形象宣传,成为首家获得国家绿色食品称号的酒厂,赢得了良好的口碑,当年销售额突破 9.5 亿元。同年 11 月在中央电视台的广告招标会上,秦池做出了一个震惊国内所有媒体的重大决策——以 3.2 亿元(相当于 1996 年企业全年利润 6.4 倍)的天价再度夺得央视广告标王的桂冠。

可是，这次并不是所有人都喝彩了，喝彩声中开始有了疑问声。1997年1月，《经济参考报》发表系列调查报告称，经记者调查发现秦池每年的原酒生产能力只有3000吨左右，其产品绝大部分是由在四川收购的散酒加上本厂的原酒、酒精勾兑而成的低度酒，打上秦池酒商标销往全国各地，该报还披露秦池生产的一些内幕，说秦池的灌装线基本是手工操作，每条线周围有十几个操作工，酒瓶内盖是用木榔头敲进去的。

此报道一经刊发，立即被国内多家新闻媒体转载，秦池由此陷入消费者信任危机。面对危机，秦池的反应可以用"不知所措"四个字来概括，在报道发表前，秦池恳请报社能手下留情，遭拒绝后，就不知道自己该做什么或还能做什么了。

同年，又有报道说秦池使用劣质的防伪标志，致使秦池销售额一落千丈，由1996年的9.5亿元猛然下滑到1997年的6.5亿元，1998年销售额仅为3亿元。到了2000年，秦池因为一起债务官司败诉，被法院裁定拍卖"秦池"商标，"秦池"的神话在人们的记忆中彻底淡去了。

一个年销售额数亿元的企业，竟因为一组系列报道而败走麦城，实属罕见，亦令人感叹不已。有人认为秦池的失败，完全是媒体一手造成的，甚至建议媒体支持企业的发展，对大型企业应该手下留情。然而，如果从企业的角度分析，不难发现，秦池的失败完全是其一手造成的，是典型的成长危机与媒体负面报道危机综合作用的结果。因为秦池根本就没有一套有效的企业发展计划，对于企业成长盲目乐观，决策随心所欲，内部管理混乱无效，对市场发展盲目乐观，甚至第二次投标的天文数字竟然来自厂长的办公电话号码。

萧伯纳曾说过，人生有两出悲剧：一是万念俱灰，二是踌躇满志。延伸到企业经营领域，道理也极为相似。企业成长过程中的危机在不同的行业、不同的地区、不同的企业、不同的年代轮番上演，虽然表现形式不同，却有如此惊人的共性，很多企业迅速成长后又迅速衰败的案例无不证实了这一点。

资料来源：张玉波，2003. 危机管理智囊[M]. 北京：机械工业出版社.

二、与媒体合作的技巧

（一）对记者一视同仁

对记者一视同仁是企业应该具备的基本素质。不论是中央媒体，还是地方媒体或者是专业新闻媒体派出的记者，都应一视同仁，绝不能厚此薄彼。对于抱有褒扬性报道目的的记者不要过分热情，而应实事求是地介绍成绩；对于抱有批评性报道目的的记者不要回避和冷待，应主动配合记者了解情况，介绍事件的缘由，以便记者客观地判断和报道。

（二）正确引导记者

无论是对抱有褒扬性还是抱有批评性报道目的的记者，都应加以引导。这种引导不是任意夸大有利于企业的事实或者改变不利于企业的事实。夸大的事实或歪曲的事实都可能导致报道失误，其责任仍会由提供事实的企业负责。正确的引导，不但要提供真实的情况，而且要表明企业对事件的看法，将企业与记者的观点协调起来。

福莱灵克公关咨询公司发明了一个简单的公式，可以用来评价危机中与记者沟通的成效。

$$(3W + 4R) \times 8F = V1 (或 V2)$$

3W 是指在任何一场危机中，沟通者需要尽快知道 3 件事：我们知道了什么（What did we know）；我们什么时候知道的（When did we know about it）；我们对此做了什么（What did we do about it）。寻求到这些问题的答案和企业做出反应之间间隔的时间，将决定这个反应的成败。如果企业对它面临的危机认识得太晚，或是反应得太慢，那它就处于不利的局面，掌控全局会变得很困难；如果不能迅速地明确 3W 的内容，它将会无力回天。

4R 是指在收集正确的信息后，企业在这场危机中的态度定位。具体内涵为：遗憾（Regret）、改革（Reform）、赔偿（Restitution）、恢复（Recovery）。换句话说，在与危机打交道时，企业要善于表达遗憾，保证解决措施到位，防止未来相同事件的发生并且提供赔偿，直到安全摆脱这次危机。很明显，这不是企业通过一个声明或者一个行动就能实现的，企业要把它当作一个过程来推进。

8F 是指沟通时企业应该遵循的 8 个原则。

① 事实（Fact）：向公众说明事情的真相。
② 第一（First）：率先对问题做出反应。
③ 迅速（Fast）：处理危机要果断迅速。
④ 坦率（Frank）：沟通情况时避免躲躲闪闪。
⑤ 感觉（Feeling）：与公众分享感受。
⑥ 论坛（Forum）：在企业内部建立一个最可靠的信息来源，获取尽可能全面的信息。
⑦ 灵活性（Flexibility）：对外沟通的内容不是一成不变的，应关注事态的变化。
⑧ 反馈（Feedback）：对外界有关危机的信息做出及时反馈。

如果 3W、4R 和 8F 应用得当，企业在危机中就会成为 V1，即"勇于承担责任的受害者（Victim）"。公众会认为，企业很负责任，正在想尽办法解决问题以让他们满意，公众会对企业从轻发落；相反，如果不能做好 3W、4R 和 8F，企业很可能会被当作 V2，也就是"恶棍（Villain）"。公众会认为，企业的行动和言辞避重就轻，不负责任，这可能带来员工意志消沉、股东抗议、消费者投诉等不良后果。

对于危机沟通是否达到了要求，企业可以通过以下问题来检验。
① 在危机发生几天后，媒体报道还在继续吗？
② 消极报道的新闻数量是增加了还是减少了？
③ 记者是否不再向企业探询看法或信息，转而报道其他方面的新闻？
④ 企业应如何评判自己与所接触的媒体之间的关系？热忱且相互信任还是对立而不信任？
⑤ 企业的核心信息是否都被媒体采用了？

（三）处理好与记者、编辑的关系

危机管理者要了解"新闻把关人"。在新闻的提供、采集、写作、编辑和报道过程中，记者与编辑取舍新闻的决断是最值得注意的把关行为，他们对某些新闻准予流通，而对另一些新闻不准流通，便是把关人对信息流通疏导与抑制的两种行为。企业要想及时全面地传播企业认为有必要传播的信息，建立与记者、编辑之间良好的工作关系和融洽的人际关系是必不可少的。可能的话，在邀请记者的同时，也可以邀请编辑同时出席企业的各项活动，安排企业领导与记者、编辑见面，并向他们提供企业的各类资料。

下面是企业处理与记者、编辑之间关系的基本原则。

① 主动去认识负责对本企业或本行业进行采访报道的记者、编辑。开辟非正式会议等沟通渠道，以便与媒体建立和谐的关系，与报道本企业和本行业的记者、编辑见面，并提供一些企业在危机中可能用得上的新闻背景资料，切勿等到危机出现后才去会见他们。

② 与记者、编辑建立诚挚的业务关系，杜绝往来中的不正之风。对待记者、编辑要恰到好处，要尽量避免对抗和对立，千万不要威胁记者、编辑。无论在危机处理工作中多么繁忙，都要及时回复媒体的联系采访电话或信函，并以专业的方式耐心地回答问题，不对记者的问题说"无可奉告"。企业也不必对记者、编辑低声下气，如果企业认为他们越权了，或者确实很不公正，企业可以如实、冷静地让他们知道企业的想法，可以提前准备一些企业与记者讨论时能用得上的材料，以便传递企业坦诚、可接近的形象。注意，切勿用不正当手段拉关系，要求记者、编辑撰写有利于本企业的新闻报道或者放弃不利于企业的新闻报道，这是最不可取的媒体沟通手段，会影响企业声誉。另外，企业可能会犯的一个大错误就是告诉记者、编辑："我们的企业是一个大型广告主，所以……"这样做会妨碍媒体进行客观、公正的报道，即使能一时得逞，但是不可能时时如此。

③ 在适当的时候，安排机会让企业领导接受记者采访。要选择最优先的媒体、最先致力于报道本企业的记者，让他们与领导相互认识，这是给媒体留下良好印象的最佳机会。

④ 履行企业所有的承诺，兑现保证。在处理与媒体的关系时，信誉和信任是很重要的因素，企业必须履行有关承诺。一旦丢掉了信誉和信任，企业即使付出很大的代价，可能也无法挽回昔日的形象。

三、如何应对新闻媒体的失实报道

失实报道是指新闻媒体发布的与客观事实不符的新闻、消息、评论等。从性质上看，失实报道可分为片面报道和虚假报道两种。片面报道是由于媒体发布的信息量不足，使公众对企业形象产生片面的认知。虚假报道则是由于媒体发布的信息失真，从而误导公众，使公众对企业形象产生负面理解。

（一）造成失实报道的原因

1. 来自企业方面的原因

企业出于某种目的对其所有或部分信息进行封锁，但这却容易激起媒体挖掘新闻的欲望。媒体会努力从其他公众（竞争者、消费者或道听途说企业情况的社会人士等）那里了解信息,从而造成新闻报道与事实之间有所偏差,这是"信息源"的失实。企业出于自身的考虑,仅仅向媒体提供部分信息,甚至只报喜不报忧,是引发片面报道的根源。企业出于自身的考虑,故意向媒体提供一些虚假的信息,以期影响公众,达到自己的某些目的,是造成虚假报道的根源。

2. 来自媒体方面的原因

某些媒体工作人员工作态度浮躁、不踏实,不愿深入企业一线去采访收集真实素材,而是自以为是,偏听偏信,从而容易产生失实报道。某些媒体工作人员出于某种目的,对某些问题仅依据个人好恶去认识、理解,更有个别媒体工作人员缺乏职业道德,通过制造虚假信息进行新闻炒作,以揭示所谓企业"丑闻"来迎合部分公众的心理,这些都易于造成新闻报道的失控。

(二)应对失实报道的策略

1. 充分重视媒体在危机管理中的作用

企业要慎重对待媒体的宣传报道,尽量减少自身在新闻报道中的失误,从"源头"上杜绝失实报道。美国企业家艾柯卡曾说,有时企业可能对新闻报道的动机产生怀疑,但任何人如果低估了新闻报道的作用,那他就是天真的,甚至是愚蠢的。艾柯卡特别忠告:"一个得不到新闻界信任和好感的企业,是不可能有大发展的。能得到新闻界的信赖,是一个企业重要的财富。"

2. 要认真对待媒体

企业要善于协助媒体做好新闻报道工作,为之提供各种条件和便利,以便澄清事实真相,把客观真实的信息传递给公众。不管这些报道是正面的,还是负面的,企业均应持积极欢迎的态度。同时,企业应注意加强与媒体的日常交往,树立企业的良好形象,这样能够最大限度地避免失实报道。艾柯卡说,要避免出现不利于企业发展的局面,就要"善于与新闻界人士接触,无论是在顺境还是逆境中""坚持每个季度召开新闻发布会,无论是好结果还是坏结果""讲真话,坦率诚实地对待新闻界人士""当记者陷入困境时,给他们提供真心实意的帮助"。

3. 及时化解不利报道的新闻效应

当出现错误的媒体报道时,企业的行动很关键。企业应采取正确的公关措施,迅速行动,查清事实真相。企业可以对记者开放参观,请他们实地考察。

4. 消除面对失实报道的消极心态

对失实报道不能疏于应对,听之任之。一些企业对于危机不愿声张,盼望随着时间推移,公众会忘记这一切,其结果是不仅不会消除失实报道的影响,反而可能使危机愈演愈烈。

本章实训实验

一、扫描二维码，观看、学习相关资料

学习资料 7.1

二、案例实训

阅读以下案例，回答案例思考题。

国务院事故调查组相关负责人就北京长峰医院重大火灾事故调查工作答记者问

国务院常务会议审议通过了北京长峰医院"4·18"重大火灾事故调查报告。记者就该事故调查中社会关注的热点问题，采访了事故调查组相关负责人。

记者： 国务院事故调查组是怎样组成的？调查的过程如何？

答： 事故发生后，党中央、国务院高度重视。4月21日，北京市人民政府成立事故调查组开展调查工作，国务院安委会对该起事故查处实行挂牌督办。

调查认定，这是一起因涉事医院违法违规实施改造工程、施工安全管理不力、日常管理混乱、火灾隐患长期存在，施工单位违规作业、现场安全管理缺失，加之应急处置不力，地方政府和有关部门职责不落实而导致的重大生产安全责任事故。

记者： 事故发生的主要原因是什么？为何会造成大量人员伤亡？

答： 事故调查组通过视频分析、现场勘验、检测鉴定及模拟实验分析，认定事故直接原因是北京长峰医院改造工程施工现场，施工单位违规进行自流平地面施工和门框安装切割交叉作业，环氧树脂底涂材料中的易燃易爆成分挥发，形成爆炸性气体混合物，遇角磨机切割金属净化板产生的火花发生爆燃；引燃现场附近可燃物，产生的明火及高温烟气引燃楼内木质装修材料，部分防火分隔未发挥作用，固定消防设施失效，致使火势扩大、大量烟气蔓延；加之初期处置不力，未能有效组织高楼层患者疏散转移，造成重大人员伤亡事故。

记者： 涉事医院及相关单位存在哪些违法违规行为？

答： 调查发现，涉事医院、施工单位存在诸多违法违规行为。

主要有以下方面：一是医院主体责任严重不落实；二是施工单位违规动火交叉作业。

记者： 这起事故中地方政府和有关部门存在哪些问题？

答： 事故调查组查明了地方政府和有关部门职责落实方面存在的问题。

一是地方政府防范化解重大风险意识薄弱。

二是医疗卫生机构行政审批和安全管理短板明显。

三是建设工程安全监督管理存在漏洞。

四是消防安全风险防控网不严密。

记者：这起事故暴露出哪些深层次的教训？

答：这起事故教训十分深刻，暴露出当地消防安全存在诸多突出问题和明显短板。

一是防范化解重大风险意识薄弱。

二是医疗卫生行业行政审批和安全管理不严格。

三是建设工程规划、施工安全监管存在短板漏洞。

四是消防监督检查和专项整治不深入。

五是初期应急处置能力不足。

记者：有哪些整改和防范措施建议？

答：为深刻汲取事故教训，举一反三，坚决防范遏制重特大事故发生，事故调查组提出了5个方面的整改和防范措施建议。

一是切实扛起防范化解重大风险政治责任。

二是着力补齐医疗卫生机构安全管理短板。

三是坚决堵塞建设工程安全监督管理漏洞。

四是全面织牢织密消防安全风险防控网。

五是加快提升基层一线应急处置能力和水平。

资料来源：https://www.gov.cn/govweb/yaowen/liebiao/202310/content_6911730.htm(2023-10-25)[2023-11-06]。

案例思考：

1. 从危机事件的媒体沟通角度来看，国务院事故调查组相关负责人就北京长峰医院重大火灾事故调查工作答记者问体现了哪些特点？

2. 相关企业从本次答记者问中可以汲取哪些教训？

三、观看央视3·15晚会，提升企业危机管理能力

扫描以下二维码，观看《2015央视3·15晚会》。

学习资料7.2

1. 分析该晚会揭露的部分企业侵害消费者权益案例。

2. 运用本章的媒体沟通理论，分析如何预防、处理企业危机，保护消费者权益。

本章思考与练习

1. 企业在危机情境中为什么要加强与媒体的沟通？

2. 企业危机情境中的媒体沟通原则有哪些？

3. 企业在危机情境中召开新闻发布会要注意哪些事项？
4. 新闻发言人应遵守哪些规则？新闻发言人应掌握哪些应对策略？
5. 企业与媒体合作有哪些技巧？
6. 企业应如何应对媒体的失实报道？

第4篇

企业危机管理实务

第 8 章

企业危机处理实务

> **学习目标**

知识要点	能力要求
企业发展战略危机处理实务	（1）理解企业发展战略的风险类型 （2）掌握企业发展战略危机的防范策略
企业人力资源危机处理实务	（1）能够区分企业人力资源危机类型 （2）掌握企业人力资源危机解决方案
企业财务危机处理实务	（1）了解企业财务危机成因 （2）理解上市公司财务隐患 （3）掌握企业财务危机的预防与处置办法
企业公关危机处理实务	（1）了解企业公关危机的特征 （2）理解企业公关危机的处理原则 （3）掌握企业公关危机的应对策略

本书第 6 章、第 7 章介绍了企业危机情境中的相关沟通理论和方法。本质上，这些危机沟通活动也是企业危机处理实务活动。企业危机管理者在处置各种危机时都需要进行沟通。本章就几种典型的企业危机类型，围绕企业危机形成机制、防范及处理策略等实务活动展开讨论。

第一节　企业发展战略危机处理实务

一、企业发展战略概述

（一）企业发展战略含义

企业发展战略是一种促进企业在现有战略基础上向更高一级目标发展的战略。它以发展为核心，引导企业不断开发新产品、新市场，采用新的生产方式和管理方式扩大企业的经营规模，提高竞争地位，增强企业竞争实力。

（二）发展战略的收益与风险分析

1. 发展战略的收益

① 通过发展可以提高自身价值，这是由于企业可以通过发展提高市场占有率和增加绝对财富。
② 通过发展来创造更高的生产经营效率和效益。
③ 保持企业的竞争实力，实现特定的竞争优势。

2. 发展战略的风险

（1）企业通过发展战略获得初步成果后，可能会盲目地为了发展而发展，从而破坏企业资源平衡。因此，企业应在决策前认真评估企业内外部环境，判断企业资源状况和机会是否匹配。

（2）过快发展可能会降低企业综合素质，导致内部危机和混乱，这就需要企业建立一个战略管理机构，统筹和协调发展过程中的各部门、各因素。

（3）发展战略可能导致企业管理者过度关注投资结构、收益率、市场占有率、组织结构等问题，而忽视产品和服务质量等问题。这就要求企业通盘考虑企业整体活动，以企业使命为最高衡量标准，协调企业宏观和微观层面的诸项活动。

二、各种发展战略的风险

（一）集中生产单一产品或服务战略风险

集中生产单一产品或服务战略是指以快于过去的增长速度来增加销售额、利润额或市场占有率。它适用于那些对企业产品或服务的需求正在增长的市场。

该战略的风险较大，主要危险是抗风险性弱，市场需求容易受到顾客偏好变化等因素的影响，而且一旦企业产品或服务的市场需求下降，企业就会陷入困境。此外，行业竞争加剧、技术进步加快或政府政策改变等因素也会对实行集中生产单一产品或服务战略的企业构成威胁。

拓展阅读 8-1

河南安阳市凯信达商贸有限公司"11·21"特别重大火灾事故

2022 年 11 月 21 日 16 时许，河南安阳市文峰区安阳市凯信达商贸有限公司发生特别重大火灾事故，造成 42 人死亡、2 人受伤，直接经济损失 12311 万元。经国务院事故调查组调查认定，河南安阳市凯信达商贸有限公司"11·21"特别重大火灾事故是一起企业负责人严重违法违规、主体责任不落实，地方政府及其有关部门和单位履职不到位而导致的生产安全责任事故。

依据有关法律法规，经国务院批准，成立了由应急管理部牵头，公安部、国家消防救援局（原应急管理部消防救援局）、全国总工会和河南省人民政府有关负责同志参加的国务院河南安阳市凯信达商贸有限公司（以下简称凯信达公司）"11·21"特别重大火灾事故调查组，并聘请专家参与事故调查。

事故调查组查明，事故的直接原因是凯信达公司负责人在一层仓库内违法违规电焊作业，高温焊渣引燃包装纸箱，纸箱内的瓶装聚氨酯泡沫填缝剂受热爆炸起火，进而使大量黄油、自喷漆、除锈剂、卡式炉用瓶装丁烷和手套、橡胶品等相继快速燃烧蔓延，并产生大量高温有毒浓烟。火灾发生时，凯信达公司一层仓库的部分消防设施缺失、二层的消防设施被人为关停而失效，以及尚鑫公司负责人未及时有效组织员工疏散撤离，是造成大量员工伤亡的重要原因。

事故暴露的主要问题是涉事企业违法违规组织建设施工、违反消防安全规定等，地方政府没有认真落实属地安全管理责任，消防救援机构监督检查和专项整治不力，商务部门对商贸行业消防安全管理指导督促不力，公安派出所日常消防监督检查不到位，应急管理部门安全生产隐患排查不严格，自然资源部门对非法用地行为查处不彻底，住房城乡建设和城市管理部门没有查处有关建设工程消防安全问题。

针对事故中暴露的问题，事故调查组提出了整改和防范措施建议：全方位织密织牢消防安全责任网，深入治理中小企业消防安全突出问题，健全完善相关法规制度，切实强化基层安全治理能力。

资料来源：http://www.xinhuanet.com/mrdx/2023-08/30/c_1310739017.htm(2023-08-30)[2023-11-04]。

（二）一体化战略风险

"一体化"的原意是将独立的若干部分加在一起或者结合在一起成为一个整体。一体化战略是指企业充分利用自己在产品、技术、市场上的优势，根据物资流动的方向，使企业不断向深度和广度发展的一种战略。一体化是企业的成长战略，是实现企业使命的重要手段，有利于企业深化专业分工协作，提高企业资源利用效率。

下面将从纵向一体化战略和水平一体化战略两个方面来讨论一体化战略风险。

1. 纵向一体化战略风险

① 由于纵向一体化会使企业规模变大，企业想脱离原行业就会比较困难。如果要明显改善企业效益，就需要在新的业务领域进行大量投资。

② 纵向规模发展要求企业掌握多方面技术，容易造成管理成本上升。

③ 前向、后向产品之间的相互关联和相互牵制，不利于新技术、新产品的开发。

④ 可能产生生产过程各个阶段生产能力不平衡的问题。各个阶段的最经济生产批量或生产能力可能不相同，这就可能造成有些阶段生产能力不足而有些阶段生产能力过剩。

2. 水平一体化战略风险

水平一体化战略风险主要涉及管理协调问题和政府法规限制。

① 管理协调问题。由于存在历史背景、人员组成、业务风格、企业文化、管理体制等方面的差异，收购过来的公司和母公司之间的协调工作会比较难做。这是实施水平一体化战略的主要问题。

② 政府法规限制。由于水平一体化容易导致产业内形成垄断结构，因此各国法律法规都对此做出了限制。

（三）多元化战略风险

多元化的战略风险主要有以下几个。

① 企业规模膨胀带来管理复杂化和工作效率低的问题。

② 需要占用大量资金，考验企业在资金筹措、人力资源和信息资源管理等方面的能力。

③ 容易导致企业丧失核心竞争力。

三、对企业发展战略危机的深入分析

1. 企业生命周期理论

企业生命周期理论就是把企业看作有机生命体，借用生命体的生命周期概念来分析企业的成长和衰亡过程。

爱迪思的企业生命周期理论把企业的生命周期细分为 10 个时期，如图 8.1 所示。

爱迪思划分企业生命周期的依据是企业的灵活性和可控性，而不是企业创办历史、销售额、资产或雇员人数。在孕育期如果创业者能够承担风险就意味着下一时期将开始。企业如果能顺利度过婴儿期，那么在学步期创业者会相信他做什么都是对的，因为他把所有的事情都看作机会，这就为企业危机的爆发埋下了隐患。在青春期企业内部会有很多的冲突，以致留给顾客的时间很少，企业的愿景受到暂时的损害。顺利度过企业的盛年期，就会进入稳定期，这是生命周期中第一个衰老阶段。贵族期企业缺乏创新，拘泥于传统。官僚化早期企业内部斗争激烈，客户反而被忽视。官僚期会禁锢企业的革新，抑制创造力。等到病入膏肓，就进入了死亡期。企业的死亡可能突然来到，或者数年之后才到来。当企业无法获得所需的现金，而支出又榨干了所有收入时，企业终会崩溃。

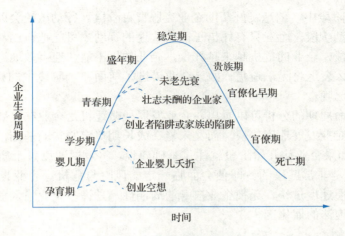

图 8.1　企业生命周期各阶段

资料来源：爱迪思，2017. 企业生命周期[M]. 王玥，译. 北京：中国人民大学出版社.

学者韦策尔等人进一步研究了企业从衰退到死亡的阶段划分，并认为企业从衰退到死亡要经历 3~5 个阶段，如果能在其中的任一阶段采取有效的措施，都有可能让企业重新焕发活力。企业从衰退开始到最后死亡的过程可以分为 5 个阶段，如图 8.2 所示。

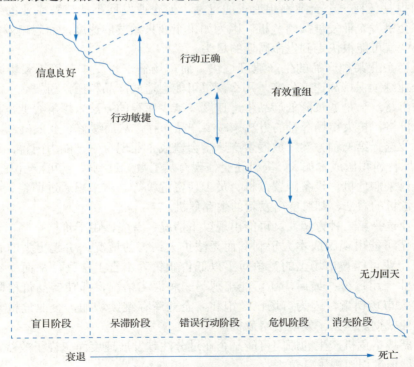

图 8.2　企业由衰退至死亡的各阶段

资料来源：WEITZEL W, JONSSON E, 1989. Decline in organizations: a literature integration and extension[J]. Administrative Science Quarterly(34): 91-109.

在上述 5 个阶段中，信息良好帮助企业克服盲目阶段。行动敏捷会助力企业跨过呆滞阶段。在错误行动阶段，企业只有凭借正确而快速的行动才可能把自己从衰退的泥潭中拉出来。在危险阶段，企业的危机越来越严重，企业如果不能快速有效地进行重组，借助外力摆脱困境，那么衰退将无法避免。如果企业错过了前面 4 个阶段中的机会，到消失阶段才悔悟，则为时已晚。

从对企业生命周期的分析可以看出，企业发展战略危机是企业在发展后期可能面临的一大危机。如果企业发展速度过快，而又未能在成长期奠定坚实的基础，那么危机就会很快到来。相反，如果企业从开始阶段就注重基础建设，将发展速度置于质量提升的基础之上，那么企业将是非常健康的。即使会面临一定的风险与危机，企业也能凭借自己的实力一一克服。发展速度过快，无视企业自身的周期性，是许多企业陷入危机的重要原因，同时也是新经济泡沫的催化剂。

2. 企业发展战略危机形成机制

企业发展战略是企业实现使命所做的总体选择。也就是说，发展战略是手段而不是企业的目的。我们有必要从企业发展与效益的冲突、企业发展与竞争力的冲突两个方面来讨论企业发展战略危机的形成机制。

如同国家需要一定的发展速度一样，企业特别是中小企业同样需要快速发展。高发展速度、高回报是任何一个企业都想追求的目标。但企业发展不能违背企业的生命周期规律，否则将会引发企业发展战略危机。因为如果企业只顾发展速度，而忽略效益与竞争力的提升，企业就可能很快走到生命周期的尽头。

比如，当企业某种产品的生产速度过快，而市场需求量受季节等因素影响开始下降时，如果企业继续保持高速度生产，那么就很可能会造成产品积压，引发企业危机。此时企业有两条出路：一是通过降低产品生产速度、减少库存的方法来缓解企业危机；二是通过降低产品价格，扩大市场容量的方法来减少产品库存，从而缓解企业危机。

如果企业选择第一种方案（放慢生产速度会造成企业现有生产能力闲置，设备投资回收期拉长，原材料积压成本加大，同时还会使现有员工数量过剩），就可能引发新的企业危机，如原材料采购危机、设备闲置危机、员工薪资危机等。本来想通过调整企业生产速度来缓解企业危机的做法，却可能引发新的生存危机。

如果企业选择第二种方案，又可能出现以下情况：首先，由于价格下降，企业利润遭受损失，甚至可能出现因成本大于利润而无法扩大销售的情况，引起更大的企业经营危机；其次，企业可能被市场上的竞争对手以低价倾销为由告上法庭，从而受到严重的惩罚，引发企业信用危机；最后，还可能出现另一种恶劣情况，即使产品价格降到最低限度也无法扩大市场销量，因为市场已经饱和，企业库存继续增加，企业危机无法得到缓解，这时企业就彻底陷入了发展战略危机。

企业发展战略危机产生的原因可能是企业过分注重发展速度而忽视了效益，也可能是过分注重发展速度而忽视了竞争力。

（1）注重发展速度，忽视效益

如果企业发展是建立在企业效益没有提高的基础上，那么企业发展速度将难以长久保持。最大化的市场利润和较高的增长速度是企业追求的主要目标，但是，如果这种增长以破坏环境、向社会转移负担为代价，那么从长远来看，必将损害企业自身的发展。

（2）注重发展速度，忽视竞争力

人们对于企业发展速度与竞争力的关系，存在一种片面的看法：企业发展速度快，就意味着企业的市场竞争力强。这种看法忽视了竞争力不强的企业也可以通过市场手段或非市场手段实现高速增长。

企业发展速度与竞争力之间存在着一定的正相关关系，但有一个条件，即公平的市场竞争。如果企业的高速增长是基于竞争对手的退出或政府的保护，那么该企业的竞争力并没有得到实质性的提高。

拓展阅读8-2

湖南长沙"4·29"特别重大居民自建房倒塌事故调查报告公布

2022年4月29日12时24分，湖南省长沙市望城区金山桥街道金坪社区盘树湾组发生一起特别重大居民自建房倒塌事故，造成54人死亡、9人受伤，直接经济损失9077.86万元。经国务院事故调查组调查认定，湖南长沙"4·29"特别重大居民自建房倒塌事故是一起因房主违法违规建设、加层扩建和用于出租经营，地方政府及其有关部门组织开展违法建筑整治、风险隐患排查治理不认真不负责，有的甚至推卸责任、放任不管，造成重大安全隐患长期未得到整治而导致的特别重大生产安全责任事故。事故调查组查明，事故的直接原因是违法违规建设的原五层（局部六层）房屋建筑质量差、结构不合理、稳定性差、承载能力弱，违法违规加层扩建至八层（局部九层）后，荷载大幅增加，致使二层东侧柱和墙超出极限承载力，出现受压破坏并持续发展，最终造成房屋整体倒塌。事发前，房主在出现明显倒塌征兆的情况下拒不听从劝告，未采取紧急避险疏散措施，是导致人员伤亡多的重要原因。

调查认定，湖南省、长沙市、望城区及有关部门存在集中治理部署迟缓简单应付、日常监管相互推诿回避矛盾、排查整治不认真走过场、对违法违规行为查处不力、房屋检测机构管理混乱、自建房规划建设源头失控等问题。涉事房主和有关企业存在相关违法违规行为。

针对事故中暴露的问题，事故调查组总结了5个方面的主要教训：学习领会习近平总书记关于防范化解重大风险的重要论述不认真不深刻，风险意识薄弱；落实责任不紧不实，不担当不作为；发展理念存在偏差，政绩观错位；立法滞后执法不严，行业安全监管宽松软；对基层能力建设重视不够，基层安全治理面临困境。

同时，提出5项改进措施建议：切实增强各级领导干部风险意识和安全发展能力，突出防控经营性自建房安全风险，标本兼治加强城乡自建房安全管理，压紧压实各级领导干部防范化解重大风险责任，大力提高基层安全治理能力。

资料来源：http://www.xinhuanet.com/2023-05/21/c_1129634115.htm(2023-05-21)[2023-11-04]。

四、多元化危机与防范

（一）盲目多元化的危机后果

企业想通过多元化战略来实现企业发展是有条件的，如果忽视这些条件，多元化战略就会给企业带来一定的风险，甚至造成多元化危机。

很多企业为了实现迅速扩张，不仅在本行业大量并购，还将触角伸向其他行业。一些企业集团提出同时发展几大支柱产业，并认为这可以分散企业的经营风险，有利于企业稳定发展。其实，这是企业多元化经营中常见的一大误区，这种过分追求多元化经营的做法，往往会适得其反，加大了企业的经营风险。

应该说，多元化战略是大型企业发展的重要战略选择。在美国，特别是进入20世纪60年代后，多元化战略越来越多地被采用，成为促使企业迅速发展壮大的一种典型战略。

据统计，1940年美国《财富》杂志评选的美国500强企业中单项业务企业、主导产品企业、相关联多元化企业和无关联多元化企业所占的比重分别为28%、38.7%、29.2%、2.9%，而1969年这几项比重分别为7%、35%、44.5%和12.4%。由此可见，主导产品企业和相关联多元化企业是主要的企业类型。从表面上看，多元化经营似乎可以减少企业风险，但实际上，如果企业实行无关联多元化经营，进入不太熟悉的行业，则会加大风险。正如德鲁克所言，一个企业的多元化经营程度越高，需要协调的活动和可能造成的决策延误就越多。无关联多元化使企业所有高层管理人员进入全新的领域，他们对并购对象所在行业不甚了解，往往难以做出明智的决策。同时，并购还会使企业分支机构迅速增多。总部管理人员可能没有时间熟悉产品专业知识，无法运用既有知识恰当评价经营单位管理人员的业绩。企业总部负荷过重，往往会使无关联多元化企业在并购之后无法获得规模经济与范围经济。

多元化经营并不是企业迅速扩张的唯一途径，相反，如果企业能够真正提升产品和服务质量，那么企业的发展速度也就能随之加快了。许多企业单纯追求收益，追求发展速度，却忽视了企业使命对企业经营领域的制约。许多企业追求多元化发展目标是因为它们只考虑了短期利润，忽视了企业的经营宗旨，结果形成战略"近视症"，即企业没有主业，整体缺乏核心竞争力。

实际上，如果企业未能把握住多元化战略规律，那么就很可能面临多元化战略的不利后果和风险。

企业管理层只有认识到在多元化经营中可能遇到的危机，并集中注意力防范这些危机，才能有效运用多元化战略。

（二）多元化危机的防范

下面将从选择最佳多元化时机的角度讨论多元化危机的防范。选择最佳时机时要考虑以下5个方面。

1. 企业所处生命周期阶段

企业应辨别目前自己处于生命周期的哪个阶段：是处于快速成长阶段，还是处于平稳成长阶段？如果一个企业正处于快速成长阶段，那么最好不要大规模进入新的行业，因为此时本行业可能会出现较多的潜在竞争对手，企业应该尽量保持资金实力，加强内部管理，使自己站稳脚跟。

2. 产业集中度

产业集中度是衡量产业垄断程度的重要指标。集中度越高，表明产业内排名前几家的企业占有的市场总份额越高，垄断程度就越高，竞争程度相应地就越低，外部企业也就越难以进入该产业。相反，集中度越低，垄断程度就越低，竞争程度就越高，外部企业就越容易进入该产业。

当然，除了产业集中度指标，运用波特的五种竞争力模型也可以全面评价某个产业的竞争程度和机会吸引力。

综合评价产业竞争程度可以有效帮助企业决定进入何种产业以及进入时机和进入条件。

3. 企业的实力

企业实力也是时机选择的一大要素。企业在规模较小时，船小好调头，多一些产业选择是可以的，而当企业达到一定规模时，就必须等到企业进入相对稳定状态后再进入新产业。这是因为当企业达到一定规模、内部组织运作已经比较顺畅时，其不仅得到了市场和盈利，还锻炼了队伍，从该产业中取得的经验对企业开发新产业会有很大帮助，并且企业具备了相应的管理能力。

4. 技术关联性

通过研究全球 500 强企业的产业构成可以发现，美国、日本和欧洲的很多企业都涉足多个产业，很少只经营一产业，除非是汽车、飞机制造、软件开发等业务可以覆盖全球市场的企业。这是因为，一项基础技术不用花很多投资就可以运用到另一个领域，两个领域由基础技术相连，这样企业既能找到新的发展空间，又能在两个领域之间建立起一定的关联性。这种关联性使企业具有优于其他竞争对手的经济性，比新进入本产业的竞争对手更具有价格优势和成本优势，同时企业的竞争力也得以增强。可见，企业在不同的市场领域之间，如果没有客观、深层的技术联系或者只有自己才掌握的内在联系，就盲目进入新产业、实施多元化是非常危险的。

5. 企业使命

企业使命对企业战略管理有着纲领性作用，统帅企业的一切行为。在经营领域和企业发展目标的选择中，企业管理者同样要遵从企业使命要求。

经验表明，仅在一个产业中经营是很难实现不断提高的经营目标的，于是有些企业会将视线投向其他产业。这是企业通过多元化经营将规模做大的一个原因。多元化是一把双刃剑，如果企业能够把握住最佳时机，成功地在多个产业中扩张，就能获得许多益处并有效防范风险；如果企业没有抓住合适的时机在扩张中取得成功，就会陷入盲目多元化经营之中。因此，依据企业使命选择企业多元化时机至关紧要。

五、并购危机的防范

并购是另外一种发展战略的实现方式，主要以兼并和资产重组的方式来进行企业规模扩张。所以，要想预防企业发展战略危机，还必须防范企业并购危机。

有些企业集团过分强调低成本扩张，大量并购中小企业，旗下子、孙、重孙公司几十个，甚至几百个，集团迅速膨胀，但管理体制没有相应改进，最终导致集团管理链条过长，管理成本大幅度增加，企业效率反而下降。

并购之后的整合工作是发挥"1+1>2"的并购效应的关键一步。由于并购可能是在不同文化、不同制度、不同组织管理方法、不同生产运营管理模式的企业之间进行的，因此对并购企业的整合就成为防范并购风险的重中之重。

并购之后，在管理方面的整合作业主要是指在管理制度、营运作业及企业文化等方面进行的融合。尤其是在营运作业方面的整合，可消除重复作业，将工作程序标准化，有利于并购双方日常的沟通。

其实，并购一家企业后，不管派驻多少人员或授权程度如何，对并购企业来说，将自己的经营文化融入目标企业是非常必要的，但是这一过程不能操之过急，可以通过双方高级主管的交流、人力资源管理制度的融入、双方管理者的共同参与或双方人员重新配置等方式，来实现企业的整合目标。下面将讨论如何通过制度、运营及组织结构的整合来规避并购风险。

（一）制度整合

并购发生之后，并购企业必然会考虑是否将自己的管理制度转移到目标企业。事实上，并购和创业的不同之处，主要在于并购可取得一个现有的马上可利用的管理制度。假如目标企业原有的管理制度好，并购企业当然无须改变，即可坐享其成。

从法律上讲，不管是采取收购还是合并的方式，若欲将双方营运作业予以合并，则账簿形式、凭证管理、会计科目，以及一切管理制度都须予以统一，以便进行业务的融合。在制度整合过程中，工资制度是个敏感的问题。比如甲公司各部门工资与市场水平一样，乙公司业务部门工资水平比市场水平高，当甲公司收购乙公司或是甲公司和乙公司进行合并时，乙公司业务部门人员的工资应予以保持，否则甲公司收购乙公司或两家公司合并的价值可能丧失。但是，在业务组织合并后，不同的工资水平对甲公司的员工士气一定会有影响。这样的工资负担显然对公司发展不利，故是否应调整甲公司业务部门工资，就要看士气影响程度了。不过，也可借此并购机会，重新确定组织使命与经营策略，从而重新制定工资制度。

收购后，如果将目标企业视为独立企业，也可不进行制度整合；如果要进行整合，则应吸纳目标企业的规划与控制制度，以进行整体性的规划。

（二）运营整合

企业并购的主要动机，往往是并购双方产销作业整合所产生的经营优势，因此并购之后如何将两个企业的运营有效地结合在一起，并发挥预期的综合效应，是并购成败的关键所在。

并购之后，或进行运营整合，或让目标企业独立运作，其实这只是程度上的问题。一般来说，在财务上最易进行整合。此外根据不同的并购目的，可以在个别环节上对某些功能进行整合。为了实现整合，并购企业一般应调派人员担任目标企业的相关职位。

并购之后最重要的一件事是将目标企业和本企业的员工在组织上予以合并，特别是财务、法律及研究等专业方面的人员。应该注意的是，这些整合应在并购结束以后，保留目标企业原来一些业务独立性的基础上，慢慢进行。

（三）组织结构整合

并购之后企业都会面临组织结构的整合问题，尤其是对跨国并购而言，组织结构的整合尤为重要。比如，如果某跨国企业计划通过一系列并购行动进入某个行业，它就会要求目标企业的组织结构并入其现有的组织结构。

另外，目标企业的规模相对于并购企业来说是大还是小，也是一个重要因素。对一家大型跨国并购企业而言，目标企业的国际业务规模是否够大是需要考虑的因素之一。如果目标企业国际业务量小，那么其产品一般不会受到并购企业国际经营主管的充分注意。如果目标企业的国际业务发展有限，就要考虑整合是否会导致并购企业资源过于分散？假如目标企业的产品能和并购企业现有的产品群组合起来成为一个具有相当规模的产品群，那么就适合进行组织结构整合。

第二节　企业人力资源危机处理实务

人才是企业的根本。企业的竞争最终要立足于人力资源的竞争、运用和管理。曾经在国内引起巨大震动的某民营企业集团的衰败虽然是由多方面的因素导致的，但是正如其总裁在检讨自己的"总裁的二十大失误"中所说，"人才战略的失误是集团成立以来最有影响的一个错误"。企业人力资源危机主要表现为：没有一个长远的人才战略；人才机制没有市场化；只有单一的人才结构；人才选拔不畅。

这些对人力资源危机表现的总结是客观的，也是深刻的，是企业用自己的失败换来的经验。

很多企业的失败以及所面临的危机都隐含着企业人力资源危机要素。有时候，处于危机中的企业可能因为某个优秀人物的出现而得以摆脱困境，如艾柯卡拯救克莱斯勒汽车公司危机。但是更多时候，企业面对的是人才损失、人力资源管理失误所引发的企业危机。

一、企业人力资源危机类型

1. 企业学习能力危机

面对竞争者的挑战以及外部其他因素的剧烈变化，企业如果不能与时俱进、不断学习，就无法快速提升竞争力，也就难以应对外来挑战，进而逐渐落伍，走向衰败。

企业若不能成为学习型的组织，不能促进员工提高职业技能、担负新的使命与角色，那么，相对于外在环境的威胁，这种反应能力的缺乏，将是企业产生危机的根源。企业学习的领域很广，如客户关系管理、企业资源规划、电子商务等，都应该纳入企业的学习范围。

2. 品德与忠诚度危机

品德与忠诚度是企业员工的必备条件，是保证企业永续发展的资产，但也可能是企业崩溃的源头，"水可载舟，亦可覆舟"正是这个道理。企业如果用道德操守不佳的人，就如同埋了一颗不定时的炸弹，它随时可能爆发并重击企业。有学者研究了美国 67 家经营失败的银行，并将其失败原因归纳如下。

① 对内部员工的不当借款。

② 员工道德不佳，发生侵占和盗用公款的行为。

③ 借款管理不良，导致呆账损失。

总结这些失败的原因，其中员工道德不佳的情况最为严重。尤其是在员工长期担任某一管理职位后，其除了拥有丰富的职务经验，还会利用制度上的漏洞胡作非为，从而酿成企业危机。这方面的一个著名案例是巴林银行破产事件。

1995 年 2 月，巴林银行因亏损 14 亿美元而宣告倒闭，这一事件轰动全球。其巨额亏损竟然是年仅 28 岁的营业员利森造成的，他在未经授权的情况下，赌输了日经指数期货，却利用多个户头掩盖损失。为了挽回巨大损失，利森最后利用更高的期货杠杆全力下注，结果不但没有回本，甚至将有百年基业（1762 年成立）的巴林银行一举击垮。

3．滥竽充数危机

企业掌握了人才，就等于掌握了市场的主动权。不能留住人才的企业，很可能在缺乏竞争力的情况下逐渐萎缩，最终走向倒闭。此外，如果一些缺乏经验、技能较低、管理能力和技术水平明显不足，甚至没有受过正规培训的员工，充斥在企业的技术研究、产品研发、市场营销、财务管理、信息管理等部门的重要岗位上，那么这些缺乏经验和能力却担任企业要职的员工，随时可能给企业带来危机。

4．组织结构危机

企业组织结构危机主要是由忽视企业整体利益、重视部门利益或忽视团队利益、重视个人利益的观念导致的。这些观念日积月累，会使整个企业犹如一盘散沙，缺乏应变能力，在危机来临时难以应对。

5．管理制度危机

企业管理制度是管理的基础。制度不完善，或者制度运行不力，也会造成人力资源危机。

为了在激烈的市场竞争中取得优势地位，企业管理者可能会制订各种远大的计划，这在企业内部，就会对员工造成很大的业绩考评压力。通过业绩考评的方式激励员工，在一定限度内是一种动力，但如果超过限度，这种动力往往转化为员工难以承受的压力。

管理者若把员工视为"生产工具"，就会出现过分要求员工或苛刻对待员工的现象。表面上，员工可能碍于工作的需要，不会当面与管理者发生冲突，但许多隐性损失，是无法直观表现出来的。特别是企业对外接触最频繁的员工，如前台、警卫、仓库管理员、采购原料及零组件的员工，由于这些员工负责企业关键环节的工作，若对他们管理不当，很可能给企业带来无谓的危机。

如果企业员工及管理者的职务调动频繁，他们就难以积累经验，而且他们频繁面临工作调整，自然难以安心工作，这就会导致企业经营成本增加，妨碍企业团队精神的培育与发挥。有些企业一旦经营业绩不理想，不分析是什么原因造成的，就更换主要管理者，其结果可能是越换越糟，加剧组织内部的动荡不安。

6. 工作场所安全危机

危机管理必须以人为本，机器设备损坏可以重新购置，但人员一旦损失就再也找不回来。如果工作环境不安全，那么它将对各种精密的机械设备、产品生产流程造成威胁，影响交货时间，甚至有导致人员意外伤亡的风险。所以，如果企业单纯追求利润，对员工人身安全过于忽视的话，一旦发生事故，轻则将使企业遭受财务损失，重则导致企业破产。

7. 士气危机

士气是指员工在工作中的一般感觉，它由情绪、态度及意见等综合而成。士气可以增加企业员工忍受挫折的能力，也可以使各级管理者意志集中、力量集中。若员工缺乏士气，企业将遭受重大损失。心理学家麦可克兰研究企业管理者的成就动机与各种企业成功指标的关联性时发现，企业的成功，有一部分必须归功于管理者高昂的士气。出现士气危机的原因很多，有主观的因素，也有客观的因素，士气危机会导致企业墨守成规，缺乏全力以赴的动力。企业管理者很少将企业士气纳入总体评价框架。事实上，企业员工的主观意志与奋斗精神，常是企业凝聚人心、对抗危机的有力工具。

8. 人才流失危机

人才是企业的命脉，人才一旦流失，将增大竞争者的优势，对企业造成严重的打击。合格人才的流失，既可能是企业制度有问题，也可能是其他企业"挖墙脚"。内在的企业制度固然要改进，但也不要忽略外在对手的"挖墙脚"现象。在企业竞争激烈的今天，更要格外注意这两方面因素。例如，担任甲骨文公司系统产品部执行副总裁的布卢姆被挖墙脚而转任 Veritas 软件公司总裁兼首席执行官，消息一经宣布，甲骨文公司股价立即下降 15%。

拓展阅读 8-3

"福景 001"起重船沉没致 25 人死亡

中国海事局在官网发布《阳江"7·2""福景 001"起重船风灾事故调查报告》（以下简称《调查报告》），《调查报告》指出，2022 年 7 月 2 日，福建华景海洋科技有限公司（以下简称福建华景）所属"福景 001"起重船（以下简称福景 001）在广东阳江 No.2 大型船舶候潮防台锚地锚泊防台期间，受台风"暹芭"影响，船舶走锚，船体触碰海上风电场风机桩后断裂沉没，造成 25 人死亡，1 人失踪。

2022 年第 3 号台风"暹芭"于 6 月 29 日 8 时在南海中部海面生成，随后逐步加强为强热带风暴级和台风级，阳江海域附近实测风力最大达 14 级。在该台风影响下，阳江海域多艘船舶走锚。根据《调查报告》，台风正面袭击是"福景 001"走锚触碰风机后断裂沉没的客观原因。事发前，"福景 001"起重船实际在船人数为 30 人，但其向相关部门报备的在船人数仅为 9 人，存在谎报在船人数的行为，且瞒报走锚的实际情况，导致错失救助时机，这是造成重大人员伤亡的主要原因。

《调查报告》指出，该船的相关负责人多次明确要求："我们先上报船舶所有人员撤离的文件，保留拖轮。所有船舶，'福景001'，抛锚船任何高频呼叫不准应答。如有电话询问，一律回答在岸上。""'福景001'的高频呼叫和两条抛锚船的高频呼叫不准应答。任何人员接到的来电询问，一律回答已在岸上。"

据《调查报告》，"福景001"实际控制人许某，指使相关人员谎报在船人员情况，不按要求撤离船上人员，瞒报船舶走锚险情，未及时采取措施避免事态扩大，已按程序移送阳江市公安局进一步调查处理。江苏华景法定代表人、总经理吴某亮，江苏华景"福景001"项目部经理、船舶总监杨某，江苏华景"福景001"项目部安全总监初某涛不按要求组织撤离船上人员，参与谎报在船人员情况，建议移送阳江市公安局进一步调查处理。江苏华景总船长兼船管部经理李昌龙、"福景001"船长黄某东不按要求组织撤离船上人员，但鉴于其已死亡，调查组建议免予追究责任。

依据《中华人民共和国海上交通安全法》《中华人民共和国海上交通事故调查处理条例》等有关法律法规，中国海事局成立了阳江"7·2""福景001"起重船风灾事故调查组，依法开展调查工作。事故调查组查明了事故的经过、原因、人员伤亡和财产损失情况，认定了事故的性质和责任，提出了对有关责任单位和人员的处理意见以及加强和改进工作的安全管理建议。《调查报告》给出安全管理建议，建议相关部门进一步细化明确海上风电安全管理职责，消除监管责任盲区，建立健全海上风电安全协调机制，加强部门协调和联防联动，统筹形成工作合力，切实落实海上风电项目安全管理责任，实现海上风电项目安全发展。

资料来源：http://gd.people.com.cn/n2/2023/0609/c123932-40451069.html(2023-06-09)[2023-11-04]。

9. 员工丧失工作能力危机

人才是企业经营的一项重要资产，因此如果员工死亡或丧失工作能力，就可能危及企业经营目标的实现。尤其是负有企业重大责任的相关人员，因其所掌握的企业机密等级较高，且所接触的层面很广，如果突然丧失工作能力，就会对企业造成一定程度的伤害与损失。

10. 法律危机

企业如果对招募的新员工，不清楚底细，或者有意疏忽，而该员工恰巧从其他公司带来了商业秘密，就可能出现侵害其他公司商业秘密而触犯有关法律的情况，从而酿成法律危机。

二、企业人力资源危机解决方案

在全球技术知识竞争中，知识更新速度加快，各种新技术层出不穷，这就导致各类人才的专业知识的"半衰期"越来越短，因此，企业更要重视育才（人员培训工作）、用才、留才，要从员工安定就业等方面着手，这样才能获得外部客户（消费者）的肯定。企业在处理危机时最忌头痛医头、脚痛医脚，下面提出标本兼治的11种方法，以供企业处理人力资源危机时参考。

1. 吸引人才

强调企业的愿景,并设计有吸引力的薪酬结构,有助于吸引、留住能力强的员工。企业发展愿景的展示,对员工来说,具有长久的吸引力,再加上分红配股的薪酬结构,不仅对企业外部的人才有吸引力,对内也能激发员工潜能、提高绩效、优化组织目标(业务目标、财务目标、作业目标、行为目标)。毕竟,员工与企业互利共荣才是长久之计。

2. 慎选员工

员工甄选是第一关,也是最重要的一关。如果能通过面试访谈或其他方式,淘汰不合适的应聘者,对知识经济时代的企业来说,就拥有了较好的竞争条件。在甄选时,企业不能忽略员工的品德与忠诚度。忠诚度体现为员工对企业所倡导的共同理想的认同,以及为企业目标奋斗的奉献程度。忠诚度越高,支持企业的程度就越高,对外来诱惑的抵抗力就越强。除忠诚度之外,知识经济时代企业还需要勇于创新的专业能力,这里的专业能力是指开发消费者潜在需要的能力。例如,在寻找营销业务人员时,要注意其是否具备以下特质。

① 专业性:销售技能,具有顾客、产品及产业等方面的知识。
② 贡献性:帮助顾客达到提升利润或其他重要目标的能力。
③ 代表性:对顾客利益的承诺;提供客观建议、咨询及协助的能力。
④ 信赖性:诚实、可依赖、行为一致,以及遵循商业道德。
⑤ 合作性:与业务人员互助,与顾客保持良好关系。

企业有不同的特色,因而在聘用人才时也会有不同的要求,以配合企业业务部门及整体的发展。

3. 提升员工的专业能力

提升员工专业能力的途径有企业内部教育和企业外部进修两种。员工专业能力的提升,虽然不等同于危机处理能力的增强,但实质上有助于防范危机的发生。因为产业竞争环境变化剧烈,企业的人力资源管理不应只是被动地进行企业人事管理,而应通过战略规划来配合企业整体的战略目标,主动发掘问题并拟定应对措施与解决方案,以掌握企业未来发展方向,预先为企业创造所需的人力资源竞争力。

4. 构建永续经营的企业文化

企业文化是企业成败的关键,其内容包括企业的价值观、信仰、习惯、仪式及习俗。企业文化可能影响员工的工作态度与价值观,而员工工作态度与价值观将影响企业绩效。

5. 完善管理制度

若员工离职原因出在企业的制度方面,如薪酬激励制度、考勤管理制度、休假制度、升迁制度等不合理,则企业必须针对存在的问题,完善管理制度,以满足企业员工的需求,提升企业的竞争力。

6. 实施企业内部资格证制度

为防范人才流失的危机，企业可实施内部资格证制度，采用这种制度有助于提升每位员工的能力。

7. 提高企业素质

企业危机一旦爆发，会人心惶惶，没有责任心和使命感的管理者可能会立刻离开工作岗位。在企业最需要员工集思广益、共渡难关之际，有经验的管理者的离职，是危急时刻的"火上浇油"。从危机处理的角度来说，企业在招募人才时，除应注意专业才能之外，还应将其对企业的责任心和使命感作为考核重点之一。鉴于员工对企业的责任心与使命感并非一蹴而就，企业应在日常员工教育、展示企业奋斗目标时强化这方面。

8. 减少员工的心理障碍

少数员工可能因不适应新环境或近期工作压力加大出现反常现象。为避免此种情形扩散，应该提前处理。针对这些员工的问题（如社交困难、焦虑、缺乏处理问题的技巧）等进行心理辅导，加强员工情绪、士气管理。

9. 重视与员工的沟通

沟通是企业上下一心的关键，要因地制宜、因时制宜。常用的沟通方式有：分批和员工就餐，解答员工疑问，接纳员工意见，激发员工的积极性，向员工传递企业的核心精神，强调公司发展愿景，等等。

10. 及早发现员工危机征兆

对于任何员工危机征兆，都要进行系统性的思考，找出管理的缺陷并一一克服。常见的员工危机征兆有以下几个方面。

① 工作行为、措辞混乱。
② 孤独，避免与人交往。
③ 工作错误增多。
④ 常迟到早退、无故缺勤。
⑤ 处事变得消极。
⑥ 有破坏企业团结的言行等。

如果能较早发觉员工危机征兆，则可用动之以情的方式进行思想交流，或用提高待遇、设身处地为其解决困难等方式来解决问题。如果真的无法挽回，企业也可提早应对。

11. 重视海外员工人身安全

在海外子公司工作的员工，面临的文化背景、社会制度和治安环境等都与国内有巨大差异，总部需要经常提醒身处海外子公司的管理者，对自身安全、员工人身安全和企业财产要保持谨慎，高度警惕，具体方法有以下几个。

① 注意搜集有关国外投资安全的信息。

② 在当地树立良好形象，避免由于企业行为不当而招来横祸。
③ 最好选择管理完善的公寓居住。
④ 为避免现场发工资引发的不测事件，不妨直接通过银行代发工资。
⑤ 若有特殊顾虑，则应请保安公司协助。

第三节　企业财务危机处理实务

一、企业财务危机成因

（一）企业财务危机原因的基本类型

造成企业财务危机的原因多种多样，基本上可分为外在原因和内在原因两大类。

1. 外在原因

① 受到商品供销循环不畅、经济萧条的影响。
② 国家财经政策改变，限制企业的经营发展。
③ 市场需求结构发生变化，企业无法适应。
④ 同行业之间恶性竞争，企业无法生存。
⑤ 发生抵制瑕疵产品的消费者运动，改变企业经营环境。
⑥ 发生自然灾害或意外事故，如地震、火灾、旱灾。
⑦ 面对技术革新速度加快的挑战，企业因缺乏应对能力而遭到淘汰。

2. 内在原因

① 企业初创时就存在严重缺陷或规模不经济，创办费用过大，流动资金不足。
② 股价虚浮，资金不足。
③ 资本结构不当，负债过高。
④ 经营领域选择失误。
⑤ 资产投资不当，设备陈旧，生产方式落后。
⑥ 厂址选择错误，资源配置不当。

（二）按照财务危机根源分类

除了按照内在和外在原因来分类，还可以按照常见的财务危机根源来分类，具体如下。

1. 总体经济环境变化

如果总体经济环境变化超出企业的预测，就有可能给企业埋下危机的种子。
① 汇率危机。外汇汇率变动、政府立法限制将资金移转到国外等，都可能导致企业遭受损失或丧失权益。
② 经营威胁。比如，国际规范和公约（如因温室效应而限定二氧化碳排放量）、国际协定（如配额）的限制，或经济环境恶化所引起的需求萎缩，都可能给企业的运营造成不

同程度的冲击。这类冲击可能是直接的，也可能是间接的。但无论是哪一种，都可能制约企业的经营与发展。

2. 市场竞争过于激烈

随着互联网的发展和全球贸易体量的增大，市场竞争加剧，边际利润缩小。同时，各企业为求生存，普遍增加研究开发支出，这又加速了经济体系的变革，缩短了产品生命周期，加剧了经营竞争。从产业史可以看出，在进入障碍低、产品差异程度低，且缺乏规模经济或经验曲线的产业中，只要市场需求稍有萎缩，企业随时都可能遭受来自市场的激烈的竞争压力。如果在这些产业中的企业未能认清产业变化趋势背后的威胁，未采取相应的危机管理措施，最终极有可能被市场淘汰出局。市场竞争激烈的产业结构，并非个别企业凭借主观意志就能更改的。企业只有增强自身的实力，使自己更符合竞争生存法则，才能立于不败之地。

3. 错误分析市场趋势

营运资金与企业的财务预测息息相关。财务预测背后隐藏着危机因素，因为企业对未来的市场需求、销售额都可能做出错误判断。如果高估市场需求，就容易造成存货过多、资金积压、现金余额不足、周转不灵等问题，进而危及企业的生存。反之，如果低估市场需求，面对持续增长的销售额，企业却无法获得充足资金满足生产、营销等活动需要，从而丧失良机。如果此时同行业的竞争者都能快速发展，而本企业成长缓慢，就会处于竞争劣势。

4. 经营活动失误

企业经营活动经常出现以下6种失误，从而给企业造成财务负担，使企业陷入财务困境。

① 企业盲目扩张后，资金压力过大。
② 不当的生产、营销战略，导致原材料不足，采购成本过高，存货过多。
③ 定价策略不当，利润极低。
④ 产品出现瑕疵，经销商退货，造成资源浪费。
⑤ 管理人员能力差、违约或不合作。
⑥ 市场情报不准确，营销能力差。

5. 营运资金不当运用

营运资金管理虽然并非一家企业成功的最主要因素，然而营运资金管理不当，却能使企业多年的经营成果灰飞烟灭。所以，财务管理往往重视现金流量，以满足企业经营的需要。营运资金的不当运用主要表现在以下几个方面。

① 营运资金结构不当，导致长期资产投资过多，流动资金不足。
② 资本结构不当，过度举债经营，导致利息过重，财力状况无法负担。
③ 财务调度失灵，短期资金作为长期资本使用，导致流动负债过多，到期无法偿还本金。

④ 资产过分高估，股本虚浮，致使股息降低、股价跌落，营业亏损日益加剧。

⑤ 股息分配不当，影响资金调节，动摇财务基础。

⑥ 成本控制失效，如成本支出增加、费用猛增，导致利润率偏低。

⑦ 预算编制错误，影响经营活动的开展、资产维护及设备重置。

⑧ 和其他上市公司交叉持股。

⑨ 设立以子公司形式存在的投资公司。

⑩ 信用扩张，负债率偏高。

⑪ 过度投资。

在这些营运资金的不当运用中，最常见的是高财务杠杆的使用，即企业过度扩张主营业务，导致负债率太高。上市公司虽然可以利用高财务杠杆达到短期迅速扩大企业规模的目的，然而这种运作方式也隐藏着周转不灵的风险。

6. 经营者违法

经营者的违法行为也会导致企业财务危机。比如，管理阶层直接挪用企业资金违法炒股，甚至中饱私囊。

7. 多元化经营的失败

根据企业战略管理理论，企业可以通过多元化的发展战略进行扩张。当企业进行多元化经营时，虽然可以分散风险，但需要配置相应的人力、物力、财力资源，并将其投入另外一个经营领域。在这种跨行业投资中，决策失误或对新业务不了解都可能拖垮企业原来的主营业务。

案例 8-1

东兴证券陷保荐项目财务造假风波　因未勤勉尽责被立案调查

2023 年 3 月 31 日，东兴证券公告称，因在执行泽达易盛 IPO（首发）并在科创板上市项目中，涉嫌保荐承销及持续督导等业务未勤勉尽责，被证监会立案调查。事实上，此番立案意味着监管机构坚持"一案多查"，对泽达易盛财务造假案已追责至保荐机构。全面注册制背景下，监管机构不断加大力度督促中介机构提升业务执业质量，对于作为资本市场"看门人"的证券公司，勤勉尽责已成为其执业过程中的关键。

东兴证券本次被证监会立案调查一事源于其保荐项目。公开资料显示，2019 年 6 月 13 日，泽达易盛披露招股书申报稿；2020 年 4 月 2 日，上海证券交易所（以下简称上交所）同意泽达易盛发行上市（首发）；同年 6 月 23 日，泽达易盛在科创板上市。

泽达易盛招股书显示，泽达易盛在科创板上市项目的保荐机构（主承销商）为东兴证券，保荐代表人为胡晓莉、陶晨亮。泽达易盛发行费用共计 6530.32 万元（不含增值税），其中保荐、承销费用 4252.52 万元。

2022 年 8 月，泽达易盛收到上交所下发的《关于对泽达易盛持续督导保荐代表人予以监管警示的决定》。上交所指出，胡晓莉、陶晨亮在担任公司持续督导保荐人期间，未勤勉尽责，未能有效识别并督促公司披露违规理财事项，未能有效督导公司完善相关内部控制制度，出具的专项核查意见及持续督导意见不准确、不完整。

同年11月，证监会下发给泽达易盛的《行政处罚及市场禁入事先告知书》再次指出，泽达易盛在公告的证券发行文件中隐瞒重要事实、编造重大虚假内容；上市后，泽达易盛在2020年年报、2021年年报中均存在虚假记载、重大遗漏的行为。

作为泽达易盛的主承销商，保荐项目涉嫌财务造假，东兴证券难逃一责。根据证券法相关条例，东兴证券很可能因为未勤勉尽责而面临一定金额的罚款，甚至影响保荐业务资格。

在投行业务方面，2022年东兴证券成绩可观。其年报显示，2022年投行业务实现净收入11.35亿元，行业排名第14位。较2021年增长6.97%。中国证券业协会发布的数据显示，东兴证券投行业务，特别是股票承销业务，自2015年起快速发展。其全口径的投行业务收入排名从2014年的第37名快速上升至2021年的第19名。其中，东兴证券股权业务在2020年达到巅峰，主承销规模高达235.27亿元，股权业务融资数量达到24家，这一年正是泽达易盛上市的年份。

然而，东兴证券投行业务爆发式增长的背后是其保荐项目的接连撤否，频频遇阻或也暴露了其内控不足、项目遴选不审慎等问题，保荐质量堪忧。

据媒体报道，2022年11月，广东证监局向辖区券商投行部门下发的《广东资本市场监管动态》指出，东兴证券近三年申报的5个项目均以撤否告终，辖区2021年以来只有2个被否项目，均由该机构保荐。

另据同花顺数据，2023年4月1日之前一年，东兴证券保荐家数为38家，终止撤否率达18.42%，高于17.71%的同期行业平均值。

资料来源：http://www.xinhuanet.com/money/20230406/03b1cc2c5da0443fb221912af50011a8/c.html(2023-04-06)[2023-11-05]。

二、上市公司财务隐患

上市公司财务隐患是引发企业财务危机的主要因素。加强对财务隐患的消除管理是防范上市公司财务危机的主要措施。上市公司主要存在以下财务隐患。

1. 净利润较高，现金流量不足

上市公司存在的一个相当普遍的财务问题是，经营业绩提高了，但现金却捉襟见肘，甚至出现入不敷出的情况。有些企业净利润虽然很高，经营现金流量却为负值，说明企业虚盈实亏，其净利润实际上是虚假盈余，这是一种潜伏的财务隐患。

2. 利用会计手段做虚假财务报表

利用会计手段做虚假财务报表主要表现在：一是有些上市公司不顾职业道德，配合庄家的炒作进行利润包装，少计费用和损失，不恰当地提前确认收入或虚增收益；二是利用销售调整增加本期利润，如为了达到一定的利润总额或达到净资产收益率配股及格线，有些公司在报告日前做一笔假销售，再于报告日后退货，从而虚增本期利润；三是将费用挂在"待摊费用"科目，采用推迟费用入账时间的办法降低本期费用。

3．虚假的利润及资产

某些进行特殊处理的公司，不仅利润是虚假的，甚至资产也是虚假的。这些公司可能早已成了负债累累的空壳，但财务报表的各项指标却是正常的。

4．关联交易导致收入虚增

上市公司进行关联交易，导致费用虚减、收入虚增，财务隐患凸显。通过关联交易来虚增收入的主要做法有：以其他单位愿意承担其某项费用的方式减少公司本期费用，从而使本期利润增加；通过向关联方出让、出租资产来增加收益；通过向关联方借款融资来降低财务费用；等等。

5．通过返回资金占用费调增收益

在股市上，返回的资金占用费已经成为部分上市公司的一项利润来源。从披露的资料看，大股东返回的资金占用费可以用于调增上市公司收益。从表面来看，大股东给上市公司超出正常利率水平的资金占用费，似乎既有利于上市公司业绩的提高，也有利于其他中小股东。在部分公司管理层看来，这应是一笔大收益。然而，大量事实和数据表明，资金占用费不过是蝇头小利。

在一定程度上，资金占用费的存在，意味着部分大股东对上市公司资金进行非法挪用及侵占，有套取上市公司资金之嫌，使上市公司的独立财产权和独立性受到严重威胁。

除用于调增收益之外，部分上市公司及大股东甚至通过资金占用费来间接操纵上市公司利润。大量存在的资金占用费现象在一定程度上延迟了企业财务危机的暴露时间，掩盖了部分公司盈利能力严重弱化的事实。

因此，上市公司应主动加大理财力度，对股东占用的资金进行清理，监管部门也应强化对这一现象的监管。

三、企业财务危机的预防与处置办法

1．建立企业财务预警系统

建立企业财务预警系统，最重要的就是确定影响财务安全的核心问题。其实真正决定企业运营的关键变量并不多，企业可以针对这些变量，建立简易的预警系统。

2．指标分析法

通过对多种财务比率的分析，可以掌握企业现有的偿债能力，从而了解潜在的财务危机。针对偿债能力的分析，必须包括短期偿债能力分析和长期偿债能力分析。前者主要运用流动比率和速动比率等指标，后者主要以资产负债率等为主要评价指标。

3．避免错误判断市场趋势

企业为有效加强财务管理，应针对经营或融资环境进行商情预测，估算市场机会，以提高企业经营获利能力，还应强化成本控制与分析，提高工作计划与预算的准确性和可靠度。具体可以采取以下4个步骤。

(1) 了解产生变革的因素

确定变革究竟来自顾客、科技、资金、竞争者还是政府法规。

(2) 找出线索

通过网络查询、阅读专业杂志、参与国际商展、参加不同职业群体的活动来拓宽视野，提高市场开拓能力。

(3) 寻找新的组合

跳出窠臼，大胆创意，寻找企业产品或服务的新组合。

(4) 市场调查

找出潜在市场价值，主动为顾客服务。

4. 强化企业治理机构

企业董事会、监事会监督不力，导致企业财务危机屡屡发生。加强企业治理体系建设，可以有效减少此类危机的发生。

5. 建立银行沟通机制

企业要与银行建立日常沟通机制，让银行了解企业的发展情形、营运状况、未来计划、市场动态、技术研发情况等。经常沟通有助于避免在市场出现谣言时，银行抽紧银根，从而造成企业不必要的危机。

6. 建立客户信誉等级

企业如果不注意加强应收账款管理，那么即使本身经营得不错，也很可能因外部环境的影响而受到重创。在销售额增加的同时，企业应收账款、存货及其他相关成本也会增加。如果企业未能及时收回应收款项、有效控制存货并设法延长应付款项的支付时间，企业就必须筹措更多的资金来应对销售额的增加。但是随着销售额增多，资金筹措难度将提高，筹措费用也将更高。

7. 正确管理存货

产品生命周期短，每年市场上都有新产品推出，也有旧产品被淘汰，厂商为满足市场需要，必须保持适量的存货以备急需。这些存货会积压大量资金，所以要妥善管理。

8. 有效制定资金规划

企业资源有限，所以应该未雨绸缪，对营运资金进行控制，规划短、中、长期的资金运用，以免影响企业的利润。

9. 邀请顾问协助

如果企业本身无法诊断出企业是否有潜在的财务危机，可委托专业顾问来协助处理。

10. 慎重进行投资规划

企业要想谋求发展，就必须在不同阶段，审慎评估各种固定资产的长期投资规划。如规划方向有误，将导致企业陷入危机。

11. 设立危机处理基金

危机爆发时企业亟需资金解决危机，财务危机更是如此，如何紧急筹集资金补齐缺口、缓解财务压力，是当务之急。为预留出危机爆发时所需要的资金，企业可以将每年的盈余提取 3%~5%，用于设立危机处理基金。此基金只有在危机爆发后，经危机管理小组批准才能动用。

12. 强化企业生存能力

强化企业生存能力的具体办法有以下几种。

① 通过提高产品附加价值来改变产品的市场定位；增强企业的学习能力，使企业从根本上具备超越竞争对手的竞争力。

② 提高企业电子商务运营能力。电子商务的出现，导致企业竞争的游戏规则彻底改变。其根本原因在于数字时代每个企业都必须缩短反应时间。企业只有提高电子商务运营能力，才能以最迅速的反应满足顾客的需求。

③ 加强知识产权保护。知识产权是企业进可攻、退可守的有力武器，而攻守之间又蕴含着有机的联系。在"攻"的战略方面，企业可借此提高市场的占有率；在"守"的战略方面，企业可通过知识产权有效阻隔后来者的加入，甚至可以以各种专利作为企业收入的来源。

案例 8-2

"防假打假"提振市场信心，多家上市公司财务造假被罚查

自证监会 2023 年系统年中工作座谈会提出"加大资本市场防假打假力度"以来，证监会多次强调防假打假。2023 年 1 月 1 日—9 月 10 日，已有 49 家上市公司公告收到证监会（或地方证监局）的行政处罚决定或行政处罚事先告知书，罚没金额合计 3.61 亿元，其中，27 家涉及财务造假（含中介机构在上市公司财务造假案中未勤勉尽责，出具虚假文件），罚没金额合计 3.2 亿元。从处罚金额来看，上述涉及财务造假的 27 家中，6 家罚没金额超 1000 万元。

随着新证券法的实施以及注册制改革中退市制度的完善，财务造假并非"一罚了之"，上市公司及控股股东、实际控制人还可能面临高额民事赔偿或退市风险。比如 2023 年 4 月 21 日，证监会对*ST 紫晶、*ST 泽达做出行政处罚决定，认定 2 家公司存在欺诈发行、财务造假、信披违规等重大违法行为，触及重大违法退市标准，目前 2 家公司均已退市。

财务造假、信披违规屡禁不止的原因主要有以下几个：一是上市公司相关人员法律意识薄弱，试图通过财务造假、信披违规来达到粉饰业绩等目的；二是相关责任人员缺乏责任意识，未勤勉履职，甚至借此输送利益；三是监管部门打击力度不够，不足以遏制财务造假、信披违规行为。

在现有法律框架内，证券违法违规行为面临的违法成本主要涉及刑事法律责任、行政法律责任、民事赔偿责任。以民事赔偿责任为例，目前虚假陈述案件中投资者最终获赔金额普遍不超过区间内损失金额的 50%，民事赔偿责任并不能对上市公司管理层形成有效震慑。严打上市公司财务造假需要组合拳，高效的行政执法、严厉的刑事追责、高额的民事赔偿，三位一体、缺一不可。

随着全面注册制的稳步推进，打击财务造假不仅需要事后处罚，也需要监管部门强化事前事中监管，把好"入口关"，压实中介机构"看门人"责任，强化全链条监管，防假打假。

近年来，监管部门严把"入口关"，对 IPO（首次公开募股）项目、券商投行开启常态化现场检查。2023 年 9 月 6 日，6 家券商投行因撤否率高收到证监会行政监管措施决定，16 位相关负责人被采取监管措施。

会计师事务所等中介机构应当归位尽责，发挥好资本市场"看门人"职责。发挥中介机构在尽职调查、审计、资产评估、反财务舞弊、查处上市公司资金占用、违规担保、打击规避退市等领域的作用；及时、完整、准确地将上市公司的财务变化、经营状况等信息和资料进行披露；坚守尽责履职、客观公正、中立专业的职业操守，维护公众利益和市场信心，推动资本市场生态健康持续发展。

上市公司应当加强合规意识，提升公司治理理念和规范水平，提高信披质量，增加上市公司"透明度"，促进公司自身的可持续性发展，守住底线、聚焦主业、不造假、不违规，推动资本市场生态健康可持续发展。

资料来源：http://www.xinhuanet.com/2023-09/11/c_1212266425.htm(2023-09-11)[2023-11-05]。

第四节　企业公关危机处理实务

一、企业公关危机特征

1. 企业公关危机的必然性和偶然性

企业公共关系危机（简称公关危机）的必然性是指危机不可避免，只要企业开展经营活动，就有可能产生公关危机。企业公关危机的偶然性是指危机的爆发往往是由偶然因素促成的。必然性是公共关系作为开放系统的结果，偶然性则取决于系统的动态特征，二者是辩证统一的。

公共关系是一个覆盖面广、结构复杂、层次众多的大系统，包含许多彼此联系的子系统，是一个多输入变量、多输出变量、多干扰变量的系统。而且，在公共关系中人员是占主导地位的因素，这就使得整个公共关系活动更具复杂性与不确定性。企业公共关系的策划和实施是在掌握大量信息的基础上进行的。由于信息具有复杂性、动态性和不确定性，因此无论公共关系系统采取何种控制结构，信息在经过多层次、多渠道、多阶段的传输之后，其失真问题必定趋于严重，结果自然是系统的稳定性减弱，虽然系统暂时还能保持作为开放系统所必有的动态平衡局面，但是震荡一旦加大，危机便会随之而来。

企业公关危机具有偶然性是因为公共关系系统是开放的，每时每刻都处于变化和流动之中，其任何一个环节皆可能受到某种偶然因素冲击，进而导致公共关系系统失衡、崩溃，最终形成危机。

2. 企业公关危机既是突发的又是渐进的

企业公关危机是在意想不到、没有准备的情况下突然爆发的，它具有突发性特征。但从本质上说，企业公关危机的爆发是一个从量变到质变的过程。也就是说，构成企业公关危机的因素的积累是一个渐进的过程。它在经过一定时期的隐藏和埋伏后，如果未能得到有效控制，就会膨胀到一定程度并发生连锁反应，使公众与企业关系突然恶化，加之它又有很强的力度，往往使企业组织措手不及，给企业造成很大冲击。

认识到企业公关危机的突发性和渐进性，有助于企业增强危机防范意识，从而更好地应对突如其来的公关危机事件。

3. 企业公关危机兼具破坏性和建设性

危机在本质上固然有破坏作用，须尽力防范和阻止，但危机既然爆发了，就足以表明系统中存在不容忽视的问题，这就为企业检视自身状况做了最有利的提示。

企业公关危机不可避免地会给企业带来负面作用，损害企业在公众心目中的形象。但是，成功化解危机也能给企业带来意想不到的公关效果。

认识危机的破坏性，才不会掉以轻心、麻痹大意；认识危机的建设性，才会采取主动姿态、沉着冷静地应对危机，才能正确地认识到公关危机在破坏公共关系系统的同时，也为企业建立良好声誉、树立良好形象和解决企业存在的重大问题创造了机会。

4. 企业公关危机具有社会关注性

由于企业公关危机是突然爆发的，具有很强的急迫性，并且一爆发就会造成较大影响，令人瞩目，因此企业公关危机常常会成为社会舆论关注的焦点、街谈巷议的话题、新闻界追踪报道的对象、竞争对手发现破绽的线索、主管部门检查批评的对象等。总之，企业公关危机一旦出现，就会迅速扩散，引起社会各界的不同反应，令社会各界密切关注。若企业控制不力或行动迟缓，必将产生严重后果。

案例 8-3

江西通报"鼠头鸭脖"事件调查处理情况：判定异物为老鼠类啮齿动物的头部

针对江西工业职业技术学院"6·1"食品安全事件，由江西省教育厅、公安厅、国资委、市场监督管理局组成的联合调查组，本着实事求是的原则开展调查，现将有关情况通报如下。

联合调查组经勘查现场，调取监控视频发现，6月1日，学生在食堂吃出疑似"鼠头"的异物，被涉事食堂工作人员于事发当日丢弃。通过查看食堂后厨视频，查阅采购清单，询问涉事食堂负责人、后厨相关当事人、当事学生和现场围观学生等，判定异物不是鸭脖。国内权威动物专家对提取的当事学生所拍现场照片和视频进行专业辨识，判定异物为老鼠类啮齿动物的头部。南昌高新区市场监督管理局昌东分局、江西工业职业技术学院未认真调查取证，发布"异物为鸭脖"的结论是错误的。

经认定，江西工业职业技术学院对此次事件负主体责任，涉事企业负直接责任，市场监督管理部门负监管责任。

依据《中华人民共和国食品安全法》及其实施条例，南昌市市场监督管理局已吊销涉事食堂食品经营许可证，对涉事企业和法定代表人进行顶格处罚。下一步，将依法依规严肃处理江西工业职业技术学院、南昌高新区市场监督管理局昌东分局等相关责任单位、涉事企业和责任人，并在全省开展食品安全专项整治，抓好源头治理，切实保障人民群众食品安全。

资料来源：https://m.gmw.cn/2023-06/17/content_1303409434.htm(2023-06-17)[2023-11-05]。

5. 企业公关危机破坏的全面性

公共关系是企业对外树立企业良好形象、对内凝聚员工士气、增强团结的重要管理活动。一旦企业发生公关危机，对企业外部、内部的破坏和影响都是巨大的。从企业外部来看，严重的公关危机会损害企业整体声誉和形象，降低企业美誉度和公众认可度。从企业内部来看，严重的公关危机会动摇军心，打击员工士气，增加企业各方面的交易成本。所以，公关危机对企业的全面性破坏不可低估。

6. 企业公关危机具有复杂性

公关危机的成因复杂，可以由产品事件、服务质量事件、人力资源事件、技术事件、企业伦理事件等引发，也可以由公共关系活动的失误引发。不论企业发生哪种危机，一旦公众对企业失去信任，对企业形象产生较强的否定心理，实际上都会形成公关危机。

鉴于公关危机成因复杂，处理公关危机需要较长时间、付出巨大的代价，危机管理者对公关危机的处理要格外注意。企业损失的物质财富通过努力还可以再获得，而一旦企业名誉受损，恢复难度是非常大的。

二、企业公关危机成因

1. 企业内部因素

企业内部因素是指企业自身存在的、可能导致企业公关危机的一些问题，这些问题也可以作为企业公关危机的内部预警信号。引发企业公关危机的内部因素主要有以下几个。

（1）企业人力资源素质差

企业人力资源素质差包括管理者素质差和员工素质差两方面。这两类人员素质差都有引发企业公关危机的可能，如果管理者素质差，那么企业发生公关危机的可能性会更大。管理者素质差是指企业管理者知识结构不完善，个人修养和管理水平较差，对员工缺乏威信和感召力，不能激发员工的工作积极性，使企业缺乏凝聚力；对外部公众缺乏平等意识和必要的尊重。

除管理者素质之外，员工素质也很重要，员工素质必须与其所从事的职业相匹配，企业"木桶"的最低一块木板必须与"木桶"的整体水平和容量相称。如若不然，一个低素质的员工就足以使整个企业陷入公关危机。

（2）产品或服务质量事故

产品质量是整个企业形象的基础，劣质产品往往是企业公关危机的导火索。用户购买了劣质产品，往往不仅对产品本身产生愤怒，这种不满会延伸到生产该产品的企业。企业遇到的公关危机,很多都是由产品质量问题引发的。

（3）企业决策失误

企业做决策时应考虑公众的利益和要求,不能损害公众利益、不能破坏环境。企业决策失误的类型很多,主要表现为发展方向的失误、时机的失误、策略的失误,各种失误都可能导致企业公关危机。特别是发展方向的失误和策略的失误,这两类是导致危机的关键原因。"标王"秦池酒厂的衰败就是一个极好的例子。

（4）践踏国家法规和行业道德

企业开展经营活动,不仅要遵循企业运营的基本准则和社会伦理道德,还必须遵守国家法规,严格依法办事。市场经济是法治经济,企业员工和管理者是否具有法律意识、是否知法和守法、是否将企业经营活动置于法律的监督和保护之下,对于企业正确开展经营活动,规范管理行为,树立良好的企业形象有十分重要的意义。现实中,的确存在一些企业,其法律观念、道德伦理观念极为淡薄,无视国家法规,随意践踏法律,不顾行业道德约束,最终酿成严重的企业公关危机。

（5）公关行为失策

在现今的信息社会,公共关系工作实际上可被看作一种信息交流过程。在信息交流过程中,公关行为必须严格遵循以事实为基础、以公众利益为出发点、以科学方法为指导的原则,保证信息交流正常进行,以消除企业与公众之间的隔阂。如果企业违背这些原则,传播不真实信息,甚至有意弄虚作假,损害公众利益,那么,再好的信息交流也无法促进企业与公众之间的协调,只能招致公众的反对,使企业与公众之间的关系恶化,最终引发公关危机。具体的公关行为失策有以下几种情况。

① 公关策划不当,策划方案有引发危机的可能。
② 缺乏公关前期准备,企业公关活动成功率低也可能引发危机。
③ 忽视公关调研,导致公共关系活动目标不明确、方法不符合法律或伦理道德规范,这种公共关系活动一旦实施就可能直接造成危机。

2. 企业外部因素

除了企业内部因素,企业外部因素也可能引发公关危机。这些因素可能来自竞争对手、公众,也可能来自政治环境、社会环境、经济环境、科学技术环境等宏观环境。

（1）来自竞争对手的不正当竞争

不正当竞争是指在市场经济活动中,违反国家政策法规,采取弄虚作假、投机倒把、坑蒙诈骗等手段牟取利益,损害国家、生产经营者和消费者的利益,扰乱社会经济秩序的不良竞争行为。来自竞争对手的不正当竞争是引起企业公关危机的一个外部因素,它能使企业发生严重的经营危机和信用危机,从而演变成企业公关危机。不正当竞争主要表现为:散布谣言恣意损害竞争对手的形象;盗用竞争对手的名义生产假冒伪劣产品;进行比较性广告宣传,有意贬低竞争对手;采取恶劣行径,严重扰乱竞争对手的经营秩序。所有这些来自竞争对手的不正当竞争,都可能导致企业发生严重的公关危机。

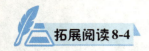

拓展阅读8-4

湖北十堰艳湖社区集贸市场"6·13"重大燃气爆炸事故

2021年6月13日6时42分许,湖北省十堰市张湾区艳湖社区集贸市场发生燃气爆炸事故,造成26人死亡,138人受伤,其中重伤37人,直接经济损失约5395.41万元。事故发生原因是,天然气中压钢管因受到严重腐蚀而破裂,泄漏的天然气在集贸市场涉事故建筑物下方河道内密闭空间聚集,遇餐饮商户排油烟管道排出的火星发生爆炸。

主要教训如下。一是安全隐患排查整治不深入不彻底。涉事燃气管道改造时违规将管道穿越集贸市场涉事故建筑物下方,形成重大事故隐患。十堰东风中燃公司持续5年未对集贸市场下方河道下面相对危险的区域开展巡线。十堰市燃气主管部门先后开展多次专项整治,均未发现并排除重大隐患。二是应对突发事件能力不足。从群众报警到爆炸发生长达1小时的时间内,十堰东风中燃公司及其现场巡查处突人员未能及时疏散群众,未按预案设立警戒、禁绝火源、疏散人群,未立即控制管道上下游两端的燃气阀门、保持管道内正压,在未消除燃爆危险的情况下向相关救援人员提出结束处置、撤离现场的错误建议。三是涉事企业主体责任严重缺失。十堰东风中燃公司对130次燃气泄漏报警、管道压力传感器长时间处于故障状态等系统性隐患熟视无睹;任命未取得执业资格考核合格证的人员分管安全生产工作;任命从未参加过业务培训,不了解巡线职责,不会使用燃气检漏仪的人员担任巡线班组负责人。四是安全执法检查流于形式。燃气管理部门对燃气企业执法检查121次,但未对违法行为实施过一次行政处罚。

资料来源:https://www.chinanews.com.cn/gn/2022/01-20/9657016.shtml(2022-01-20)[2023-11-04]。

(2)来自公众的误解

公众的误解有时也可能引发企业公关危机。公众对企业的了解并不全面,有些公众会因缺乏信息或专听一面之词而对企业产生误解。尤其是当企业在产品质量、原料配方、生产工艺、营销方式、竞争策略等方面有了新进步、新发展、新探索时,公众由于一时还不能适应,或一时认识跟不上,仍然用老观念、老眼光,主观判断,草率下结论,这就易引发危机事件。

来自公众的误解具体包括以下几类:一是服务对象对企业的误解;二是内部员工对企业的误解;三是媒体对企业的误解;四是权威性机构对企业的误解。无论是哪类公众对企业有误解,都有可能引发公关危机。特别是媒体和权威性机构的误解,可能会酿成严重的后果,造成对企业极为不利的舆论环境。

(3)来自宏观环境的影响

企业所处的宏观环境的现状与变化,都可能对企业的经营活动产生直接或间接的影响。不利于企业发展的宏观环境变化,则有可能导致潜在的危机。

尤其需要注意的是,宏观环境中政府的政策法规不是一成不变的,企业所面临的政策法规环境有很大的不确定性。这种政策风险增加了企业公关危机发生的可能性。

除上述因素外,公关危机还可能来自新闻媒体的报道。新闻媒体的报道对企业有着不可估量的作用。企业要想避免公关危机,就应密切关注社会舆论动向。

三、企业公关危机处理

（一）企业公关危机处理原则

企业处理公关危机时应遵循以下几项原则。

1. 及时冷静

遇到公关危机时，危机管理者要沉着应对，不能先自己乱了阵脚。危机管理者冷静的心态与行为，会帮助员工稳定情绪，使员工团结一致，共同应对危机事件。

2. 快速准确

处理公关危机事件时要快速判断、快速决策、快速行动，同时要力争分析准确，危机管理团队要按照应急预案各司其职。

3. 公正客观

公关危机涉及面较广，危机管理者要践行企业使命、遵循危机管理原则，公正对待利益相关者，客观处理利益冲突，使公众利益得到保障。

4. 维护企业名誉

公关危机最容易造成企业名誉和企业形象受损，所以，危机管理者要从维护企业名誉、力求企业形象不受损或尽量减小形象损害的角度，采取积极主动的措施。

5. 灵活性与针对性

公关危机成因复杂，因而要求危机管理者在辨别清楚各种公关危机成因后，灵活应变，制定有针对性的应对策略，即"对症下药"，而不可"病急乱投医"，以致失去最佳处理机会。

6. 人道主义

公关危机处理要本着先保证公众人身安全权益的原则，坚持人道主义精神，这是企业恢复公众信任的关键所在，也是法律和企业伦理道德的强制约束。

（二）公关意识

所谓公关意识，是指在经过公关实践和公关知识积累之后，对公关活动经验的高度概括与升华，是一种自觉的公关观念。公关意识支配公关行为，公关行为只有在正确的公关意识的指导下，才不会出错。一个企业，如果能一切从公关意识出发把握自身的行为，就能在公众心目中树立良好的形象，从而实现公关目标；如果不能从公关意识出发把握自身的行为，就会给公众留下不好的印象，甚至使整个企业陷入危机。公关意识可以说是公关事业取得成功的基石，公关意识的缺乏是企业公关危机的根源之一。

1. 以公众为中心的意识

以公众为中心的意识有以下两层含义。

第一，以公众为中心的意识是企业一切公关工作的出发点，企业必须在深入研究公众对企业的认识、态度和要求的基础上，不断检讨、纠正自身行为，使之与公众的利益和期望相适应，以谋求公众的好感、认可、支持与合作。

第二，树立全面的、整体的公众概念，即企业要从更为普遍、广泛、积极的意义上去确认企业的各类公众，以及企业与各类公众之间的关系，在满足各类公众利益的基础上寻找企业的发展空间和企业形象的新的生长点。

2．企业信誉意识

企业信誉是社会公众在长期消费实践及与企业的社会交往中形成的对企业的信任。企业信誉具体表现为公众对企业心理上的依赖与肯定，行为上的崇尚与追逐。它是企业的经济素质、技术素质、人员素质和总体道德意识的综合反映。企业信誉是企业在长期生产经营实践中逐渐积累、形成的，这是一个长期的引导、培养、锤炼和不断升华的过程。企业信誉是公众对企业的一种认同，这种认同是企业凭借其优质的商品、一流的服务、精湛的技艺、优良的道德与良好的作风等赢得的。具体来说，企业信誉意识主要包括质量意识和企业道德意识两部分。

（1）质量意识

强烈的质量意识可以帮助企业树立良好的质量信誉，从而增强公众的消费信念，为企业的发展奠定坚实的基础。

（2）企业道德意识

任何企业都不可能孤立地存在于社会之中，企业的生产经营不仅是经济行为，还是复杂的社会行为。公众对企业的生产经营行为持有一定的评价标准，这些评价标准的总和就构成了企业道德的内容。企业道德强调的是企业与企业、企业与社会之间的关系的性质和意义，强调企业的生产经营行为应爱护社会环境。

20世纪60年代以来，随着社会经济的繁荣和发展，以及保护消费者权益运动的兴起，公众对企业在生产经营中的不当行为的反应越来越敏感、态度越来越强硬，对企业道德的期望和要求越来越高，形成了强大的舆论力量。这些在客观上促使企业在更高的道德标准的约束下开展生产经营活动，由此形成了企业生产经营的道德规范。在市场竞争日趋激烈的今天，企业的道德水平已经成为公众评价企业、决定消费行为的重要因素。企业只有遵循生产经营道德规范，切实关心消费者利益和社会利益，才能降低企业发生公关危机的可能性。

3．协调公关意识

协调公关意识是指企业善于调节、平衡、统一各种不同的关系和不同的利益诉求，懂得兼顾、统筹、缓冲、折中的意义，努力在矛盾中寻求平衡、和谐。

企业应重视内部成员之间的团结协作，努力在员工之间培植协作意识和谅解精神，积极疏通领导与员工之间的沟通渠道，在企业全员中树立起基于企业目标的共同价值观；应注意保持企业内部各部门的统一性，加强部门联系，营造相互支持、相互配合、相互信任、相互谅解的工作氛围，树立整体观念。不断加强与公众、社会各界的合作，帮助和引导公众认识企业、支持企业，真诚了解公众的意见和愿望，真诚维护公众利益，竭诚为公众服务。当企业与公众之间出现矛盾和问题时,企业应善于通过协商的手段去解决,努力避免与公众发生尖锐冲突。

4. 服务公关意识

20世纪70年代以来,企业面临的市场竞争越来越激烈。单纯的产品技术革新和功能改进已不再能满足企业竞争的需求,无法保证企业处于有利的竞争地位,于是企业家们开始重视服务对企业竞争的作用,通过服务的改进来使企业在市场竞争中处于更有利的地位。由此,在企业领域开展了广泛的"顾客满意"活动,并把顾客满意度作为评估企业的重要标准之一。

5. 全员公关意识

企业的公关工作不仅是危机管理者的事情,也是企业全体员工都应参与的事情。因为要塑造、维护良好的企业形象,需要开展方方面面的工作,需要企业全体员工身体力行、共同努力。所以,向企业全体员工普及公关知识、强化公关意识教育,并使之转化为员工自觉的行动和技能,就成为企业公关工作的重要内容。

6. 社会责任意识

社会责任意识是指企业树立奉献社会、主动承担社会责任的意识。社会责任意识体现了企业经营、发展的社会意义,是高层次的企业道德的表现。强烈的社会责任意识和行为可以让公众看到企业服务社会、贡献社会的宽阔胸怀,从而激发公众对企业的好感与信任,促进企业形象的提升。企业的社会责任意识主要体现在以下3个方面。

① 为社会提供质优价廉的商品。
② 保护生态环境、节约能源、减少环境污染、治理公害、美化环境等。
③ 促进社会文化的发展与文明的进步,如支持社会的教育、科技、艺术、卫生、体育等事业,主动倡导、积极参与社会精神文明和良好道德风尚建设活动等。

企业只有在把社会责任作为自身的责任来承担时,才可以说是真正树立起了社会责任意识。

(三)企业公关应急预案

建立公关应急预案的意义主要表现在:全面反映企业高层领导的危机管理意识,为全体员工树立公关危机意识起到示范作用;为员工迅速、正确地处理危机事件提供依据,使员工在公关危机处理过程中有章可循;为企业印制危机管理手册提供依据,保证各项措施能够协调起来发挥作用;有利于强化和规范危机管理工作,为提高危机管理水平提供基础和评价依据。

一份正式的公关应急预案应该体现以下内容。

① 企业领导对危机管理的重视程度。
② 预测可能发生的公关危机类型。
③ 建立公关危机管理小组。
④ 确定危机发生时需共同遵守的准则。

⑤ 明确工作步骤和责任要求。
⑥ 对策与预演准备。
⑦ 监督执行情况。

(四) 企业公关危机处理程序

公关危机发生后，企业应该按照公关应急预案进行处理，具体程序如下。

1. 成立公关危机事故处理组织

公关危机发生后，企业可能面临来自各方面的关注。建立公关危机事故处理组织，组织中各成员承担相应责任、分工协作，是有效处理公关危机的组织保证。

2. 深入现场，了解事实

危机管理者要尽快到达事故现场，了解具体事实，掌握细节，特别是人员伤害情况，要做到心中有数，还要通过有效的信息沟通机制，建立起通畅的信息沟通渠道。

3. 控制损失

危机管理者要积极果断采取措施，隔离危机，控制不利事态的发展，将损失控制在最小的范围内。

4. 分析情况，确定对策

危机管理者在和团队成员共同讨论、分析事件来龙去脉的基础上，参照公关危机管理计划，依据非程序化决策程序制定危机决策方案。

5. 召开新闻发布会，发布正式信息

公关危机期间，危机管理者应选择合适的时机，在掌握准确信息和资料的基础上，召开新闻发布会，消除社会上的各种猜测和流言，以正视听，为进一步处理公关危机创造良好的舆论氛围。

6. 组织力量，有效行动

危机管理者要按照危机决策方案，积极组织企业各方面的力量，调配相关资源，采取有效的措施，将公关危机尽快处理好。

7. 认真处理善后工作

公关危机处理完后，必须开展危机恢复和善后工作，尤其是公众心理、精神恢复工作事宜，要尽早使企业各方面工作恢复正常，减少企业不必要的损失。

8. 总结调查，吸取教训

"吃一堑，长一智"，危机管理者在处理完公关危机后，要善于总结经验和教训，认真调查事故起因，对企业内部加强管理，避免类似事件再次发生。总结和调查工作也为企业今后的公关危机管理提供了经验和处理依据。此外，危机管理者要对照应急预案分析计划的不足之处，做好计划修订工作。

（五）企业公关危机的应对策略

1. 加强资料收集工作

公关危机发生后，加强资料收集工作，有助于危机管理者制定正确的应对策略。这些资料收集工作包括以下几个方面。

① 完整记录危机事件发生、发展的过程、阶段及细节。
② 抢拍危机事件的图片资料、音像资料。
③ 记录相关人员在危机过程中的行为表现及相关言论。
④ 记录危机处理过程中利益相关者的反应等情况。
⑤ 收集其他有价值的资料。

这些珍贵资料要尽快提供给危机管理者，以作为其决策参考，并应该妥善保管，为企业今后修订应急预案提供原始资料依据。

2. 公关危机沟通与协调策略

公关危机沟通与协调策略总体来说可分为 3 个阶段：危机来临之前，做好"平战结合"；危机处理过程中，做到有效控制、适时公布、勇于面对；危机后期，做好传播善后、继续关心、评估反馈。

3. 对公关危机受害者的策略

对公关危机受害者，主要应做到以下几个方面。

① 诚恳向受害者及其家属道歉，并承担责任。
② 耐心冷静听取受害者意见。
③ 了解、确认有关赔偿损失的文件规定，制定相应的处理原则。
④ 避免与受害者及其家属发生争辩与纠纷。
⑤ 避免使用为企业辩护的言辞。
⑥ 本着积极、灵活的态度保障受害者权益。

4. 企业公关危机中对新闻媒体的对策

① 及时向新闻媒体公布危机事故信息，不能消极推脱责任。
② 成立记者接待机构，由新闻发言人统一对外进行危机事件的信息沟通。
③ 为了避免报道失实，在向记者提供资料时应尽可能采用书面形式，如采用新闻稿的方式，这样可以消除人为的信息传播失误。
④ 主动向新闻界提供真实、准确的消息，不能捏造事实、前后矛盾、违背客观公正原则，否则企业会陷入更加被动的境地。
⑤ 必须谨慎传播相关信息。公关危机应对活动涉及企业整体声誉，所以危机管理者以及专职的新闻发言人必须配合危机管理活动总体方案要求，冷静、稳妥、仔细、谨慎传播相关信息，不能随心所欲、信口开河。

本章实训实验

一、扫描二维码，观看、学习相关资料

学习资料 8.1

二、案例实训

阅读以下案例，回答案例思考题。

印度列车脱轨相撞事故

2023 年 6 月 2 日，印度东部奥迪沙邦发生客运列车脱轨相撞事故，造成至少 288 人死亡、约 900 人受伤，是印度近年来伤亡最惨重的列车事故。

6 月 2 日，人们聚集在印度奥迪沙邦巴拉索尔地区的列车脱轨相撞事故的现场。

印度铁道部发言人阿米塔布·夏尔马说，当地时间 19 时左右，一列从加尔各答开往金奈的客运列车在奥迪沙邦巴拉索尔地区的巴哈纳贾火车站附近脱轨，多节车厢脱离轨道，部分车厢冲进旁边的轨道。稍后，另一列客运列车沿旁边的轨道迎面驶来，撞上脱轨车厢，致使该列车 3 节车厢脱轨。此外，根据当地媒体报道，一列货运列车也与这起事故相关。

随着搜救进行，伤亡数字持续上升。奥迪沙邦首席秘书普拉迪普·杰纳说，截至当地时间 3 日清晨，至少 233 人死亡。该邦消防部门主管苏丹舒·萨兰姬晚些时候告诉法新社记者，死亡人数升至 288 人，另有大量伤者伤势严重。

印度媒体播放的视频画面显示，事故现场一片混乱，一些车厢横七竖八地叠在一起，受损严重。救援人员切割车厢并打破门窗，以救出受困人员。

印度官员说，大约 1200 人投入搜救，超过 200 辆救护车被调派到现场，另有数十辆大客车帮助运送伤员。

大量伤员需要救治。在事发地附近一家医院，人们排起长队献血。事故发生后，当地民众赶来帮助乘客脱困，还给他们水喝，帮忙找行李。

乘客万达娜·卡莱达告诉新德里电视台记者，她所在的车厢猛然一晃，脱离轨道，乘客纷纷跌倒，"人压着人"。另一名幸存者描述，一些乘客胳膊或腿骨折，身上血迹斑斑。

印度总统德劳帕迪·穆尔穆和总理纳伦德拉·莫迪对事故中的遇难者表示哀悼。纳伦德拉·莫迪在社交媒体发文说，他已和铁道部长阿什维尼·瓦伊什瑙磋商，政府将全力提供支持。

印度铁路设施陈旧且年久失修，列车脱轨、相撞事故多发。近年来，随着印度政府不断投入资金和技术进步，印度铁路设施安全有所改善。据印度媒体报道，1981 年 6 月，一辆列车在比哈尔邦通过一座桥时坠入河中，超过 750 人死亡，为印度死亡人数最多的列车事故。1995 年 8 月，两列列车在印度首都新德里附近相撞，逾 300 人死亡。1999 年 8 月，

两辆列车在阿萨姆邦迎头相撞,超过 285 人遇难。2016 年 11 月,一辆列车在北方邦脱轨,至少 150 人死亡,超过 150 人受伤。

资料来源: http://world.people.com.cn/n1/2023/0603/c1002-40005588.html(2023-06-03)[2023-11-04]。

案例思考:
印度列车事故的经验和教训是什么?我国企业应该从中获得哪些启示?

三、观看央视 3·15 晚会,提升企业危机管理能力

扫描二维码,观看央视网《2019 年 3·15 晚会》。

学习资料 8.2

1. 分析该晚会揭露的部分企业侵害消费者权益的案例。
2. 运用本章学习的内容,分析如何预防、处理企业危机,保护消费者的权益。

本章思考与练习

1. 企业生命周期理论包括哪些内容?
2. 结合实例讨论企业发展战略危机产生的原因及防范措施。
3. 企业人力资源危机有哪些类型?有哪些企业人力资源危机解决方案?
4. 企业财务危机的成因有哪些?如何处置企业财务危机?
5. 企业公关危机的成因有哪些?企业公关意识有哪些?

第 9 章

企业危机管理伦理

学习目标

知识要点	能力要求
企业危机管理伦理概述	（1）理解企业伦理的功能 （2）掌握企业不道德行为的类型 （3）掌握企业危机管理者应该遵循的基本伦理道德
企业危机管理伦理的实践	（1）了解企业发展战略危机中的伦理评价 （2）理解消费者危机中的伦理评价 （3）掌握企业财务危机中的伦理评价 （4）掌握企业人力资源危机中的伦理评价

企业危机管理者不仅要做正确的事,还要把事情做对。这是两个不同的任务。本书前面章节讨论了危机管理者要做哪些正确的事情,本章将讨论危机管理者应如何将事情做得更合适,以符合企业使命要求,符合社会伦理评价标准。危机管理者在处理危机事件的过程中,要考虑各个利益相关者的利益,在此过程中就面临以下问题:危机管理者在预防和处理各类危机事件时,要遵循哪些社会伦理标准?如何遵循社会伦理标准?

第一节 企业危机管理伦理概述

一、企业伦理的任务、功能及不道德行为类型

企业伦理是将伦理道德理论应用于经济领域的规范性分支理论,是将一般规范伦理道德理论的原则、方法应用于企业管理活动而产生的一门科学。它与一般规范伦理道德的关系是特殊与一般、应用与理论的关系。

(一)企业伦理的任务

① 依据一般规范伦理学的原则和方法提出企业管理活动的伦理原则。
② 据此对现行的企业制度进行道德评价。
③ 研究企业管理中经营活动伦理规范并做出说明;研究企业管理制度的具体内容,针对它们的各种缺陷进行批判并提出改进建议。
④ 进行企业伦理建设。

现实中,企业管理活动中出现的不道德的活动,如坑蒙拐骗、污染环境、制售假冒伪劣产品、不当竞争等,都是企业为了谋取私利而不惜侵犯他人权益的表现,体现了各种各样的权力和利益冲突问题。所以,企业经营活动的伦理实质就是不侵害他人的权益。

(二)企业伦理的功能

目前,国际化经营的企业基本上都有使命报告。企业的使命报告往往可以分为核心使命层次和功能使命层次两部分。核心使命层次主要描述企业的根本责任、终极目的和企业哲学(主要是企业伦理道德和经营思想的选择);功能使命层次强调企业的整体边界、发展定位、激励、竞争与合作、协调以及企业发展道路的选择。使命报告是企业一切制度、经营活动的总纲领,是明确体现本企业与其他企业的根本差异的重要战略文件。现代企业在实现自身成长、壮大、持续经营过程中,对自身的认识也在发生重大的改变。大多数成功的企业会将自身的立足之本、存在理由、终极目的和根本责任写入自己的使命报告,并积极与企业内外部的利益相关者进行充分沟通。在大多数企业的使命报告中均明确强调了对各个方面的利益相关者权益的保障和尊重。可以说,使命报告是企业战略体系的基准,是企业进行战略管理活动、开展其他竞争战略和职能战略活动的旗帜。

企业伦理是企业使命的重要组成部分,而企业使命又是指导企业各项战略管理活动的总纲领。因此,对企业伦理道德的讨论非常重要。

企业对自身使命的描述，体现了企业与其他企业的不同。使命报告对企业的行为提出较高要求，对利益相关者的关注程度远远超过对企业自身的关注。企业使命报告中浓厚的伦理道德内涵，使人们对企业的本质有了深刻的理解，这些理解不仅仅是看到企业当前在经营什么领域，更主要的是看到企业如何经营，朝着什么方向走，为哪些利益相关者群体而存在，等等。

评价企业伦理功能时，主要会涉及因企业不遵循伦理约束而产生的不公平与效率低下两大问题。不公平会导致利益相关者正当利益受到伤害，效率低下会影响社会稀缺资源的合理配置。相反，遵循伦理约束既能为企业的利益相关者带来更大收益，也能为企业自身带来相应收益。

案例 9-1

稻香村集团发布 2022 年度企业社会责任报告

2023 年 8 月 27 日，以"守正创新，行稳致远"为主题的"稻香村创立 250 周年大会"在"稻香村"品牌字号发源地苏州举办。大会现场发布了《稻香村集团 2022 年度企业社会责任报告》（以下简称《报告》），引发了与会嘉宾的热议。《报告》充分反映了稻香村浓厚的家国情怀和主动作为的担当精神。稻香村作为中式糕点行业的龙头企业，其经济、社会和环境等方面的履责成果显著，在回馈社会的同时，推动了整个行业的可持续高质量发展。现场专家认为，稻香村集团编制的首本企业社会责任报告在稻香村创立 250 周年的重要历史时刻发布，具有重要的现实意义和深远的历史意义，彰显出老字号龙头企业强烈的社会责任和使命担当。

稻香村集团的核心企业苏州稻香村，创始于 1773 年（清乾隆三十八年），是中国糕点行业持续经营历史最为悠久的企业之一，至今已传承两个半世纪，被商务部认定为中华老字号。"稻香村苏式月饼制作技艺"被列入江苏省非物质文化遗产代表作名录。

稻香村集团在苏州、北京、菏泽、沈阳、成都、天津等地建有多个加工园区，总占地 1500 余亩，有 120 多条现代化生产线、3 个研发中心、1 个非遗技艺传承中心，并联合建有七大原料供应基地，生产规模、技术水平等位居糕点行业前列。2022 年，稻香村集团品牌的评估价值为 182.77 亿元，是中华老字号传承与创新发展的标杆企业。

近年来，稻香村集团捐赠援助受灾地区，关爱帮扶困难群体，踊跃投身社会公益事业，累计捐赠善款 1000 多万元，捐赠物资价值 3000 多万元，荣获"中国优秀责任品牌企业""中国优秀企业公民"等称号。

资料来源：http://www.xinhuanet.com/food/20230828/abe5577a6dab4e32a154cfc5a820a0b6/c.html(2023-08-28) [2023-11-07]。

（三）企业不道德行为的类型

根据美国企业伦理学专家的研究，企业经营活动中主要存在 5 类不道德行为：贿赂、强制、欺骗、窃取和歧视。

我国伦理学专家认为，企业经营活动中的不道德行为主要有 4 类：渎职、欺骗、贿赂和窃取。下面将对这 4 种不道德行为进行简要介绍。

1. 渎职

渎职实质上是指在职业道德层面上不认真和不负责任的企业行为。这种不道德的企业行为主要表现为：不严格按照国家规定和技术工艺规范进行操作，不依据职业规范行事，敷衍了事，产品质量和数量缺陷严重，管理技术和方式粗放，等等。

2. 欺骗

欺骗，不但包括借助于虚假的言行进行有意误导，而且包括事后故意不守承诺。显然，无论是事先的虚情假意还是事后的言而无信，本质上都是故意误导，都是欺骗，后果都是丧失信用。

3. 贿赂

从法律角度讲，贿赂是指提供、给予、接受或索要某种有价值的东西，意图在公务员行使公务或合法责任时影响公务员的行为。这种不道德行为的实质是在公务员接受好处后促使公务员在行使公务时偏向行贿者。商业上的贿赂对象主要是公务员，有时也有企业员工。

4. 窃取

窃取是指占有不属于自己的东西。从伦理道德上讲，窃取不仅包括法律上的偷盗行为（即没有得到所有者同意而秘密占有其财产的行为），还包括运用各种暂时合法的手段来取得不属于自己的东西的行为，比如窃取商业秘密的行为就是不道德和违法的行为。

不道德的商业行为产生的危害主要体现在以下方面：第一，损害他人的正当权益，比如假冒伪劣产品损害了消费者利益；第二，降低市场经济体制的效率，造成社会经济秩序混乱；第三，往往会导致企业自我毁灭，比如某些企业做假账，最终受害最大的仍然是这些企业。

（四）企业不道德行为的成因

企业产生不道德行为的原因主要有以下 4 个方面。

① 过分追求利润最大化。即行为人为了获取最大的商业回报，在利益驱动下不惜损害他人的利益。

② 客观上存在着信息不对称。即双方对有关事物掌握的信息不同，存在着信息数量和内容的差别，这就为不道德的企业利用客观的信息差来蒙蔽消费者和合作伙伴提供了便利。

③ 垄断因素。垄断是市场结构中的一种，在垄断条件下，竞争机制难以发挥作用，导致消费者选择机会极少，而经营者却借机榨取经济学所讲的"消费者剩余"，从而造成社会不公和社会福利受损的现象。

④ 权力与责任的不对称。即权力和责任出现不对称的情况，此时个人或企业不必为其决策承担某种后果。由于存在制度缺陷，许多厂商可以只得好处，而不用承担责任，或受到的惩罚很小，于是就会出现欺骗、生产假冒伪劣产品等不道德行为。

要杜绝和减少企业的不道德行为，就要不断完善法规和制度，要强化企业的自律行为，还要在全社会塑造良好的道德风尚，促进企业依法、公平、合理、高效开展经营活动。

二、企业危机管理伦理

（一）企业危机管理伦理的定义

企业危机管理伦理是企业伦理道德的一部分，是企业在预防和处理危机事件时应遵循的伦理道德规范。

（二）企业危机管理中的伦理内容

企业危机管理的特殊性已经在前面章节讨论过，现在就危机管理中危机管理者应该遵循的伦理规范进行分析。

对于企业伦理中的基本伦理规范，危机管理者都应该遵循，即无论是危机预防还是危机处理，都应该遵循以下基本伦理规范。

① 坚持公平原则，即必须保障所有利益相关者的正当权益，公平对待每一位利益相关者。

② 坚持效率原则，即充分珍视社会各种稀缺资源，为社会提供最大的经济产出。

除了这两条基本伦理规范，危机管理者在预防、处理危机的各项管理活动中，还应该遵循哪些伦理规范呢？

在危机管理活动中，危机管理者要权衡人员伤害与财产损害的优先照顾顺序；要权衡对利益相关者权益的保障顺序，即先考虑谁的利益，是按照顾客、员工、股东的顺序还是按照其他顺序；要权衡环境保护与企业利益之间的矛盾冲突；要斟酌企业扭转眼前危机必须付出的代价和放任危机发展的损害。这些问题都对危机管理者在预防、处理危机事态时提出了伦理道德的选择标准和规范要求。

事实上，如果危机管理者在危机处理中忽视了伦理道德或者做出了错误选择，必然招致更大的社会压力。比如，为企业自身的过错进行辩解往往会加剧危机复杂性，因为公众非常注重企业的态度，关注企业是否认识到错误，公众的感觉比事实本身更重要。

危机管理者在预防、处理危机时除遵循一般的商业伦理规范，还应该遵循以下伦理道德。

1. 积极主动，改正错误的伦理意识

危机管理者在危机中，应通过各种渠道，积极主动向社会公众认错。积极主动采取措施是危机管理者首要的伦理道德选择。

2. 遵守承诺，恢复公众信任的诚信言行

危机管理者要实事求是，采取积极措施（全力治疗受害人的身体创伤、补偿消费者受损权益都是恢复消费者信任的伦理道德要求），而不能推卸责任，将自己的过失强加在消费者或员工身上。

3. 优先保护急需照顾的弱势群体利益

在危机处理过程中，危机管理者应根据具体情况，优先照顾弱势群体利益。这些群体是受害者中自救能力最弱的群体，危机管理者要尽一切可能先保障他们的权益，如工厂火灾事故中受害的下岗工人、低收入者家庭等，要优先保障他们的生活安定。

4. 在危机管理中要遵循当地的文化习俗

俗话说入乡随俗，危机管理者在处理危机的过程中，也必须遵循这一道德原则。因为顾客、员工、企业所在社区甚至其他利益相关者都有各自的习俗或风土人情，所以，危机处理要充分考虑这一文化因素，使危机处理内容、方式能够满足人们在文化、精神、情感方面的需求。

5. 始终以企业使命确立的企业伦理道德为危机处理的根本依据

本书多次提到企业使命对企业危机管理活动的制约机理。因为企业的使命报告本身蕴含着企业一切经营活动要遵循的伦理总则，所以危机管理者应该像其他职能管理者一样遵循这些使命确立的伦理标准。一个典型的例子就是强生公司处理"泰诺胶囊中毒危机"时坚持企业使命的标准，从而树立了企业危机管理中的伦理道德形象。

第二节　企业危机管理伦理的实践

由于企业危机复杂多样，危机管理者在处理不同类型危机事件时所遵循的具体伦理规范也会有所不同，下面将结合具体危机类型进行分析。

一、企业发展战略危机中的伦理评价

在市场经济条件下，为增强自身实力，企业采取各种发展战略（如一体化、多元化战略）来实现企业使命，这本身无可厚非，但是个别企业通过不正当、不道德的手段，在战略实施过程中以各种诈骗手段牟利，就往往会引发发展战略危机。

1. 重组中的不道德行为

一般来说，企业在重组或改制时要按照有关部门的要求，合理、公平地对待利益相关者的利益。企业在进行重组时要对受损方做相应的补偿，特别是对于被解雇的员工，要结合实际情况给予公平的经济补偿。否则极易引发有关方面的利益冲突，使本想为提高效率而重组的企业难以实现目标。

2. 战略目标选择中的伦理内涵

企业在选择发展战略目标时不能过度追求单方面的经济利益。事实上，在企业确立自身使命和战略目标的过程中，那种单纯为经济利益考虑的思想早已经过时。德鲁克主张，企业的战略目标应该包括 4 个层次、7 个方面，即基本目标层次（具体包括获利能力、生产率）、社会责任层次（包括公共责任）、市场战略层次（包括革新、市场信誉产品）、结构层次（包括物质资源和财力资源、经理绩效和态度）。贝叶斯则主张将企业应该选择的战略目标分为 4 个方面：盈利能力，为顾客、客户或其他受益者提供的服务，职工的需要和福利，社会责任。

这些战略目标选择体现了对企业发展战略的伦理内容要求。越来越多的企业在自己的使命报告中体现出这些内涵。这是企业永续经营的重要思想基础。

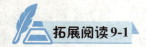

拓展阅读 9-1

天津港"8·12"瑞海公司危险品仓库特别重大火灾爆炸事故调查报告公布

经国务院调查组调查认定，天津港"8·12"瑞海公司危险品仓库火灾爆炸事故是一起特别重大生产安全责任事故。

2015 年 8 月 12 日，位于天津市滨海新区天津港的瑞海公司危险品仓库发生火灾爆炸事故，造成 165 人遇难（其中参与救援处置的公安消防人员 110 人，事故企业、周边企业员工和周边居民 55 人），8 人失踪（其中天津港消防人员 5 人，周边企业员工、天津港消防人员家属 3 人），798 人受伤（伤情重及较重的伤员 58 人，轻伤员 740 人）。

事故发生后，党中央、国务院高度重视。2015 年 8 月 18 日，经国务院批准，成立了由公安部、安全监管总局、监察部、交通运输部、环境保护部、全国总工会和天津市等有关方面组成的国务院调查组，邀请最高人民检察院派员参加，并聘请爆炸、消防、刑侦、化工、环保等方面专家参与调查工作。

调查组坚持"科学严谨、实事求是、依法依规、安全高质"的原则，先后调阅文字资料 1200 多份，共计 600 多万字，调取监控视频 10 万小时，对 600 余名相关人员逐一调查取证，通过反复的现场勘验、检测鉴定、调查取证、模拟实验、专家论证，查明了事故经过、原因、人员伤亡和直接经济损失，认定了事故性质和责任，提出了对有关责任单位和责任人员的处理建议，分析了事故暴露出的突出问题和教训，提出了加强和改进工作的意见建议。

调查组查明，事故直接原因是瑞海公司危险品仓库运抵区南侧集装箱内硝化棉由于湿润剂散失出现局部干燥，在高温（天气）等因素的作用下加速分解放热，积热自燃，引起相邻集装箱内的硝化棉和其他危险化学品长时间大面积燃烧，导致堆放于运抵区的硝酸铵等危险化学品发生爆炸。

调查组认定，瑞海公司严重违法违规经营，是造成事故发生的主体责任单位。该公司严重违反天津市城市总体规划和滨海新区控制性详细规划要求，无视安全生产主体责任，非法建设危险货物堆场，在现代物流和普通仓储区域违法违规，从 2012 年 11 月至 2015 年 6 月多次变更经营资质，违规储存危险货物，安全管理极其混乱，致使大量安全隐患长期存在。

调查组同时认定，事故还暴露出有关地方政府和部门存在有法不依、执法不严、监管不力等问题。天津市交通、港口、海关、安监、规划和国土、市场和质检、海事、公安等部门以及滨海新区环保、行政审批等单位，未认真贯彻落实有关法律法规，未认真履行职责，违法违规进行行政许可和项目审查，日常监管严重缺失；有些负责人和工作人员贪赃枉法、滥用职权。天津市委、市政府和滨海新区区委、区政府未全面贯彻落实有关法律法规，对有关部门、单位违反城市规划行为和在安全生产管理方面存在的问题失察失管。交通运输部作为港口危险货物监管主管部门，未依照法定职责对港口危险货物安全管理进行督促检查，对天津交通运输系统工作指导不到位。海关总署督促指导天津海关工作不到位。有关中介和技术服务机构弄虚作假，违法违规进行安全审查、评价和验收等。

公安、检察机关对49名企业人员和行政监察对象依法立案侦查并采取刑事强制措施。其中，公安机关对24名相关企业人员依法立案侦查并采取刑事强制措施（瑞海公司13人，中介和技术服务机构11人）；检察机关对25名行政监察对象依法立案侦查并采取刑事强制措施（正厅级2人，副厅级7人，处级16人），其中交通运输部门9人，海关系统5人，天津港（集团）有限公司5人，安全监管部门4人，规划部门2人。

根据事故原因调查和事故责任认定结果，调查组另对123名责任人员提出了处理意见，建议对74名责任人员给予党纪政纪处分，其中省部级5人、厅局级22人、县处级22人、科级及以下25人；对其他48名责任人员，建议由天津市纪委及相关部门视情予以诫勉谈话或批评教育；1名责任人员在事故调查处理期间病故，建议不再给予其处分。

依据《中华人民共和国安全生产法》等法律法规，调查组建议吊销瑞海公司有关证照并处罚款，企业相关主要负责人终身不得担任本行业生产经营单位的负责人；对中滨海盛安全评价公司、天津市化工设计院等中介和技术服务机构给予没收违法所得、罚款、撤销资质等行政处罚。调查组还建议，对天津市委、市政府进行通报批评并责成天津市委、市政府向党中央、国务院作出深刻检查；责成交通运输部向国务院作出深刻检查。

针对事故暴露出的问题，调查组提出了10个方面的防范措施和建议，即：坚持安全第一的方针，切实把安全生产工作摆在更加突出的位置；推动生产经营单位落实安全生产主体责任，任何企业均不得违规违法变更经营资质；进一步顺港口安全管理体制，明确相关部门安全监管职责；完善规章制度，着力提高危险化学品安全监管法治化水平；建立健全危险化学品安全监管体制机制，完善法律法规和标准体系；建立全国统一的监管信息平台，加强危险化学品监控监管；严格执行城市总体规划，严格安全准入条件；大力加强应急救援力量建设和特殊器材装备配备，提升生产安全事故应急处置能力；严格安全评价、环境影响评价等中介机构的监管，规范其从业行为；集中开展危险化学品安全专项整治行动，消除各类安全隐患。

此外，调查组还查明，本次事故对事故中心区及周边局部区域大气环境、水环境和土壤环境造成不同程度的污染。天津渤海湾海洋环境质量未受到影响。没有因环境污染导致的人员中毒与死亡病例。对大气环境的影响已基本消除，受污染地表水得到有效处置，事故中心区土壤和地下水正在进行分类处置和修复。对事故可能造成的中长期环境和人员健康影响，有关方面正开展持续监测评估，并采取防范措施。

资料来源：http://politics.people.com.cn/n1/2016/0206/c1001-28114851.html(2016-02-06)[2023-12-01]。

企业发展要有经济目标，也要有伦理目标。由于企业经济目标所奉行的原则是利润最大化，因此企业常常不由自主地将获利作为衡量行为价值的唯一尺度。于是，现实生活中出现了很多为了实现利润最大化而不惜损害他人利益的发展战略行为。这说明企业的经济目标需要伦理目标的调节和制约。企业伦理目标强调企业行为不仅要具有经济价值，还必须具有伦理价值。企业伦理目标的主观动机是利他与利己的统一，反对一切损人利己的行为，实现企业利益与社会利益的协调，其中包括人与自然关系的协调。企业应该坚决反对下列错误行为：只讲经济责任，不讲社会责任；只讲物质发展，不讲人的发展；只讲近期利益，不讲长远利益；只讲生产成本代价，不讲环境资源代价。实践证明，企业经济目标和伦理目标相辅相成，只有同时并举，企业才能真正兴旺发达。

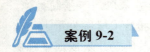

缺乏责任感的市场巨无霸不是好企业

企业当然需要逐利，但关键在于以什么手段逐利。如果不是通过利他而获得利益，那么所有逐来的利，都注定沾染着野蛮与血腥。2018年8月自如"甲醛房"事件曝光，在经历了爆炸般的刷屏之后，虽然逐渐归于沉寂，但是网络传播特有的暴热暴冷，舆论注意力的快速转移，并不意味着事件就此结束。媒体追踪发现，某些第三方检测杂乱无序，令消费者无所适从、维权困难，有些空气检测不合格的房间，被退租后当即又出现在租赁平台上，且价格还涨了。

这些现象，必然让公众情绪难平，也在很大程度上，会继续对相关企业造成冲击。而造成这一切的根源，固然有消费者维权集中有待逐步消化的因素，但更为重要的则是相关企业发展目标发生了偏移，企业在高速发展之时，忘记了发展究竟是为了什么。

近年来，成为社会企业、承担社会责任，已成为大型互联网企业追求的目标。除美团之外，腾讯在2017年年底提出，腾讯朝着成为一家社会化企业的方向发展。今日头条提出，平台企业要承担类似于基础设施的社会责任。滴滴出行在内部公开信中提出要做一家社会化企业。阿里则在其30年战略中，不仅提出要成为基础设施提供者，还明确了"解决社会问题"的企业定位。

这种不约而同地争做社会企业的现象耐人寻味。一方面，这当然与企业发展到一定阶段的自我定位有关，但另一方面，也必须认识到，这类企业的业务，具有典型的社会化属性。无须讳言，检视一下近期出现的一些企业危机，如滴滴乘客遇害，以及自如的"甲醛房"事件，它们无一例外地引发轩然大波，归根结底在于这些事件与社会生活结合紧密，它们绝不只是企业自身的危机。

社会企业是一种企业价值的认识自觉，同时必定是企业的责任意识、社会价值的自觉。只有拥有这样出自内心的自觉，企业方能在自身治理上，超越单纯的市场巨无霸。

资料来源：http://opinion.people.com.cn/n1/2018/1017/c1003-30345480.html(2018-10-17)[2023-11-07]。

二、消费者危机中的伦理评价

消费者危机是指导致消费者权益受到损害的危机事件。在消费者危机预防和处理过程中，危机管理者应该遵循的伦理道德主要有公平交易的根本道德原则，以及由公平交易原则引出的3个具体伦理准则：诚实守信、自由交易、消费者自我保护。

（一）公平交易

公平交易，用最简单的话说，是指交易双方中没有任何一方吃亏。若用经济术语来描述，公平交易是指等价交换或者说双方价值量在交易中是平等的。从消费者角度来看，消费者支付的总成本中包括了消费者为购买某产品或服务而耗费的时间、精神、体力以及货币资金,那么消费者得到的总价值则包括了产品价值、服务价值、人员价值和形象价值,后两项价值是厂商为增加竞争优势必须提供给消费者的价值。从厂商角度来看,其付出的总成本应该是产品使用价值、成本、税费、时间等,而得到的是消费者的货币、信任与未来进一步的购买机会收益。这样,双方在交易中,通过等价交换,互惠互利,双方均满意,就达到了公平交易状态。

一般来说,要实现公平交易必须具备以下3个条件。

① 双方是理性交易。也就是说,买卖双方都清楚自己的需要,交易时都能对自己的得失进行理性分析、判断、决策,能为了保护自己的权益而行动,都能获得所需要的东西或者做到利益最大化。

② 双方都具备充分的交易知识和信息。双方对交易活动、交易商品都充分了解,从而能保证双方在同等的信息、知识水平上进行交易,彼此对自己在交易中的所得与所失一清二楚。

③ 双方的交易是自愿进行的,即双方的交易活动是没有外在强制性因素影响的,交易能力是不受限制的。相反,如果交易双方的交易不是自由选择的,交易活动是迫不得已的,就不能保证公平交易。

在公平交易制约下的市场营销活动,对于消费者的权益是能够保证的。因为零散的消费者相对处于弱势地位,所掌握的信息、知识并不充分。

很多消费者危机源于不公平交易活动(先使消费者权益受损,进而酿成企业危机)。因此,对危机管理者来说,要遵循公平交易原则下的伦理准则。

案例9-3

加强市场监督 杜绝虚假宣传

在琳琅满目的超市货架上,一款饮料号称是"可以喝的玻尿酸",即使价格比其他饮料贵三四倍,也有消费者愿意买单;一罐蜂胶产品,打出"增强免疫力、预防疾病"的广告后,销量大涨;一条蚕丝被,将"天然纤维"与"呵护肌肤,延缓衰老"联系在一起,身价倍增……近年来,消费领域市场竞争激烈,一些商家别出心裁制造了不少营销新概念。不少消费者因为虚假宣传,稀里糊涂多掏了钱。

"这几年,'吃出水光肌'的概念很火,超市里相关产品很多,社交网络上,各种测评和体验帖也层出不穷。这种功效型产品价格不便宜,我想知道到底有没有用。"2022年,上海市杨浦区的杨女士就此咨询上海市消保委。据了解,玻尿酸通过注射方式可以起到改善皮肤状态等作用,但能否通过食用实现美容等功效,还有待进一步研究论证。上海市消保委认为,有的企业通过广告大量宣传玻尿酸入食的特殊功效,涉嫌虚假宣传。

此外,"零添加"也是争议不断的营销新概念。2021年,某家饮料企业由于在广告宣传语中没有明确"0糖"和"0蔗糖"的区别而深陷舆论风波。最终,企业向社会公开道歉,并将广告语改成了"低糖"。

在这类案件中,消费者个体往往以提起民事诉讼的方式维权,困难较大,成本也很高。消费者很难证明购买的商品与受到的损害存在因果关系。有些虚假宣传的产品,使用后虽然并没有广告所宣传的神奇效果，但也不至于对消费者身体健康造成损害，因此很难追究侵权责任。

2020年前后，上海一家营销蚕丝被的公司多次通过社交平台和官网发布"有效呵护娇嫩肌肤，延缓衰老"等广告内容。有关部门调查后认为，蚕丝作为一种天然纤维，宣传蚕丝制品具有"抵抗衰老""延缓衰老"等性能并无科学依据，当事人也无法提供证据证明。广告法中明确规定，广告以虚假或者引人误解的内容欺骗、误导消费者的，构成虚假广告；反不正当竞争法也规定，经营者不得对其商品的性能、功能、质量、销售状况、用户评价、曾获荣誉等作虚假或者引人误解的商业宣传，欺骗、误导消费者。最终，上海市市场监管局对其虚假宣传行为作出责令其停止违法行为、罚款20万元的行政处罚。

资料来源：http://society.people.com.cn/n1/2023/0410/c1008-32660266.html(2023-04-10)[2023-22-07]。

（二）消费者危机中的伦理准则

1. 诚实守信

消费者不是专家，难以对生活中的产品有足够的了解，或者与厂商有一样多的了解。另外，消费者要获取相关信息、知识是要付出难以承受的代价的。这种由客观因素造成的信息不对称，就给部分不道德厂商提供了坑害消费者的便利条件。企业应当遵循诚实守信、不欺骗消费者的伦理准则。

现实生活中，常常遭到消费者投诉的厂商，往往未遵循这一准则。例如，某房地产代理商知道，其代理出售的一套房子之所以被放弃，原因是周围的邻居经常举行喧闹的聚会、邻居的孩子经常破坏公共设施，但是这位代理商从来没有把这些信息告诉有意向的消费者。

此外，厂商利用虚假广告欺骗消费者的事件屡屡发生，这实质上都是对诚实守信准则的背离。

这些厂商都是利用消费者对交易活动信息、知识不完全了解来欺骗消费者的。这种现象发展到一定程度，势必引发消费者信任危机。所以，危机管理者要预防消费者危机，最佳的选择应是诚实经营，童叟无欺。

2. 自由交易

要实现公平交易，双方的交易就应该建立在自愿的基础之上。换句话说，在强制交易中，被迫的一方是难以获得满意结果的。

根据有关研究，市场营销活动中，强迫性的营销活动主要有以下两种。

（1）市场垄断

市场垄断是对消费者最不利的一种市场结构，因为消费者别无选择，只能购买垄断者提供的商品或服务，这时消费者的讨价还价能力是很弱的，而这种情况对垄断者是最有利的。

我们在此提出的垄断是指厂商故意排除竞争对手、形成垄断的市场行为，这人为地限制了消费者的自由选择，因此是不道德的。而由于政府政策、经济结构或社会效率最大化而形成的垄断性行业，如自来水、公共交通、邮政、燃气供应，从供应方面来看，是天然具有垄断性的，消费者选择受到很大限制。但是政府可以制定法律规范，采取监督措施，对这些行业经营者的经营行为进行行政干预，尤其是可以通过价格听证等方法，来限制经营者任意坑害消费者的行为。

（2）以误导或欺骗手段人为地限制消费者的选择权

比如，消费者在商场购物时，商场推销员在吹嘘某品牌商品好的同时，指出其他品牌的诸多缺陷，或者抵毁其他品牌的信誉，这种做法就是人为地限制了消费者的选择范围，造成消费者权益受损。

案例 9-4

丑闻不断，"日本制造"怎么了

2021年7月，三菱电机被曝检验数据长期造假，社长杉山武史引咎辞职。近年来，日本制造业造假丑闻不断，此次三菱电机的丑闻又一次引发各界对"日本制造"的反思。

多家媒体披露，三菱电机旗下长崎制作所自1985年以来在列车空调批量生产或出厂前，未按合同约定进行产品检验，而是伪造检验数据，造假行为持续30多年。除了列车空调，该厂还对空气压缩机检验数据造假，这些空气压缩机主要用于列车刹车和车门关闭，是重要安全产品。

据报道，在数据造假的30多年间约有1.58万台列车空调流向海外市场。纽约和伦敦地铁的车辆制造商都是长崎制作所客户。对此，日本经济产业大臣梶山弘志表示，这桩丑闻不仅使三菱电机形象受损，还可能影响日本制造业的国际声誉。

近年来，日本制造业企业数据造假屡见不鲜。

2017年10月，神户制钢承认篡改部分铜、铝产品检验数据，以次充好供应客户，其产品涉及丰田汽车、三菱重工等约200家企业，以及汽车、飞机、高速列车、军工等多个领域。第三方机构调查显示，早在20世纪70年代，神户制钢数据造假问题就已存在。

同年11月，与三菱电机同在三菱麾下的有色金属巨头三菱综合材料公司承认其子公司三菱电线工业和三菱伸铜存在篡改产品数据的造假行为，受影响企业达258家。

2018年7月，日产汽车公司承认，该公司在日本的5家工厂存在尾气排放和油耗测量数据造假问题。该公司进行的抽样调查发现，造假问题车辆占抽样总数的53.5%。

检验数据造假屡禁不止，主要原因有以下3个。

（1）日本制造业长期存在一线生产监管不到位的问题。有专家指出，一些日本制造业企业过于相信自己的产品不会有问题，因此不按合同约定进行各种烦琐检验。

（2）日本企业集团内部条块分割，总部与基层明显割裂，各基层单位更看重自身局部利益，这种企业文化也是造假的诱因之一。在三菱电机此次问题曝光之前，曾在2016年至2019年组织三次自查，均未能发现长崎制作所存在的有组织造假问题。

（3）设备老化和人手不足也是引发造假问题的重要因素。日本很多制造业巨头历史悠久，于20世纪90年代就开始出现设备老化问题。设备越旧，要维持产品品质就越需要增加人力成本，但是，一方面日本劳动力不足问题持续加剧，另一方面企业始终面临压缩人力成本的难题。

长崎制作所造假行为曝光后，三菱电机负责品质管理的常务执行董事竹野祥瑞表示非常震惊。他认为，公司其他工厂也可能存在类似问题。三菱电机宣布成立第三方调查机构，开始全面调查，"这是挤出脓包的最后机会"。

杉山武史表示，希望三菱电机以他辞职为契机建立起新机制，挽回公司信誉。据竹野祥瑞介绍，三菱电机将致力于重建"质量第一"的企业文化，并引入自动化数据系统，以避免人工篡改检验数据。

资料来源：http://www.xinhuanet.com/fortune/2021-07/10/c_1127641412.htm(2021-07-10)[2023-11-12]。

3. 消费者自我保护

由于消费者相对来说处于交易中的被动地位，且经常有不理智购买行为，因此非理性的交易者往往是消费者而非厂商。从这个意义上讲，有意义的伦理准则是消费者加强自我保护。

在现实中，消费者应该多主动学习商品知识，提高自我鉴别能力，加强自我保护，同时政府有关部门应该通过不断完善法律规范，保护消费者权益，减轻消费者维护自身权益的成本和代价。

以上公平交易准则显然对危机管理者进行危机处理具有参考意义。消费者权益若受到重大侵害，势必引发消费者危机。所以，遵循公平交易的伦理准则，是危机管理者有效预防消费者危机的重要措施。企业应多关注消费者的选择权益，多进行商品知识宣传，加深消费者对产品的了解，加深消费者对交易信息的了解，而不能故意隐瞒缺陷或造成消费者知情权益损害，更不能通过采取不正当竞争手段打击竞争对手，进而形成合谋垄断来攫取垄断利益。

佩因认为，建立在合理伦理准则基础上的组织价值体系也是一种资产，可以为组织带来 3 个方面的收益：在组织功效方面的收益，在市场关系方面的收益，在社会地位方面的收益。

其中，在市场关系方面的收益具体体现在以下方面。

① 良好的企业声望有利于企业吸引消费者。
② 赢得消费者的信任，企业不仅能赢得收益，提高效率和灵活性，还能降低交易成本。

一旦动摇了消费者的信任，再想挽回就十分困难。这是与财务业绩不同的地方，因为今天的财务亏损可以通过明天的盈利来弥补，但失去的信任必须通过长期不懈的努力才能挽回，甚至可能永远都无法挽回。

三、企业财务危机中的伦理评价

1. 财务管理活动的伦理要求

在企业财务管理活动中，做假账是一种主要的不道德行为。这种不道德行为一旦被媒体曝光，往往会引发严重的社会信任危机，导致企业股票价格急剧下跌。最典型的例子当属美国的安然、世通等公司的虚假会计信息丑闻。

企业做假账的动机主要有：为了非法逃税而隐瞒收益；为了得到贷款而隐瞒亏损；为了上市而虚假地"包装"自己；掩盖亏损真相，以有利于经营者；其他财务诈骗动机。

从企业伦理的角度看，根据效率和公平两大伦理原则，会计活动必须坚持的根本伦理就是真实、准确地记录企业的各项经济活动信息，正确反映企业收支状况，尤其不能伪造文件和账目，不能有欺诈及其他不道德行为。

2．管理者的伦理职责

企业出现财务账目虚假的主要责任在于管理层。因为建立企业信誉，确立、维持和交流企业的伦理标准是企业管理层的主要任务之一。早在1938年，巴那德就提出了"公司领导应该对组织伦理负责"这一观点。按照巴那德的观点，培育组织道德是经理工作的一个显要职能，它超越了一般意义上个人所面对的道德挑战。这项任务不仅要求经理人员具有高超的技术技能、高度的责任感和综合的个人道德素养，还要求经理人员应当具有道德创造力，以便能制定组织的伦理准则，并逐步向员工灌输这些伦理准则。

任何想要领导高信誉组织的人，都必须考虑制定伦理框架、加强组织合作、做好领导示范以及阐明面临的外部挑战。这些任务要求管理者的高度重视，要求其投入更多的努力和资源。

案例 9-5

严厉惩治财务造假

2020年5月，资本市场关注已久的康美药业违法违规案有了行政处罚结果。证监会决定对康美药业责令改正，给予警告，并处以60万元罚款，对21名责任人员处以10万元至90万元不等罚款，对6名主要责任人采取10年至终身证券市场禁入措施。

康美药业市值一度达1400亿元，却随着2019年4月的一纸公告露出马脚。当时，康美药业发布公告称，自查发现2017年财报中货币资金多计299.44亿元，"差错"之大引发市场关注。证监会最终认定，2016年至2018年，康美药业虚增巨额营业收入，披露的相关年度报告存在虚假记载和重大遗漏。

对上市公司造假的处罚力度，一直是市场高度关注的问题。对于这次的康美药业案，同样有人提出疑问：一家上市公司财务造假涉及金额约300亿元，为何只罚款60万元？事实上，这是依据2005年修订的证券法能够作出的"顶格"处罚。就康美药业案而言，涉案违法行为发生时，60万元罚款已是当时法律规定的上限。

不过，这种"顶格"也只能罚几十万元的情况，今后将有明显改变。随着新证券法颁布实施，上市公司信息披露违法行为罚款上限大幅提高，从原来最高处以60万元罚款提高至1000万元。不仅如此，新证券法加大了对其他多项证券违法行为的处罚力度，将更有力地震慑不法分子，更严厉地惩治不法分子。

要对证券违法违规行为形成有效震慑，除了大幅提高行政处罚力度，民事追责和刑事追责也不能缺位。只有加大对证券犯罪的刑事打击力度，使刑法有关规定与证券法有效衔接，才能更有效地构筑起让不法分子不敢触碰的"高压线"，更好维护市场公平正义。近年来，投资者维权意识越来越高，多数案件行政处罚结案后，投资者还会提起民事赔偿诉讼，诉诸法律武器维护自身合法权益。比如，方正科技虚假陈述案行政处罚作出后，上海金融法院受理 1300 余件相关案件，涉及 1000 余名投资者。通过示范判决加调解的方式，方正科技赔付 7000 余万元。新证券法不仅能让违法者付出更大代价，还有利于切实保护投资者合法权益。

他山之石，可以攻玉。在成熟资本市场上，对于上市公司财务造假等违法违规行为，也常常是重拳打击。有的国家法律规定，提供不实财务报告和故意进行证券欺诈要判处 10 至 25 年的监禁，个人和公司的最高罚金分别可达 500 万美元和 2500 万美元。

财务造假、内幕交易、操纵市场等违法违规行为对资本市场良好生态造成了较大负面影响。对于这些行为，必须出重拳、用重典，进一步提高违法成本。只有使自律管理、日常监管、稽查处罚、刑事追责、集体诉讼及民事赔偿有机衔接，建立和完善权威高效的资本市场执法体系，严肃市场纪律，维护市场秩序，方能让资本市场持续健康发展。

资料来源：http://m.people.cn/n4/2020/0601/c141-13995148.html(2020-06-01)[2023-11-07]。

3．企业不道德的金融活动及其伦理评价

企业在金融活动中主要解决资金的筹措问题，因此势必会与投资者建立联系。在筹资过程中，部分企业违背公平、公正原则，侵害投资者权益，形成了不道德的融资行为，这些行为往往会引发金融危机。

金融活动中的不道德行为主要表现在两方面：不道德的融资行为和不道德的投资行为，下面将分别进行讨论。

不道德的融资行为是指融资者利用与投资者的信息不对称优势，通过各种欺骗手段进行融资，其目的是诱骗投资者对不利的投资项目进行投资。这些不道德的融资行为主要有：企业通过做假账骗取银行信任以获得贷款；通过虚报利润来骗取"上市"资格；与金融中介机构联手，采用违法违规的内幕交易、"庄家"操纵市场、"对敲拉升"和"造势做局"等手段，制造虚假的股票价格信号，在诱骗中小投资者上当后"逃逸"，从而牟取暴利。

不道德的投资行为是指企业获得资金后，拿投资者的钱进行不负责任的投机活动。具体表现形式有：企业或者金融机构用筹措的资金进行高风险、高利润的投机活动，如股票交易、期货期权交易等，这些高风险的投机活动，往往是血本无归的。

金融活动中的这些不道德行为，往往会产生极大的破坏力，动摇投资者的信心和信任，严重的会引发巨大的信任危机，使投资者失去投资热情。事实上，这些不道德的金融活动，往往会导致经济效率下降，社会资源浪费，一旦牵连大量银行较大规模的融资，就可能引发金融危机，对社会经济的正常运行造成巨大冲击。

在我国，个别上市公司存在违反法规、违背企业伦理的现象。这些公司的管理阶层为了获取不当利益，屡屡运用虚假财务信息欺骗投资者，但是它们最终都逃脱不了法律的惩处。

根据 19 世纪下半叶英国伦理学家西季威克给出的定义，公平就是给同样的事物以同样的待遇，以此推理，经济公平的伦理原则就是按劳分配的原则和机会均等的原则。

就经济公平而言，一是应当包括物质利益或收入和财富的公平分配，这属于结果层面的公平分配。二是应当包括竞争机会的均等，这属于游戏规则方面的公平分配。如果没有这方面的公平，也就是说机会不平等，有的人机会好，有的人机会差，有的人有机会去做贡献，有的人根本没机会去做贡献，那么物质利益方面的按劳分配就显然是不公平的。因此，经济公平包括物质利益或收入和财富的公平分配以及游戏规则方面的公平分配。

企业利用虚假的财务信息误导投资者进行有巨大风险的证券投资活动，使他们处于信息真空状态，实际上就是剥夺了投资者的知情权，使其无法对自己将要面临的风险及时采取预防措施，严重违背了游戏规则方面的公平分配原则。也就是说，对广大中小投资者来说，机会是不均等的，他们无法获取及时正确的信息来对自己的投资风险做出正确的判断，这直接造成了物质利益或收入分配的不均等，其实质就是企业通过欺骗手段窃取了广大中小投资者的钱财，严重地损害了广大中小投资者的利益，违背了经济公平的伦理原则，是不公平和不能接受的。

经济效率原则是合乎道德的，是评判工商活动和经济制度的一个重要伦理原则。但是必须强调的是，经济效率原则虽然意味着提高经济效率，却不必然意味着提高经济效益。因为，经济效率和经济效益是两个不同的概念。经济效率涉及的是投入产出比，经济效益涉及的是利润，两者之间没有固定的相关关系，可能是正相关，也可能是负相关。

从经济效率的角度看，不道德的金融活动显然是无效率的，不道德的融资行为既然是一种骗取他人钱财的行为，便谈不上效率。而且不道德的融资行为，会损害投资人的权益，从而引发利益冲突和信任危机，打击投资者的热情，甚至导致投资者撤资。

只有当企业追求利润最大化且不损害他人权益时，其行为才符合经济效率原则，才是合理的。

企业不道德的金融活动不是偶然的，也不是孤立的。在现代企业制度建设中，必须加强伦理建设。企业伦理是企业文化的重要组成部分，内容十分丰富，其中制度伦理最为重要。

制度伦理是指制度本身蕴含的伦理价值以及对制度是否正当、是否合理的伦理评价。就不道德金融活动的原因而言，除了牟利和信息不对称因素，还有一个重要的制度因素，那就是决策者的权力与承担风险的责任的不对称。因此，在通过完善法律法规来防范金融活动中的不道德行为时，必须让决策者承担与决策权力相对应的风险，这样可以使决策者在做决策时，慎重考虑，从而避免因草率决策而带来的重大损失。

需要再次强调，企业在制度选择和建立过程中要遵循的价值原则应该是效率原则、公平原则。没有"效率优先"的原则，企业的发展和国民经济的发展便无从谈起；同时企业也要解决好公平问题，保护好企业成员的合理权益。

所以，对危机管理者来说，遵循投资、融资道德是预防金融危机的重要一环。在处理金融危机的过程中，更要遵循伦理道德的要求。总的来说，融资活动应当遵循诚实不欺的基本伦理原则，严禁各种欺诈行为；投资活动应当遵循谨慎行事的基本伦理原则，承担信托道德责任。

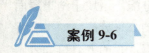

案例 9-6

世通公司的财务丑闻

2002 年 6 月 21 日，美国第二大长途电话公司——世界通信公司（以下简称世通公司）向法院申请破产保护，成为当时美国规模最大的破产案。如果把 2001 年年底破产的安然公司比作美国股市上的一个"烂苹果"，那么世通公司的破产无疑是一颗重磅"炸弹"，它的爆炸使美国股市严重受创。世通公司与安然公司破产的情况类似，都有虚假的财务报告，而且为它们提供财务报表审计的都是安达信国际会计师事务所。

2002 年 6 月 25 日，美国广播公司公布，世通公司在 2001 年年初至 2002 年第一季度，通过将一般性费用支出计入资本项目这一不正当手段，共虚增收入 38.52 亿美元，虚增利润超过 16 亿美元。

根据世通公司向法院提供的材料，2002 年 3 月底，世通公司持有的资产总值为 1070 亿美元，负债 410 亿美元。世通公司的破产使上万名职员失去工作，投资者利益受损。在世通公司破产案中，损失最惨重的是银行。世通公司的前三位债主分别是摩根银行、美林银行和花旗银行，它们所拥有的债权金额分别为 172 亿美元、66 亿美元和 32.9 亿美元。向世通公司注资超过 1 亿美元的投资者高达 50 家，全球几乎所有知名的投资银行均是世通公司的债主。

资料来源：蔡建文，2003．谁说大象不会摔跤：巨型企业败落启示录[M]．北京：中国三峡出版社．

四、企业人力资源危机中的伦理评价

（一）对待员工的基本伦理道德

人力资源危机的类型多种多样。这里主要讨论为了避免发生更多的人力资源危机，企业危机管理者应该注意和坚持哪些伦理准则。

1. 人性认识和假设

实际上，在企业管理学中已经有人性认识和假设理论。这里简单回顾一下。

在对人性的研究中，有一个基本的分类，即人的积极性究竟是主动的还是被动的，这实际上是讨论"人究竟有没有积极性"。这个问题类似哲学史上关于人性善恶的争论。倾向于性善论者认为，员工有内在的积极性，只要通过适当的激励方式，就能促使员工自觉地去实现组织目标。倾向于性恶论者认为，员工没有内在的积极性，如果没有外在压力，他们是不会为企业做出贡献的。

1957 年，麦格雷戈从理论上归纳了传统管理者的人性观。他认为传统管理者之所以对员工进行强制性管理，是因为他们受传统的理论指导。他把这种理论称为 X 理论，其要点如下。

① 多数人生来懒惰，总想少工作。
② 多数人没有工作责任心，宁可被别人指挥。

③ 多数人以自我为中心，不关心组织目标。
④ 多数人缺乏自制力。
⑤ 结论是，多数人不能自我管理，因此需要另外的少数人从外部施加压力。

麦格雷戈提出的Y理论的要点如下。

① 工作和娱乐一样，都是人的活动，人们是否喜欢工作，要看工作条件如何。
② 人不但会接受责任，而且会主动要求责任。
③ 人能够自我控制和自我指导。
④ 个体目标与组织目标没有根本冲突，若有条件，个体会自觉地把个体目标与组织目标统一起来。

显然，以X理论和以Y理论指导的管理方式正好是相反的。X理论类似于性恶论，强调"人之初，性本恶，要他干，就得压"。Y理论类似于性善论，强调"人之初，性本善，引导好，努力干"。

2. 对待员工的伦理道德选择

现代管理实践越来越倾向于Y理论。从X理论到Y理论的变化，实质上与员工从"经济人"到"自我实现人"假设的变化趋向一致。

对员工的态度和所选择的伦理道德，应能够促进员工努力工作并满足其个人需求。这就意味着管理者要保证员工受到公正、平等的对待；为每位员工提供最大限度地发挥他们个人能力的机会；与员工进行公开的、相互信任的沟通；使每位员工都能有机会在与自身工作相关的决策中施加积极的影响；提供足够的、公平的工资报酬；保证安全健康的工作环境。在伦理道德的基本选择方面，企业危机管理者必须和人力资源管理部门、业务部门合作，以使员工的合法权益得到保障。

最重要的是，企业高层领导在企业使命的宣传和贯彻过程中，必须确保企业的基本伦理道德得以有效实施。因为越来越多的企业使命报告强化了对待员工的伦理道德内容。

人力资源危机往往是由忽视员工的正当需要导致的。不道德的价值观、不合理的制度、不良的企业文化氛围，以及糟糕的工作环境、缺乏效率的工作方式和工作时间安排、不公平的报酬、不公正的招聘条件都是引发人力资源危机的重要因素。

（二）满足员工职业发展规划要求的伦理道德

除满足员工基本需求的一般伦理道德以外，随着科技进步、社会文明进步和生活方式的改善，管理者要高度关注员工更高层次的精神需求。这就产生了员工职业生活质量方面的伦理道德问题。

所谓职业生活质量，是指随着科技进步、分工更加细化及市场竞争加剧，员工的工作逐渐成为单调、紧张、毫无创造性的劳动，因此企业需要结合员工职业发展规划来丰富工作内容，改善工作流程和方式，最大限度地激发员工的工作积极性、创新性，使其获得成就感。

从管理角度来分析，哈佛大学商学院教授沃尔顿认为，造成员工职业生活质量问题的主要原因是员工的期望与企业所能满足的方面之间存在较大差异，具体表现在以下6个方面。

① 员工期望有挑战性的工作和个人发展，但是所做的工作往往很简单，只需要重复运用某些专门知识。这种模式利用了员工的专业技能，却限制了他们的发展空间。

② 员工期望自己对企业也有所影响，想得到平等的对待。而企业的组织特征却是等级制度、地位不平等和自上而下的命令。

③ 员工日益看重工作兴趣，期望获得企业管理者的尊重，期望产品能够反映社会责任，而企业管理者强调的仍然是物质报酬和雇佣承诺，忽视了员工的其他关注。

④ 员工期望马上得到想要从工作中获得的东西，但是企业在设计工作职位和晋升途径时，仍然认为如今的员工会像过去的员工一样愿意推迟晋升。

⑤ 员工期望更加注意组织生活的情感方面，如个人的自我评价、人与人之间的坦诚相处及人情温暖，而企业强调的是合理性，极少关注组织生活的情感层面。

⑥ 员工现在已经较少地为竞争所驱动，而企业管理者在规划晋升模式、组织工作和设计报酬方案时仍然强调竞争因素，认为员工还像过去那样看重竞争。

所以，要提高员工职业生活质量，避免出现士气下降、人员频繁流动等人力资源危机现象，就应该在满足员工自尊、成就感方面做好员工职业发展计划；在企业管理制度设计方面，注意采用目标管理等方法，加强员工对管理活动的参与；在内部沟通方面，注重实质内容和方式的灵活匹配，让员工对企业发展有充分的了解，增强他们对企业的认同感。

本章实训实验

一、扫描二维码，观看、学习相关资料

学习资料 9.1

二、案例实训

阅读以下案例，回答案例思考题。

四海同心，与爱同行——完美公司支援抗疫救灾

完美（中国）有限公司（以下简称完美公司）成立于 1994 年，总部设立在广东省中山市，销售健康食品、小型厨具、化妆品、保洁用品及个人护理品。近年来，作为一家从事大健康科技产业的外资企业，完美公司依托数字化转型战略，积极打造集研发、采购、制造、物流、销售、服务于一体的智慧生态平台，致力于成为全人类健康美丽服务的卓越提供者。

完美公司自成立以来，在中国投资总面积逾 1100 亩，投资金额超 70 亿元，拥有扬州基地、华南基地、淮北基地，以及上海虹桥完美科创中心。在追求自身发展的同时，完美公司始终坚持"取之社会，用之社会"的公益理念，将社会责任感作为企业发展的底色，将公益融入企业发展战略。截至 2020 年 12 月，完美公司在中国捐资总额逾 8.5 亿元，涉

及的项目包括希望工程、母亲水窖、无偿献血、华文教育、禁毒等，覆盖抗震救灾、绿色环保、文化艺术、健康医疗等多个领域。

1. 众志成城，抗击疫情

2020年年初，面对新冠疫情的突发情况，在中山市各级政府的正确指导下，完美公司第一时间成立了防疫应急小组，中山总部集中统一领导，层层部署，及时沟通、反馈、协调、安排对应的各项工作，及时发布疫情消息、卫生防疫指引，配合政府部署的应对措施。完美公司始终承担疫情防控主体责任，把疫情防控、安全生产摆在突出位置，并按照复工复产疫情防控指引要求，创新性地提出以社会责任到位、党建工作到位、防控机制到位、内部管理到位、员工排查到位、员工关怀到位、宣传教育到位、设施物资到位"八个到位"为指引来落实工作，努力做到疫情防控和生产经营两不误。

与此同时，完美公司秉承一贯的公益精神，在疫情出现时，第一批响应，于2020年1月26日紧急捐款500万元驰援武汉及湖北其他疫区，成为最早响应支持抗击疫情的企业之一，于2020年2月5日再度捐款200万元用于广东省中山市购买防护物资，于2020年2月10日向奔赴前线的医护团队送上精选的健康食品。

在新冠疫情期间，完美公司多次捐款捐物支援抗疫前线。

2021年5—6月，完美公司携手中国妇女发展基金会，向北京、广东、湖北、河北等24个省区市捐赠"完美守护包"共计16840个，主要用于慰问抗疫一线工作者。其中，为助力广东疫情防控，完美公司分别向广东省中医院、韶关市新丰县马头镇人民政府捐赠3300份"完美守护包"，向投身一线抗击疫情的"白衣天使们"致以感谢与问候。2021年8月8日，完美公司向扬州市高新区捐款100万元及价值100万元的物资，助力扬州抗疫。

2. 灾难无情，完美有爱

2021年7月，河南省遭遇极端强降雨，造成重大人员伤亡和财产损失。7月22日，完美公司向河南受灾地区捐款1000万元，用于保障当地群众的人身安全、采购紧急救灾物资以及开展灾后重建工作。灾情发生后，完美公司总部及当地分公司第一时间仔细了解当地受灾情况，尽全力为当地受影响的完美服务中心、业务伙伴提供必要的援助。后续完美公司亦根据灾情，帮助业务伙伴开展灾后重建、复工复产工作。

2021年8月，湖北省多地强降水引发洪涝灾害。为支援湖北受灾地区，8月18日，完美公司通过中国妇女发展基金会，向湖北省妇女儿童发展基金会捐赠价值50万元的物资，第一时间送往孝感、随州、宜城等受灾地区。洪涝灾害发生后，完美湖北分公司多次通过电话询问了解受灾地区周边完美服务中心的相关情况，提醒注意生命财产安全。据了解，仅小部分完美服务中心轻微受损，完美湖北分公司已第一时间协助服务中心联系保险公司，办理相关手续。

资料来源：http://www.xinhuanet.com/food/20220106/5f79607447e642e98e45d2c4c5bcdb09/c.html(2022-01-06)[2023-11-05]。

案例思考：

1. 完美公司在支援抗疫救灾过程中展现了什么样的伦理追求？
2. 从企业危机管理伦理的角度分析，完美公司的案例有哪些借鉴意义？

三、观看央视 3·15 晚会,提升企业危机管理能力

扫描二维码,观看《2024 年 3·15 晚会》。

学习资料 9.2

1．分析该晚会揭露的部分企业侵害消费者权益案例。

2．运用本章的企业危机管理伦理理论,分析如何保障利益相关者的权益,防止企业危机。

本章思考与练习

1．企业危机管理者应该重视哪些基本伦理规范?
2．在消费者危机中,企业危机管理者应该注意哪些伦理道德?
3．在人力资源危机中,企业危机管理者应该注意哪些伦理道德?
4．企业金融活动中的不道德行为有哪些?
5．结合实例,评价企业发展战略中的伦理目标。

附录

AI 伴学内容及提示词

序号	AI 伴学内容	AI 提示词
1	AI 伴学工具	生成式人工智能工具，如 Deepseek、Kimi、豆包、腾讯元宝、文心一言等
2	第 1 章 企业危机管理基础知识	企业危机特征有哪些
3		企业危机有哪些类型
4		危机会对企业产生哪些不利影响
5		出一套关于企业危机管理本质的自测题
6	第 2 章 企业危机管理基本理论	企业危机管理原则有哪些
7		企业危机管理的要素有哪些
8		企业危机管理模型有哪些
9		企业在危机管理实践中，应如何坚持和发展新时代"枫桥经验"
10		出一套关于企业危机管理模型的自测题
11	第 3 章 企业危机预防	为什么要开展企业危机预防
12		有哪些企业危机预警方法
13		企业危机预控的功能和策略有哪些
14		如何编制与发布企业应急预案
15		出一套关于企业危机预案演练过程的自测题
16	第 4 章 企业危机应对领导	企业危机管理者要承担哪些职责
17		企业危机管理者应具备哪些素质与能力
18		企业危机决策与常规决策有哪些区别
19		企业在危机情境下为什么要集中领导权
20		结合危机管理者实例，出一套关于危机事前、事中决策的自测题

续表

序号	AI 伴学内容	AI 提示词
21	第5章 企业危机应对控制	为什么要开展企业危机应对控制活动
22		如何有效开展企业危机应对控制
23		结合实例,出一套关于企业危机应对控制的自测题
24	第6章 企业危机沟通	企业危机沟通有哪些类型
25		企业危机沟通计划包括哪些内容
26		企业危机沟通计划要遵循哪些行动准则
27		如何与员工进行危机沟通
28		如何与顾客进行危机沟通
29		出一套企业与其他利益相关者进行危机沟通的自测题
30	第7章 企业危机情境中的媒体沟通	企业在危机情境中应坚持哪些媒体沟通原则
31		企业召开危机新闻发布会要注意哪些事项
32		在危机新闻发布会中,新闻发言人应掌握哪些应对策略
33		企业与新闻媒体有哪些合作技巧
34		企业应如何应对媒体的失实报道
35		出一套关于企业危机新闻发布会计划的自测题
36	第8章 企业危机处理实务	如何处理企业发展战略危机
37		如何处理企业人力资源危机
38		如何处理企业财务危机
39		如何处理企业公共关系危机
40		出一套关于企业公共关系危机处理的自测题
41	第9章 企业危机管理伦理	企业危机管理应该重视哪些基本伦理规范
42		在消费者危机中,企业应该注意哪些伦理道德
43		在人力资源危机中,企业应该注意哪些伦理道德
44		出一套关于防范企业金融活动中不道德行为的自测题

参 考 文 献

爱迪思，2017．企业生命周期[M]．王玥，译．北京：中国人民大学出版社．
巴顿，2002．组织危机管理：第 2 版[M]．符彩霞，译．北京：清华大学出版社．
鲍勇剑，陈百助，2003．危机管理：当最坏的情况发生时[M]．上海：复旦大学出版社．
蔡建文，2003．谁说大象不会摔跤：巨型企业败落启示录[M]．北京：中国三峡出版社．
曹杰，于小兵，2014．突发事件应急管理研究与实践[M]．北京：科学出版社．
畅铁民，2004．企业危机管理[M]．北京：科学出版社．
高民杰，袁兴林，2003．企业危机预警[M]．北京：中国经济出版社．
郭继东，程永，焦贺言，2023．应急管理决策技术[M]．北京：应急管理出版社．
国家行政学院应急管理案例研究中心，2017．应急管理典型案例研究报告[M]．北京：社会科学文献出版社．
刘刚，2021．危机管理[M]．2 版．北京：中国人民大学出版社．
马宝成，2022．应急管理体系和能力现代化[M]．北京：国家行政管理出版社．
佩因，1999．领导、伦理与组织信誉案例：战略的观点[M]．韩经纶，王永贵，杨永恒，译．大连：东北财经大学出版社．
闪淳昌，薛澜，2020．应急管理概论：理论与实践[M]．2 版．北京：高等教育出版社．
佘廉，胡华夏，王超．1999．企业预警管理实务[M]．石家庄：河北科学技术出版社．
唐明邦，1995．周易评注[M]．北京：中华书局．
王宏伟，2021．公共危机管理概论[M]．2 版．北京：中国人民大学出版社．
王长峰，等，2023．智慧应急管理知识体系指南：IEMBOK 指南[M]．北京：电子工业出版社．
希斯，2001．危机管理[M]．王成，宋炳辉，金瑛，译．北京：中信出版社．
薛澜，张强，钟开斌，2003．危机管理：转型期中国面临的挑战[M]．北京：清华大学出版社．
翟磊，2023．政府应急管理[M]．北京：机械工业出版社．
张小兵，2021．危机管理[M]．北京：应急管理出版社．
张玉波，2003．危机管理智囊[M]．北京：机械工业出版社．
钟开斌，2020．应急管理十二讲[M]．北京：人民出版社．
WEITZEL W, JONSSON E, 1989. Decline in organizations: a literature integration and extension[J]. Administrative Science Quarterly(34): 91-109.

后 记

自 2003 年开始，编者陆续为本校经济管理类专业本科生、学校所在地的党政领导干部及企业管理人员讲授企业危机管理理论，并于 2004 年 8 月在科学出版社出版了《企业危机管理》一书。在教学过程中，编者一方面紧跟国内外企业危机管理理论研究前沿，了解企业危机管理理论的新进展；另一方面观察企业危机管理实践进程，深刻感受到现实中企业危机管理工作者的拼搏精神，见证了他们的实践创新成果。

党的二十大报告提出，"推进安全生产风险专项整治，加强重点行业、重点领域安全监管。提高防灾减灾救灾和重大突发公共事件处置保障能力，加强国家区域应急力量建设"。因此，在完善企业危机管理理论的同时，必须及时将国家应急管理体制、应急管理政策法规、企业危机管理实践活动等内容引入企业危机管理教学，以便更深入地促进企业危机管理理论与我国企业危机管理实践相结合。为满足新时代高校高质量发展建设的需求，促进企业危机管理理论教学内容与教学实践相互衔接，编者编写了本教材。

本教材的编写得到了绍兴文理学院商学院各级领导的大力支持，得到了北京大学出版社的大力支持和帮助，得到了编者授课班级同学们的积极响应和支持，在此表示衷心的感谢！

编者的电子邮箱：773501749@qq.com。

编 者